Student Activities Manual

EUROPEAN PORTUGUESE
PONTO DE ENCONTRO

PORTUGUESE AS A WORLD LANGUAGE

Student Activities Manual

EUROPEAN PORTUGUESE
PONTO DE ENCONTRO
PORTUGUESE AS A WORLD LANGUAGE

Anna M. Klobucka
University of Massachusetts Dartmouth

Clémence M. C. Jouët-Pastré
Harvard University

Patrícia Isabel Sobral
Brown University

Maria Luci De Biaji Moreira
College of Charleston

Amélia P. Hutchinson
University of Georgia

Upper Saddle River, NJ 07458

Acquisitions Editor: Rachel McCoy
Editorial Assistant, Spanish: Alexei Soma
Director of Marketing: Kristine Suárez
Senior Marketing Manager: Denise Miller
Director of Editorial Development: Julia Caballero
Senior Managing Editor: Mary Rottino
Associate Managing Editor: Janice Stangel
Project Manager: Manuel Echevarria
Project Manager: Jill Traut, ICC Macmillan Inc.
Prepress and Manufacturing Buyer: Cathleen Petersen
Manufacturing Manager: Brian Mackey
Cover Art Director: Jayne Conte
Manager, Cover Visual Research and Permissions: Karen Sanatar
Marketing Coordinator: William J. Bliss
Publisher: Phil Miller

This book was set in 10/12 Palatino by the ICC Macmillan Inc., and was printed and
bound by Bind-Rite Graphics/Robbinsville.

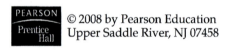 © 2008 by Pearson Education
Upper Saddle River, NJ 07458

Printed in the United States of America
10   9   8   7   6   5   4   3   2   1

ISBN 0-13-189406-4
      978-0-13-189406-8

Pearson Education LTD., *London*
Pearson Education Australia PTY, Limited, *Sydney*
Pearson Education Singapore, Pte. Ltd
Pearson Education North Asia Ltd., *Hong Kong*
Pearson Education Canada, Ltd., *Toronto*
Pearson Educación de México, S.A. de C.V.
Pearson Education-Japan, *Tokyo*
Pearson Education Malaysia, Pte. Ltd
Pearson Education, *Upper Saddle River,* New Jersey

Contents

Lição preliminar ◆ **Primeiros passos**

PRÁTICA

Apresentações

P-1 Apresentações. How would you reply to the following statements or questions? Circle the appropriate response in each case.

1. Chamo-me Amélia Bastos. E tu?
   a) Como se chama?
   b) Muito prazer.
   c) Chamo-me Laura Figueiredo. ⟵ *(circled)*

2. Muito prazer.
   a) Como te chamas?
   b) Igualmente. ⟵ *(circled)*
   c) Rui Carvalho.

3. Como se chama?
   a) Maria José Cordeiro. ⟵ *(circled)*
   b) Igualmente.
   c) O prazer é meu.

4. O senhor chama-se Ivo Pontes?
   a) Muito prazer.
   b) Não. Chamo-me José Vieira. ⟵ *(circled)*
   c) Desculpe.

P-2 Mais apresentações. In everyday life, people may use the following expressions when meeting or introducing other people. Write what you would answer.

1. —Muito prazer. _Igualmente_
2. —Raquel, este é o meu amigo João. _Muito prazer_
3. —Como se chama? _Chamo-me Hau le. E tu?_
4. —Tu chamas-te Ana Maria? _Não. Chamo-me Hau le_
5. —Chamo-me Armanda Ramos. _Muito prazer._

Saudações, despedidas, expressões de cortesia

P-3 Saudações. You see people at different times. Write what you would say to greet them, depending on the time.

MODELO: 11:00 a.m. *Bom dia*

1. 9:00 a.m. _Bom dia_
2. 3:00 p.m. _Boa tarde_
3. 10:30 a.m. _Bom dia_
4. 12:30 p.m. _Boa tarde_
5. 10:00 p.m. _Boa Noite_
6. 7:00 p.m. (there's still daylight) _Boa tarde_

P-4 Como está(s)? Circle the best choice to complete each question.

1. Bom dia, Sr. Martins. Como…
   a) está?
   b) estás?

2. Olá, Cristina! Como…
   a) está?
   b) estás?

3. Boa tarde, Sra. D. Teresa. Como…
   a) está?
   b) estás?

4. Boa noite, Roberto. Como…
   a) está?
   b) estás?

P-5 Olá! You are meeting a close friend. Combine the scrambled phrases below, writing expressions (A) and their corresponding responses (B) in the chart to show the conversation that takes place. (There are more items than you will need.)

Olá! Como estás? Mal, muito mal. Obrigado/a.
Lamento muito. Muito bem, e tu? Bom dia.
Até amanhã. Bem, obrigado/a. Adeus.
Olá! Tudo bem? Até logo. Olá!

A	B
Ola!	Ola! Como estás?
Muito bem, e tu?	Mal, muito mal.
Lamento muito	obrigado.
Adeus	Até Amanhã

P-6 Situações. What Portuguese expression would you use in the following situations? Write the letter of the appropriate expression next to each situation.

a. Desculpe   b. De nada   c. Por favor

___A___ 1. You spilled a cup of coffee on your friend.

___C___ 2. You want your friend to let you copy her class notes.

___B___ 3. Your mother thanks you for helping her.

___C___ 4. You want your father to lend you money.

___A___ 5. You greeted a stranger, thinking he was someone you knew.

Nome: _Hau Le_ **Data:** _Aug. 28, 2011_

P-7 Mais situações. Write the Portuguese expressions you would use in the following contexts.

1. Someone opens the door for you. _Obrigado!_

2. Your classmate thanks you for helping her with her homework. _De Nada!_

3. You want to get someone's attention. _Desculpe_

4. Your friend received a D on an exam. _Sinto muito_

5. You sneezed while talking to your professor. _Desculpe_

6. You ask a friend for a favor. _Por favor_

Identificação e descrição de pessoas

P-8 Cognatos. Write the opposite of each cognate in Portuguese.

1. optimista _Pessimista_

2. parcial _Imparcial_

3. idealista _Materialista_

4. moderno/a _Tradicional_

5. extrovertido/a _introvertido/a_

6. nervoso/a _Calmo/a_

P-9 Não, não. You have a very opinionated friend who volunteers his opinions about you and the friends you both have in common. Disagree with him.

MODELO: — Tu és irresponsável.

— Não, eu não sou irresponsável. Sou (muito) responsável.

1. Tu és impaciente. _Não, eu não sou impaciente. Sou paciente._

2. O Jorge é materialista. _Não, ele não é materialista. É muito idealista._

3. A Regina é incompetente. _Não, ela não é incompetente. É competente_

4. Tu és pessimista. _Não, eu não sou pessimista. Sou muito optimista_

5. A Sílvia é tímida. _Não, ela não é tímida. É muito extrovertida._

P-10 Descrições. Write a description of each person using as many of the following cognates as possible. If two options are given (male and female), choose one. Use the correct form of the verb **ser**.

materialista	extrovertido	inteligente	eficiente	generoso	sério
sentimental	dinâmico	elegante	optimista	competente	impaciente
pessimista	religioso	romântico	moderno	idealista	calmo

1. O meu melhor (*best*) amigo/A minha melhor amiga _____

   _____

2. Eu _____

3. O presidente dos Estados Unidos (*USA*) _____

4. O meu actor preferido/A minha actriz preferida _____

   _____

5. O meu professor/A minha professora _____

6. O meu companheiro/A minha companheira de casa (*housemate*) _____

   _____

P-11 Vamos escrever! Give the names of two of your friends (one male and one female), and then write a brief description of each of them. What are they like? What are they not like? Describe them in as much detail as you can.

O meu amigo chama-se _____

_____

_____

_____

A minha amiga chama-se _____

_____

_____

_____

O que há na sala de aula?

P-12 Pessoas e coisas. Indicate which two classroom objects you associate with each person, place, or thing (you may choose an object more than once).

apagador	caderno	mesa	livro	relógio	giz
televisão	caneta	mochila	gravador	lápis	cadeira

1. O/A professor/a: _____

2. O/A aluno/a: _____

3. A sala de aula: _____

4. O quadro: _____

5. O caderno: _____

Onde é que está?

P-13 O encenador. You are directing a play and you want the actors to be in certain places on the stage. You have made a drawing to guide them. Write down the location of each actor or actress as shown on the drawing.

MODELO: A Alice_____ da porta.

    A Alice está em frente da porta.

1. O Roberto _____ do Francisco.

2. A Inês_____ da janela.

3. O bebé _____ da Helena.

4. O Lauro _____ a mesa e o sofá.

5. O Roberto _____ da Alice.

6. A mesa _____ o Francisco e o Lauro.

P-14 Na sala de aula. Give the locations of the following objects and person in your Portuguese class using the phrases below.

em frente do/da	ao lado do/da	debaixo do/da
em cima do/da	atrás do/da	entre

MODELO: O quadro   *O quadro está ao lado da porta.*

1. O/A professor/a _____.

2. O DVD _____.

3. A janela _____.

4. A minha mochila _____.

5. O relógio _____.

Os números 0-99

P-15 Na livraria. The bookstore manager is ordering supplies for the semester. Complete the list by writing out the numbers in parentheses.

1. (65) canetas ___Sessenta e cinco___ .

2. (90) cadernos ___noventa___ .

3. (74) CDs ___Sentena e quatro___ .

4. (16) dicionários ___dezasseis___ .

5. (28) calculadoras ___Vinte e oito___ .

P-16 A Pousada de Juventude de Lisboa. Read the following information on the Youth Hostel in Lisbon and give the information requested below. Spell out the numbers.

> ### Pousada de Juventude de Lisboa
> R. Andrade Corvo, 46
> 1050-009 Lisboa
> Tel: 21 353 26 96
> Fax: 21 353 75 41
>
> ### Capacidade
> - 9 Quartos Duplos com wc
> - 2 Quartos Múltiplos c/2 camas
> - 13 Quartos Múltiplos c/6 camas
> - 17 Quartos Múltiplos c/4 camas
>
> ### Preço
>
> #### Época Baixa
> - Q. Duplo com WC: € 35.00 (preço por quarto)
> - Q. Múltiplo: € 12.50 (preço por pessoa)
>
> #### Época Alta
> - Q. Duplo com WC: € 42.00 (preço por quarto)
> - Q. Múltiplo: € 15.00 (preço por pessoa)
>
> Época baixa: 01 Jan a 15 Jun e de 16 Set a 31 Dez
> Época alta: 16 Jun a 15 Set

1. Número de telefone: ___dois um, três cinco três, dois seis, noventa e seis___

2. Número total de quartos (*rooms*): ___quarenta e um___

3. Número de quartos múltiplos: ___trinta e dois___

4. Número total de camas (*beds*) em quartos com quatro camas: ___Sessenta e oito___

5. Custo (*cost*) total para cinco pessoas num quarto múltiplo:

   a. na época baixa _____

   b. na época alta _____

P-17 Perguntas pessoais. Answer the following questions. Spell out the numbers.

1. Qual é o seu endereço? _Douglas Park Drive três, dois, Um_

2. Qual é o seu número de telefone? _Cinco zero dois, dois nove seis, nove cinco, três sete_

3. Qual é o endereço do seu liceu (*high school*)? _W chestnut rua onze, trinta_

4. Qual é o endereço do seu melhor amigo/da sua melhor amiga? _Alger, um cinco oito_

_____

5. Qual é o número de telefone do seu melhor amigo/da sua melhor amiga? _____

_____ Cinco zero dois, três seis três, dois cinco oito um_

Os meses do ano e os dias da semana

P-18 Dias da semana. Match each statement on the left with the appropriate day of the week.

1. The first day of the weekend.   ___1___ segunda-feira

2. The first day of the week on Portuguese calendars.   ___3___ domingo

3. The last day of the week on Portuguese calendars.   ___4___ quinta-feira

4. Thanksgiving is celebrated on this day.   ___5___ sexta-feira

5. When the 13th falls on this day, some consider it bad luck.   ___2___ sábado

P-19 Perguntas. Answer the following questions with complete sentences in Portuguese.

1. Que dia da semana é hoje? _Hoje é Quarta._

2. Que dia é amanhã? _Amanhã é Quinta_

3. Em que dias há aula de Português? _____

4. Que dia é hoje? _Hoje é trinta de Agosto_

5. Quantos dias há em Abril? _Há trinta dias em Abril._

P-20 Os meses. In which months do these holidays take place in the United States? Match each holiday with a month.

1. O Dia do Trabalho (*Labor Day*)   ___5___ Julho

2. O Dia de Ano Novo (*New Year's Day*)   ___1___ Setembro

3. O Dia de São Patrício   ___6___ Dezembro

4. O Dia de Acção de Graças (*Thanksgiving*)   ___7___ Fevereiro

5. O Dia da Independência   ___2___ Janeiro

6. O Dia de Natal (*Christmas*)   ___3___ Março

7. O Dia dos Presidentes   ___4___ Novembro

P-21 Datas dos exames e das tarefas. There is a new student in the class and she is asking you for the dates to turn in her class work, as well as the dates of the exams. Write out the dates as in the model.

MODELO: 12/10:   *O exame parcial é no dia 12 de Outubro.*

1. 29/8: O teste de vocabulário *é no dia vinte e nove de Agosto*

2. 18/9: A composição na aula *é no dia dezoito de Septembro*

3. 23/10: A apresentação sobre Portugal *é no dia vinte e três de Outubro*

4. 15/11: O teste oral *é no dia quinze de Novembro*

5. 6/12: O exame final *é no dia seis de dezembro*

As horas

P-22 Que horas são? Your coworker is eager to go home and is constantly checking (and telling everyone) what time it is. Draw in the hands on the clocks' faces corresponding to each of the times she tells.

MODELO: *São onze e meia.*

1.   2.   3.   4.   5.

1. São nove e meia.

2. São onze menos um quarto.

3. É uma e vinte.

4. São dez para as quatro.

5. São cinco em ponto!

P-23 As horas. Write out the indicated times in Portuguese.

MODELO: 3:10 p.m.   *São três e dez da tarde.*

1. 7:30 a.m. _São sete e meia da manhã_

2. 2:50 p.m. _São dez a três da tarde_

3. 5:25 a.m. _São cinco e vinte e cinco da manhã_

4. 9:15 p.m. _São nove e um quatro da noite_

5. 1:20 p.m. _É uma e vinte de tarde_

6. 12:00 a.m. _São vinte e quatro horas._

P-24 Um convite. You have received this invitation to the wedding of your Portuguese friend Silvina. Answer the questions below with information from the invitation.

> Mariano Adão Figueiredo   Adalberto Pereira Simões
> Lucinda Borges Figueiredo   Regina Medeiros Simões
> Convidam para a cerimónia religiosa
> do casamento dos seus filhos
>
> Silvina Borges Figueiredo e Roberto Medeiros Simões
>
> a realizar-se às 15:00 horas no sábado,
> dia 7 de Outubro de 2007,
> na Igreja de Nossa Senhora de Fátima,
> Rua Miguel Bombarda, 234, Viana do Castelo

1. Em que dia da semana é o casamento? _____

2. Qual é a data do casamento? _____

3. A que horas é a cerimónia? _____

4. Onde é a cerimónia? _____

5. Qual é o endereço da igreja? _____

P-25 Inscrição. You are a foreign student planning to take some classes at the **Universidade de Lisboa** in Portugal. Fill out the following application form for enrollment in classes.

Cursos de Língua e Cultura Portuguesa

Nome completo _____

Data de nascimento _____

Sexo: Feminino _____ Masculino _____

Número de passaporte _____

Endereço _____

Cidade _____

País _____

Telefone _____

Correio electrónico _____

Marque os cursos com um X:

Cursos de língua portuguesa

4 semanas: Julho _____ Agosto _____ Setembro _____

13 semanas: Outubro-Fevereiro _____ Fevereiro-Maio _____

Estudos portugueses

Sociedade Portuguesa Contemporânea (Out–Fev)   _____

História da Arte Portuguesa (Fev–Maio)   _____

Literatura Portuguesa Contemporânea (Jul, Out–Fev)   _____

Literatura Brasileira (Ago, Fev–Maio)   _____

Literaturas e Culturas Africanas (Set, Out–Fev)   _____

História de Portugal (Fev–Maio)   _____

Data: _____ Assinatura: _____

LABORATÓRIO

Apresentações

P-26 Apresentações. First, listen to the introductions and put an X in the appropriate column to indicate if the speakers are addressing each other formally (by **o/a senhor/a** or **você**) or informally (by **tu**). Then, listen to the conversation again and mark which expressions in the chart you hear in each conversation.

	FORMAL	INFORMAL
1.	X	
2.	X	
3.		X

CONVERSAÇÃO	1	2	3
Muito prazer.	X	X	X
Chamo-me Jorge Castro.	X		
Igualmente.	X		X
Como se chama?		X	
O prazer é todo meu.		X	

P-27 Muito prazer. You are meeting two classmates for the first time; respond to each appropriately. Pause the recording when you hear a beep to answer at your own pace.

1. _____Chamo-me Hau le._____

2. _____Igualmente_____

Saudações, despedidas, expressões de cortesia

P-28 Saudações. Listen as several people greet each other. First repeat each greeting, and then indicate, with a check mark in the chart, the approximate time it took place.

	1	2	3	4	5
6:00 a.m.–11:00 a.m.	✓				✓
1:00 p.m.–6:00 p.m.			✓		
8:00 p.m.–2:00 a.m.		✓		✓	

P-29 Tu, você, o/a senhor/a? Listen to the conversations and then put an X in the appropriate column to indicate whether the speakers are addressing each other by **o senhor** or **a senhora**, by **você**, or by **tu**.

CONVERSAÇÃO	1	2	3
tu		✓	
você			✓
o/a senhor/a	✓		

P-30 Óptimo, bem ou mal? Listen to two short conversations and then put an X in the appropriate column to indicate how each speaker is feeling.

CONVERSAÇÃO 1	ÓPTIMO/A	BEM	MAL
Sra. D. Matilde			X
Sr. Vasco		X	
CONVERSAÇÃO 2			
Sónia	X		
Rui		X	

P-31 Cortesia. You will hear several expressions in Portuguese. Look at the drawings and write the numbers corresponding to each appropriate statement.

a. _____3_____

b. _____1_____

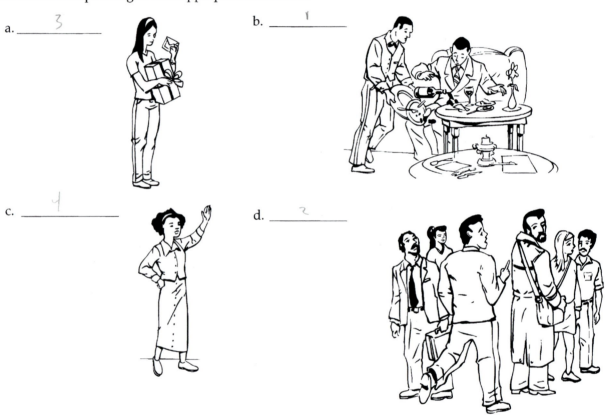

c. _____4_____

d. _____2_____

P-32 Mais expressões. You are planning a trip to Portugal and you want to learn expressions for saying goodbye as well as some polite expressions. Before listening to the recording, read the situations below to familiarize yourself with them. Then, listen and repeat each expression, and write it next to the appropriate situation. Pause the recording at the beep to work at your own pace.

1. You say goodbye to someone you will see tomorrow. _____Até amanhã_____

2. You are saying goodbye to a friend; you don't know when you'll meet again. _____Adeus_____

3. You want to ask for a favor. _____por favor_____

4. You respond to someone who has just thanked you. _____De nada_____

5. You say goodbye to someone you will meet later today. _____Até logo_____

Nome: Haul **Data:** 9/

Identificação e descrição de pessoas

P-33 Sim ou não? Listen to Laura and Tomás, two good friends who are talking in the campus lounge, and to the statements that follow their conversation. For each statement that is true, check **Sim**; for each statement that is false, check **Não**. Do not worry if you don't understand every word.

	SIM	NÃO
1.	_____	_____
2.	_____	_____
3.	_____	_____
4.	_____	_____

P-34 Como são? Professor Marques is describing some students. Listen and fill in each blank with the correct word. Pause the recording at the beep to write at your own pace.

1. O João Gomes é dinâmico e ___competente___.

2. A Raquel Sousa é ___moderna___ e ___elegante___.

3. O Zé Soares é ___optimista___ e sentimental.

4. O Manuel Pina é ___idelista___ e ___sincero___.

5. A Susana Freire é ___independente___ e ___rebelde___.

P-35 Ditado. Listen carefully to a brief comparison of two friends. The first time, just listen. The second time, write the missing words in the blanks. Pause the recording at the beep to write at your own pace.

___Eu chamo-me___ Gina Morais. Sou ___animada___ e ___impulsiva___.

A minha ___amiga manuela___ é diferente. Ela é introvertida e ___paciente___.

O alfabeto

P-36 O alfabeto e o mundo lusófono. The speaker will spell out the names of several important cities in the Portuguese-speaking world. Write them in the spaces provided.

1. ____ ____ ____ ____ ____ ____
2. ____ ____ ____ ____ ____ ____ ____ ____
3. ____ ____ ____ ____ ____ ____
4. ____ ____ ____ ____ ____ ____
5. ____ ____ ____ ____ ____
6. ____ ____ ____ ____ ____

Sílabas tónicas e acentos

Stress and stressed syllables are very important in European Portuguese, because they can change quite radically the sound that is attributed to the vowels **a, e,** and **o.**

In most languages, when we pronounce a word, we do it in little segments, unless it is so short that it has only one segment, as in the English word *think*. Each segment we pronounce is a syllable. The word *banana*, on the other hand, has three syllables, *ba-na-na*, just like in Portuguese.

When you pronounce the word *banana* in English, the second syllable is stronger or louder than the other two. That is the stressed syllable. The same applies to the word **banana** when pronounced in Portuguese. In fact, most English words have the stress on the penultimate syllable, the one before last. The same is true in Portuguese.

According to their position in the word, the vowels **a, e,** and **o** can be open, closed or unstressed. In Portuguese, the open vowels are usually in the stressed syllable, which is usually the penultimate. If the stressed syllable is either the antepenultimate (two before last) or the last, then the stress is often indicated by means of an accent over the vowel.

There are combinations of letters/sounds that always form a stressed syllable at the end of the word, such as the combination of a vowel and the letter **l, r** or **z**. Listen to the words below and repeat them after the speaker.

Portug**al**   pap**el**   Bras**il**   pra**zer**   ra**paz**   fe**liz**

Now compare the sound of the words you just heard with the following:

olá   am**á**vel   **fá**cil   vo**cê**   portu**guês**   dif**í**cil

In each word in this second group, one of the two general rules stated above does not hold: **olá, você,** and **português** are not stressed on the penultimate syllable; **amável, fácil,** and **difícil** are not stressed on the last syllable, even though they end in a vowel followed by the letter l. Therefore, the written accent tells the reader how to pronounce these words.

Keep this explanation in mind when you practice the following section on vowels (**vogais**). It will help you to know intuitively how to pronounce each of the examples.

As vogais

Listen carefully to the explanation of how vowels are pronounced in European Portuguese. Repeat each of the words after the speaker when asked to do so. Portuguese has five oral vowels, represented by the letters **a, e, i, o,** and **u,** and five respective nasal vowels. The sound of oral vowels represented in writing by the letters **a, e,** and **o** varies depending on whether they are open, closed or unstressed. Note that an acute accent (**acento agudo**) over a vowel means that it is open (as in **Olá!**) and the circumflex accent (**acento circumflexo**) means that it is closed (as in **você**). Note also that unstressed vowels are often in the last syllable.

The vowels represented by the letters **i** and **u** are always pronounced the same, which is also true of nasal vowels. In this section, you will concentrate on the practice of oral vowels.

a

The pronunciation of the Portuguese **a** depends on whether it is open, closed or unstressed. Listen carefully and then repeat. Imitate the Portuguese pronunciation as closely as possible. **Repita as seguintes palavras.** (*Repeat the following words.*)

open a:	olá	estás	obrigado	tarde	Portugal
closed a:	dinâmica	chama	semana	ano	Joana
unstressed a:	até	favor	senhora	óptima	séria

e

The pronunciation of the Portuguese **e** depends on whether it is open, closed, or unstressed. Note also that the conjunction **e** (*and*) and any unstressed **e** at the beginning of a word are pronounced like **i**. **Repita as seguintes palavras**.

open e:	sério	Manuela	caderno	atlético	colega
closed e:	você	caneta	cinema	mesa	endereço
unstressed e:	desculpe	número	nome	tarde	elegante

i

The pronunciation of the Portuguese **i** is similar to the pronunciation of the English *i* in *machine*, but shorter. **Repita as seguintes palavras**.

igualmente   amiga   Rita   licença   idealista

o

The pronunciation of the Portuguese **o** depends on whether it is open, closed, or unstressed. The unstressed **o** is usually pronounced as **u**. **Repita as seguintes palavras**.

open o:	olá	óptimo	logo	optimista	resposta
closed o:	boa	como	todo	senhor	dona
unstressed o:	mochila	por	menos	Paulo	muito

u

The pronunciation of the Portuguese **u** is similar to the pronunciation of the English *u* in *tuna*, but shorter. **Repita as seguintes palavras**.

popular   desculpe   Duarte   Luísa   tu   uma

O que há na sala de aula?

P-37 Identificação. It's the first day of class and you are trying to identify objects and persons around you. Listen to the recording, look for the object or person in the picture, and write the number corresponding to each one in the space provided. Pause the recording at the beep to work at your own pace.

MODELO: *0. um quadro*

        (You should have identified the blackboard and written a zero in the space provided.)

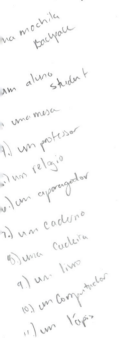

Onde é que está?

P-38 O que é isto? Listen to the questions for each of the pictures in your workbook. Answer by identifying the object. Pause the recording at the beep to answer at your own pace.

MODELO:

O que é isto?

É um apagador.

1. ...   2. ... 3. ...   4. ...   5. ...

6. ...

P-39 O que ou quem está...? Your instructor is asking you to locate persons and objects in the room. Look at the drawing and answer each question. Pause the recording at the beep to answer at your own pace.

MODELO: O que é que está ao lado do quadro?

A porta.

P-40 Onde está? Look at the drawing again. Your instructor is asking you to locate persons and objects in the room. Answer each question as specifically as possible. Your answer may vary from the one provided as long as you give the correct location. Pause the recording at the beep to answer at your own pace.

MODELO: Onde está o quadro?

Está atrás da professora.

(Está ao lado da porta would also be correct.)

Os números 0-99

P-41 Os números. Repeat the numbers after the speaker.

P-42 Bingo. Your Portuguese Club is playing Bingo. On the card below, circle each number you hear.

B	I	N	G	O
5	16	31	48	67
8	18	34	50	65
10	21		55	68
13	22	42	56	70
15	30	45	60	75

P-43 Problemas de matemática. You are helping your little cousin practice addition. Listen to each math problem, write the problem and the correct answer, and then repeat the problem, according to the model. Pause the recording at the beep to work at your own pace.

MODELO: You see: _____ + _____ =

                 You hear: dois mais dois

                 You write: 2 + 2 = 4

                 You say: *Dois mais dois são quatro.*

1. _1_ + _6_ = _7_   5. _30_ + _20_ = _50_

2. _5_ + _5_ = _10_   6. ____ + ____ = ____

3. _10_ + _10_ = _20_   7. _50_ + ____ = ____

4. _20_ + _10_ = _30_   8. _20_ + ____ = ____

P-44 Urgente. You are a telephone information operator in Lisbon and receive the following requests for phone numbers. Answer each call by giving the correct number. Pause the recording at the beep to answer at your own pace.

MODELO: You hear: Por favor, o número dos bombeiros. (*fire department*)

                 You see: bombeiros 21 342 22 23

                 You say: *dois-um, três-quatro-dois, vinte e dois, vinte e três*

1. Aeroporto de Lisboa   21 841 35 11

2. Hospital de Santa Maria   21 780 53 33

3. Portugal Telecom   21 355 44 20

4. Polícia de Segurança Pública   21 765 42 68

Os meses do ano e os dias da semana

P-45 Um diálogo. João Gomes and Rita Silveira are studying to be teachers of Portuguese. They are rehearsing a dialogue they designed to practice the vocabulary in this section with their students. Rita plays the role of a little girl who asks a lot of questions and João is her father. Listen to the following conversation and then complete the information in the chart. Don't worry if you don't understand every word.

PERGUNTAS	RESPOSTAS
Quantos dias há numa semana?	Há sete dias
E quanta horas há ____ num dia?	Há vinte e quatro.
Quantos dias há num mês?	Há 30 ou 31 dias

P-46 Que dia da semana? Look at the calendar. You will hear questions asking on what days of the week certain dates fall. Answer each question by naming the appropriate day. Pause the recording at the beep to answer at your own pace.

MODELO: Que dia da semana é o dia 17?

É sexta-feira.

MAIO						
2ª.	3ª.	4ª.	5ª.	6ª.	SÁB.	DOM.
		1	2	3	4	5
6	7	8	9	10	11	12
13	14	15	16	17	18	19
20	21	22	23	24	25	26
27	28	29	30	31		

As horas

P-47 Que horas são? You will hear a time for each of the clocks drawn below. If the time you hear corresponds to the time shown on the clock, write **sim**. If it doesn't correspond, write **não**. Pause the recording at the beep to answer at your own pace.

1. ___Não___   2. ___Sim___   3. ___Sim___   4. ___Não___   5. ___Sim___

P-48 O horário dos comboios. You will hear a train station employee announcing the arrival time of trains from several cities in Portugal. Draw in the hands corresponding to each arrival time on the clock faces. Don't worry if you don't understand everything you hear. Pause the recording at the beep to work at your own pace.

MODELO: O comboio de Faro chega às onze e meia.

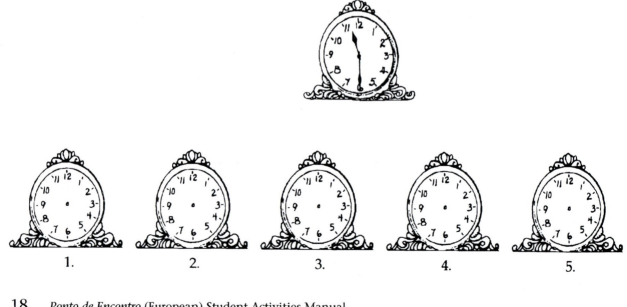

1.   2.   3.   4.   5.

P-49 A que horas é a aula? Look at the class schedule below and answer each question by saying at what time each class meets. Pause the recording at the beep to answer at your own pace.

MODELO: A que horas é a aula de Biologia?

    Às oito.

AULA	HORAS
Biologia	8:00
Matemática	9:30
Português	11:15
Economia	1:45
Sociologia	3:20
Fotografia	4:50

Expressões úteis na sala de aula

P-50 Na aula. You will hear several useful expressions that are frequently said in class. In the space provided, write the number corresponding to the expression illustrated by each drawing.

_____4_____   _____1_____

_____2_____   _____3_____

As vogais nasais

You have learned to pronounce oral vowels in Portuguese earlier in this chapter and you also found out that each oral vowel has a nasal equivalent. Listen carefully to the explanation of how nasal vowels are pronounced in Portuguese.

To pronounce nasal vowels, think of a closed vowel and then use your nose as a resonance chamber instead of using only your mouth cavity. Nasal vowels may be represented in different ways, depending on whether they occur in final or middle position in the word, as well as on the consonant that follows.

nasal **a**   Written as **ã, am-,** or **an-**. Pronounced as _ample_ in English, but more nasal. **Repita as seguintes palavras.**

amanhã   **ambicioso**   **também**   Francisca   comandante   arrogante

nasal **e**   Written as **em-** or **en-**. Pronounced as _empower_ in English, but more nasal. **Repita as seguintes palavras.**

Setembro   tempo   **entre**   lamento   apresentação   sentimental

nasal **i**   Written as **im-** or **in-**. Pronounced as _twinkle_ in English, but more nasal. **Repita as seguintes palavras.**

importante   Joaquim   sim   inteligente   quinze   quinta-feira

nasal **o**   Written as **om-** or **on-**. Pronounced as _conquer_ in English, but more nasal. **Repita as seguintes palavras.**

bom   **competente**   computador   **on**de   ponto   responsável

nasal **u**   Written as **um-** or **un-**. Pronounced like _tomb_ in English, but more nasal. **Repita as seguintes palavras.**

um   **cu**mprir   segunda-feira   pronúncia   circunflexo   assunto

Look again at the examples above. You will notice that **am-, em-, im-, om-,** and **um-** are used before the consonants **p** or **b**. The spelling **-ã, -im, -om,** and **-um** can occur also at the end of a word.

VÍDEO

P-51 Apresentações. In the opening section of this video, you will be introduced to nine Portuguese speakers who live in or around Lisbon and whom you will see time and again throughout the program. Watch and listen to the speakers as they introduce themselves; then match their names with the information you have heard.

1. _____ Filipa

2. _____ Adolónimo

3. _____ Tomás

4. _____ Márcio

5. _____ Alexandra

6. _____ Jorge

7. _____ Manuela

8. _____ Carolina

9. _____ Helena

a. 11 anos

b. Cidade Nova

c. 41 anos

d. engenheira civil

e. professora

f. Psicologia

g. nasceu em Lisboa

h. rapaz normal

i. São Tomé e Príncipe

P-52 Descrições. Now choose three of the speakers you have just watched. Listen again to their introductions and write down the following information about them. Depending on your instructor's guidelines, you should use either English or Portuguese in the first section. If writing in Portuguese, spell out the numbers. In the second section, try to give answers in Portuguese using some of the cognates you have learned in **Lição preliminar** to describe the speakers and justify your choice.

1. Names, ages, professions or occupations, and any other distinguishing information you were able to understand, such as place of birth, where they live, etc.

a. _____

_____

b. _____

_____

c. _____

_____

2. Why did you choose these three people? What was it about them that interested you? State two reasons for each person.

a. _____

_____

b. _____

_____

c. _____

_____

Lição 1 ◆ A universidade

PRÁTICA

À PRIMEIRA VISTA

Os estudantes e os cursos

1-1 Os cursos da Paula, da Cindy, do Roberto e do Mário. Circle the courses the following students are probably taking according to their field of study.

1. Paula Santos estuda Gestão de Empresas (*business administration*).

   Filosofia   Química   Álgebra   Psicologia   Cálculo

   Economia   Geografia   História   Trigonometria   Literatura

2. Cindy Hall estuda Língua e Cultura Portuguesa na Universidade de Coimbra.

   Álgebra   História   Economia   Psicologia   Espanhol

   Biologia   Literatura   Geometria   Linguística   Sociologia

3. Roberto de Oliveira estuda Ciências Sociais.

   Informática   Física   Antropologia   Biologia

   Contabilidade   Sociologia   Psicologia   Geometria

4. Mário Portas estuda Medicina.

   Português   Genética   Cálculo   Microbiologia

   Anatomia   Jornalismo   Física   Geologia

5. Now, write down in Portuguese the courses you are taking this semester.

   Português   Matemática   Ciências político

   Theom   _____   _____

1-2 Como são as aulas? Describe the following courses using one of these adjectives:

excelente, popular, fácil, difícil, interessante, chato/a

MODELO: Contabilidade   *A aula de Contabilidade é difícil.*

1. Biologia _A aula de Biologia é fácil_
2. Literatura _A aula de Literatura é interessante_
3. Informática _A aula de Informática é Chato_
4. Cálculo _A aula de Cálculo é difícil._
5. Português _A aula de Português é interessante._
6. História _A Aula de História é fácil._

1-3 Na universidade precisamos de... Indicate which item best completes each statement by circling the corresponding letter.

1. Há um toca-CDs na minha aula de...
   a) Matemática
   b) Português
   c) Economia

2. Compro um livro na...
   a) biblioteca
   b) aula
   c) livraria

3. O André consulta ... na aula de Geografia.
   a) mapas
   b) dicionários
   c) calculadoras

4. A Jenny e o Carlos escutam CDs em português...
   a) no laboratório de línguas
   b) no ginásio
   c) na cantina da universidade

5. Nas aulas de Informática há...
   a) gravadores
   b) computadores
   c) telefones

6. Compro uma calculadora para a aula de...
   a) História da Arte
   b) Álgebra
   c) Português

1-4 Actividades. Where would these activities take place? Match the activity with the appropriate place. There could be more than one activity per place.

1. ____b____ conversar com os amigos

2. ____a ³ d____ escutar CDs

3. ____d____ comprar cadernos

4. ____b ³ d____ tomar café

5. ____a b c d____ trabalhar

6. ____a ³ b____ praticar português

7. ____c____ telefonar aos clientes

8. ____d____ comprar livros e dicionários

a. no laboratório de línguas

b. na cantina da universidade

c. no escritório

d. na livraria

1-5 O primeiro dia de aulas. Today is Cristina's first day of school. Fill in the blanks with the appropriate words in the list.

Português	universidade	comprar	caderno
dinâmico	Matemática	falam	escuta

Hoje é o primeiro dia de aulas da Cristina. Ela chega à (1) __universidade__ às oito e meia porque a aula de (2) __Português__ é às nove. O professor é simpático e (3) __dinâmico__. Na aula, os alunos estudam um mapa do mundo de língua portuguesa e (4) __falam__ em português. Às onze e meia a Cristina tem aula de (5) __Matemática__. Para esta aula ela precisa de (6) __comprar__ uma calculadora e um (7) __caderno__ na livraria. Depois ela vai ao laboratório de línguas e (8) __escuta__ CDs com exercícios de pronúncia em português.

ESTRUTURAS

Síntese gramatical

1. **Subject pronouns**

SINGULAR		PLURAL	
eu	*I*	**nós**	*we*
tu	*you (informal)*		
você	*you (formal)*	**vocês**	*you (plural of tu/você)*
o senhor	*you (formal/male)*	**os senhores**	*you (formal/male or mixed)*
a senhora	*you (formal/female)*	**as senhoras**	*you (formal/female)*
ele	*he*	**eles**	*they (male or mixed)*
ela	*she*	**elas**	*they (female)*

2. **Present tense of regular -*ar* verbs**

falar (*to speak*)

SINGULAR		PLURAL	
eu	**falo**	nós	**falamos**
tu	**falas**		
você, ele/ela, o/a senhor/a	**fala**	vocês, eles/elas, os/as senhores/as	**falam**

3. **Definite and indefinite articles**

	SINGULAR			PLURAL		
	MASC.	FEM.		MASC.	FEM.	
DEFINITE ARTICLES	**o**	**a**	*the*	**os**	**as**	*the*
INDEFINITE ARTICLES	**um**	**uma**	*a/an*	**uns**	**umas**	*some*

4. **Contractions of *a*, *de*, and *em* with articles**

	o	a	os	as	um	uma	uns	umas
a	ao	à	aos	às	a um	a uma	a uns	a umas
de	do	da	dos	das	dum, de um	duma, de uma	duns, de uns	dumas, de umas
em	no	na	nos	nas	num, em um	numa, em uma	nuns, em uns	numas, em umas

5. **Present tense of the verb *estar* (to be)**

eu	**estou**	*I*	*am*
tu	**estás**	*you*	*are*
você	**está**	*you*	*are*
o/a senhor/a	**está**	*you*	*are*
ele/ela	**está**	*he/she*	*is*
nós	**estamos**	*we*	*are*
vocês	**estão**	*you*	*are*
os/as senhores/as	**estão**	*you*	*are*
eles/elas	**estão**	*they*	*are*

6. **Question words**

como	*how/what*	**qual** (*pl.* **quais**)	*which/what*
onde	*where*	**quem**	*who*
que/o que	*what*	**quanto/a**	*how much*
quando	*when*	**quantos/as**	*how many*
porque	*why*		

Subject pronouns

1-6 Pronomes pessoais. Fill in the Portuguese pronouns to indicate who is doing what, according to the words in parentheses. In the cases where there are no parentheses, the verb endings will help you decide which pronoun you should use.

MODELO: trabalha de manhã (Rita)

Ela trabalha de manhã.

1. ___Nós___ tiramos boas notas. (o meu amigo e eu)
2. ___Ele___ estuda História da Arte. (André)
3. ___Vocês___ trabalham com computadores. (tu e a professora)
4. ___Eles___ dançam nos fins-de-semana. (os estudantes)
5. ___Tu___ chegas à universidade de manhã.
6. ___Eu___ ando de bicicleta todos os dias.

1-7 Quem? Complete each conversation with the correct subject pronouns.

MODELO: *Eu* estudo português.

1. **MARIA:** Rita, ___tu___ falas muito bem português!

   RITA: Obrigada. ___Nós___ praticamos muito nas aulas e ___eu___ gosto da cultura portuguesa.

2. **MÁRIO:** O André e a Cristina estudam Antropologia?

   PAULA: Não, ___eles___ estudam História da Arte.

   MÁRIO: E ___tu___, Paula, que estudas?

   PAULA: ___eu___ estudo Economia.

3. **MIGUEL:** A Susana e a Cláudia trabalham com o Dr. Rodrigues. E o ___senhor___ Doutor com quem trabalha?

   DR. PIRES: ___Eu___ trabalho com o Sérgio e a Doutora Irene Fonseca.

Present tense of regular *-ar* verbs

1-8 Actividades dos estudantes. Underline the correct word to complete each statement.

1. A Mariana (conversa/conversamos/conversam) com os amigos no café.
2. Eu (estudas/estudamos/estudo) muito todos os dias.
3. Os estudantes (chegas/chego/chegam) à universidade de manhã.
4. O Carlos (trabalha/trabalham/trabalhamos) num restaurante elegante.
5. Tu (andamos/andas/andam) de bicicleta nos fins-de-semana.

1-9 As minhas actividades. What do these people do on a regular basis? Write sentences using the correct form of the verb.

MODELO: eu/escutar/diálogos em português/no laboratório de línguas

Eu escuto diálogos em português no laboratório de línguas.

1. nós/conversar/com os amigos nos fins-de-semana

   Nós Conversamos com os amigos nos fins-de-semana

2. ele/trabalhar/no restaurante à noite

   Ele trabalha no restaurante à noite.

3. eu/chegar/à faculdade às 2:00 da tarde

   Eu Chego à faculdade às 2:00 da tarde.

4. eles/jantar/em casa todas as noites

   Eles Jantam em Casa todas as noites

5. tu/estudar/na biblioteca

   Tu estudas na biblioteca.

6. vocês/comprar/livros na livraria

   Vocês Compram livros na livraria.

1-10 Perguntas pessoais. Answer these questions about yourself and your classmates, using complete sentences.

1. Onde é que você estuda este semestre/trimestre?

   _____

2. Você trabalha este semestre/trimestre? Onde?

   _____

3. Que língua falam vocês na aula de Português?

   _____

4. Onde é que vocês dançam nos fins-de-semana?

   _____

5. A que horas almoçam nos dias de semana?

   _____

Articles and nouns: gender and number

1-11 Artigos. Write the appropriate article for each word.

o, a, os, as

1. __a__ cadeira
2. __os__ livros
3. __o__ computador
4. __as__ universidades
5. __o__ mês

6. __os__ cadernos
7. __o__ dia
8. __a__ televisão
9. __o__ mapa
10. __as__ mesas

1-12 Que artigo? Complete each conversation with correct articles.

1. **um, uma**

   MARIA JOSÉ: Que compras, Sandra?

   SANDRA: ____Um____ caderno e ____u____ livro. E tu?

   MARIA JOSÉ: ____Uma____ calculadora e ____uma____ mochila.

2. **o, a**

   JAIME: Onde está ____O____ meu dicionário?

   ALBERTO: Não sei. Também não sei onde está ____a____ minha caneta.

   JAIME: Não sei onde está ____a____ caneta, mas ____o____ lápis está aqui.

3. **o, a, os, as**

   SÍLVIA: Quanto custam ____os____ mapas da África e da Europa?

   EMPREGADO: ____O____ mapa da África custa dez euros e ____O____ mapa da Europa oito euros.

   SÍLVIA: E quanto custam ____as____ cadeiras e ____a____ mesa?

   EMPREGADO: ____A____ mesa custa cento e vinte euros, ____a____ cadeira com braços (*arms*) oitenta e cinco e ____a____ cadeira sem braços cinquenta euros.

   SÍLVIA: É muito caro!

4. **um, uma, uns, umas**

   PROFESSORA: O que há na sala de aula?

   NUNO: ____umas____ mesas, ____umas____ cadeiras, ____um____ quadro, ____um____ relógio...

   PROFESSORA: E o que há na mesa?

   NUNO: ____Uns____ cadernos, ____um____ livro e ____um____ gravador.

1-13 O plural. What are these people doing? Change the sentences below by incorporating the new subjects and making the *italicized* words plural. Do not forget to use the appropriate form of the verb.

MODELO: O Alexandre estuda com *um amigo*. Os colegas do Alexandre...

   Os colegas do Alexandre estudam com uns amigos.

1. Você procura *o mapa* de Portugal. Vocês...

   ____Vocês procuram os mapas de portugal____

2. A Joana dança com *um colega* da universidade. Nós também...

   ____Nós também dançamos com uns colegas da universidade.____

3. Eu compro *uma mochila*. Tu e a Clarice...

   ____Tu e a Clarice umas mochilas.____

4. A Alice estuda muito para *a aula*. Os amigos da Alice...

   ____Os amigos da Alice estudam muito para as aulas.____

5. O Ricardo adora *a discoteca*. Os colegas do Ricardo...

   ____Os colegas do Ricardo adoram as discotecas____

Nome: _Hauce_ **Data:** _9/14/2011_

Contractions of *a*, *de*, and *em* with articles

1-14 A que horas? Complete the following statements about your daily schedule.

MODELO: Caminho para a universidade *às nove horas.*

1. Chego à universidade _____.
2. A aula de Português é _____.
3. Almoço _____.
4. Estudo no laboratório _____.
5. Chego a casa _____.
6. Janto _____.

1-15 As actividades e os lugares. Match these people's activities with the places in which you think they are most likely to occur. In all cases you will have more than one possibility.

   Os lugares: biblioteca, café, casa, discoteca, escritório, ginásio, laboratório, livraria, praia, cantina, universidade

MODELO: A Cláudia trabalha *no escritório.*

1. O Sérgio estuda _em casa._
2. A Joana e o Carlos almoçam _no escritório._
3. Eu e a Susana dançamos _em casa_
4. O professor descansa _no café_
5. Eu trabalho _na biblioteca_
6. A Mariana janta _na cantina_
7. Os estudantes conversam _no café_

1-16 Gosta ou não gosta? Primeiro passo. State these people's likes and dislikes as indicated in the model.

NOME	GOSTA	NÃO GOSTA
Bruno	cantina universitária	mesas na cantina
Carla	aula de História	sala de aula
Chico	sextas-feiras	domingos
Raquel	restaurante São Jorge	café Belém
Suzete	praia	ginásio
Miguel	a Adélia	as amigas da Adélia

MODELO: O Sérgio *gosta da aula de Biologia, mas não gosta das cadeiras na sala de aula.*

1. O Bruno _gosta da cantina universitária, mas não gosta das mesas na cantina_.
2. A Carla _gosta da aula de História, mas não gosta da sala de aula_.
3. O Chico _gosta das sextas-feiras, mas não gosta dos domingos_.
4. A Raquel _gosta do restaurante São Jorge, mas não gosta do Café Belém_.
5. A Suzete _gosta da praia, mas não gosta do ginásio_.
6. O Miguel _gosta da Adélia, mas não gosta das amigas da Adélia_.

Segundo passo. Now write four sentences stating some of your own likes and dislikes.

1. Gosto _____ .

2. Gosto _____ .

3. Não gosto _____ .

4. Não gosto _____ .

1-17 Diálogos. Complete each conversation with appropriate contractions of **a**, **de**, or **em** with definite articles (**o, a, os, as**).

1.   JOSÉ: Precisas _____ dicionário para a aula de Português?

   MÁRIO: Preciso, onde está?

   JOSÉ: Está _____ mesa.

2.   SÍLVIA: João, a que horas chega _____ laboratório _____ segundas-feiras?

   JOÃO: Chego _____ meio-dia. E você?

   SÍLVIA: Eu chego _____ uma. Trabalho _____ escritório até um quarto para a uma.

3.   RITA: Onde é que tu praticas ioga?

   JUDITE: Pratico _____ ginásio. Tu também?

   RITA: Não, não gosto _____ ginásio. Pratico _____ escola de ioga que fica

   _____ Rua Marques Silva.

Present tense of the verb *estar*

1-18 Informações. A new student is requesting information. Combine the following questions and answers in order to make up a conversation.

Bem, obrigado/a.	Onde está o professor Mendes?
Os livros de Português estão na livraria?	Está no escritório.
Olá, como estás?	Estão, sim. Os dicionários também.

O/A NOVO/A ESTUDANTE	VOCÊ
_____	_____
_____	_____
_____	_____

Nome: _____ Data: _____

1-19 Onde estão? You are explaining to your classmates where they can find these people and at what time. Choose places from the list and write sentences using the verb **estar**. Write out the time.

a biblioteca	o café	o ginásio	o laboratório
o escritório	casa	a discoteca	a praia

MODELO: nós / 2:40 p.m.

Nós estamos no laboratório às vinte para as três da tarde./ às três menos vinte.

1. eu / 8:00 a.m. _____

2. vocês / 1:30 p.m. _____

3. ela / 10:10 a.m. _____

4. eu e ele / 9:15 p.m. _____

5. tu / 3:40 p.m. _____

1-20 Um menino curioso! Your five-year-old neighbor loves to ask questions. Answer his questions.

1. Onde estás às nove da manhã?

_____

2. Onde está o dicionário do meu pai?

_____

3. Como está o teu professor de Português?

_____

4. Onde está o presidente dos Estados Unidos neste momento (*right now*)?

_____

5. Como está o presidente?

_____

6. E tu, como estás?

_____

Question words

1-21 Associações. An international student is answering some questions. Match each question in the left column with the correct response in the right column by writing the number of the question in the space provided.

A		B
1. Como te chamas?	___3___	Português e inglês.
2. De onde és?	___5___	Rua Alexandre Herculano, 140, Coimbra.
3. Que línguas falas?	___4___	Na biblioteca.
4. Onde trabalhas?	___1___	Ana Pontes.
5. Qual é o teu endereço permanente?	___8___	Cinco.
6. Qual é o teu número de telefone?	___6___	É 23-936-7890.
7. Porque estás nos Estados Unidos?	___2___	De Portugal.
8. Quantas aulas tens?	___7___	Para estudar.

1-22 Como? Qual? Quando? Quanto(s)/a(s)? Porque? Que? Quem? Complete the dialogues with the most appropriate question words.

1. ___Quando___ é o concerto? É no sábado.
2. ___Quanto___ custa o livro de Física? Custa vinte e cinco euros.
3. ___Como___ é Cristiano Ronaldo? É muito bonito.
4. ___Quantos___ estudantes há na aula de Português? Há 22.
5. ___Quem___ é o presidente dos Estados Unidos actualmente? É...
6. ___Porque___ não estás na praia hoje? Porque tenho um exame amanhã.
7. ___Como___ se chama a capital de Portugal? Chama-se Lisboa.
8. ___Quantas___ matérias estudas este semestre? Eu estudo três: Português, Literatura Comparada e História do Brasil.

1-23 Qual é a pergunta? Ask the questions that would produce these answers.

MODELO: O curso é interessante.

   Como é o curso?

1. O professor está ao lado da mesa. ___Onde está professor?___
2. Um elefante é um animal muito grande. ___O que é um Elefante?___
3. Há 15 pessoas no café. ___Quantas pessoas há no Café?___
4. Os alunos estão na cantina. ___Onde estão os alunos?___
5. O Sr. Alexandre Costa é o pai da Marta. ___Quem é o Sr. Alexandre Costa?___

1-24 Entrevista. You have the opportunity to interview your favorite celebrity. Who is he/she? Write at least five questions you would like to ask him/her.

NOME DO/A ENTREVISTADO/A: ___Britney Spears___

1. ___Qual é o número do seu telefone?___
2. ___Quem é liberal?___
3. _____
4. _____
5. _____

Mais um passo: some regular -*er* and -*ir* verbs

1-25 Que fazem? What do these people do? Fill in the blanks with the correct form of the verb in parentheses.

1. O dono (*owner*) de Domino's não ___come___ (comer) pizza.
2. Eu ___escrevo___ (escrever) muito para o curso de Literatura.
3. Tu ___assistes___ (assistir) a muitos jogos de futebol?
4. Onde é que ela ___aprende___ (aprender) chinês?
5. Eu ___como___ (comer) cereal todos os dias.
6. Eles não ___resistem___ (resistir) a chocolate.

Nome: _____ Data: _____

1-26 Entrevista. Answer the following questions using complete sentences.

1. Os seus amigos comem na cantina da universidade?

_____

2. Onde é que você aprende a trabalhar com computadores?

_____

3. Onde mora o/a reitor/a (*president*) da sua universidade?

_____

4. Você estuda Filosofia?

_____

5. O que é que você gosta de ver na televisão aos domingos?

_____

6. Onde trabalham os professores de Química?

_____

ENCONTROS

Para ler

1-27 Primeiro olhar. Look at the shopping list D. Luísa Neto has written. It contains school supplies that her children (**filhos**) need, as well as some items she has to buy for other people. Read the list, then look at the chart; fill in her children's names, and mark with an X the supplies they need.

Urgente!

- Perfume para a mãe   — Um toca-CDs para a Márcia
- Mochilas para a Márcia e o André   — Papel para a Márcia e o Luís
- Um cartão de aniversário para   — Vitaminas para o bebé
  o Dr. Rebelo   — 5 canetas para o André
- 7 cadernos de linhas para o Luís   — Um dicionário para a Nellie
                                              (amiga do André)

NOME	CADERNOS	TOCA-CDS	MOCHILAS	COMPUTADOR	PAPEL	CANETAS	DICIONÁRIO

1-28 Que sabemos sobre a família Neto? Answer the following questions.

1. Quantos filhos tem a D. Luísa, provavelmente?

   _____

2. Todos os filhos da D. Luísa estudam?

   _____

3. Como se chamam os filhos da D. Luísa?

   _____

4. Qual é a relação entre a D. Luísa e a Nellie?

   _____

1-29 Estudar no Porto. You have decided to apply for admission to a summer program in Porto. Complete the following form.

Faculdade de Letras da Universidade do Porto
Serviço de Relações Internacionais
Programa Internacional de Intercâmbio
Ficha de Inscrição

                                                    Ano académico de 200 _____ -200_____

Esta inscrição é para o curso:

_____ anual

_____ de Verão

Nome completo do aluno: _____

Data de nascimento: _____ Nacionalidade: _____

Morada permanente: _____
                     Rua e número   CODEX   Cidade   País

Morada universitária: _____
                     Rua e número   CODEX   Cidade   País

Telefone permanente: _____ Telefone universitário: _____

Instituição de origem: _____

Professor responsável pelo intercâmbio: _____

Endereço electrónico do professor: _____

Curso: _____ Ano académico corrente: 200 _____ -200 _____

Há quantos semestres estuda Português? _____

Países de língua portuguesa visitados: _____

Documentos necessários:

1.   Fotocópia do passaporte

2.   Duas fotografias

Data _____   Assinatura _____

Número do passaporte _____

Para escrever

1-30 Acentos. A friend of yours is attempting to market a magazine (**revista**) to the Portuguese-speaking populations in New England. To explore his potential market, he has prepared the following questionnaire, and has asked you to proofread it for any missing accent marks. Add any missing accent marks that you notice and then write out the word correctly in the right column.

1. Qual e o seu nome completo?   _____

2. Quais sao os nomes dos seus pais?   _____

3. Onde e que mora?   _____

4. Quantas pessoas ha na sua familia?   _____

5. Quantas falam ingles?   _____

6. Que linguas falam em casa?   _____

7. Compra de revistas: todas as semanas, as vezes, nunca?   _____

8. Em que situacao compra uma revista?   _____

1-31 Preparação: Vida universitária. You are going to a college away from home. Your parents have written you a letter, asking many questions about your new life. Answer with as much detail as possible.

1. Que matérias estudas? A que horas? Em que dias?

   _____

   _____

2. Como são os cursos? E os professores?

   _____

   _____

3. Estudas muito? Onde—na biblioteca, no laboratório de línguas ou no teu quarto?

   _____

   _____

4. Onde trabalhas? Quantas horas? Em que dias? O teu trabalho é interessante?

   _____

   _____

5. O que precisas de comprar para as aulas? Precisas de dinheiro (*money*)?

   _____

   _____

1-32 Uma carta. Write your mother a brief letter about your college life, using information from the previous exercise. Also, tell her what your friends are like and what you do on weekends. Provide any other information you think would be interesting to her.

15/10/_____

Querida Mãe:

_____

_____

_____

_____

_____

_____

_____

_____

Beijinhos, ·

_____

HORIZONTES

1-33 São Paulo e Rio de Janeiro. Circle the answer that correctly completes each of the following statements according to the information given in the **Horizontes** section on pages 62-63 of your textbook.

1. São Paulo e Rio de Janeiro estão situadas na...
   a) região Nordeste.
   b) região Centro-Oeste.
   c) região Sudeste.

2. As duas maiores cidades do Brasil são...
   a) Belo Horizonte e Brasília.
   b) Rio de Janeiro e São Paulo.
   c) São Paulo e Brasília.

3. São Paulo é...
   a) uma das quinze maiores cidades do mundo.
   b) a maior cidade do mundo.
   c) uma das dez maiores cidades do mundo.

4. Em São Paulo há muitas pessoas de origem...
   a) alemã e norueguesa.
   b) italiana e japonesa.
   c) russa e vietnamita.

5. São Paulo gera mais de...
   a) 30% do PIB.
   b) 15% do PIB.
   c) 45% do PIB.

6. Um dos elementos mais importantes do Rio de Janeiro é...
   a) a comida.
   b) a praia.
   c) a política.

7. Um dos maiores eventos anuais do Rio é...
   a) a feira do livro.
   b) Rock in Rio.
   c) a passagem do ano.

Nome: _Hau u_ **Data:** _Sept 9 201_

À PRIMEIRA VISTA

1-34 O meu amigo João. You will hear a young man talk about a friend. Complete the statements by marking the appropriate answer according to the information you hear. You may go over the statements before listening to the recording.

1. O João trabalha...
   a) de manhã.
   b) à tarde.
   c) à noite.

2. Ele trabalha...
   a) num laboratório.
   b) num escritório.
   c) na universidade.

3. O seu curso preferido é o de...
   a) Antropologia.
   b) História.
   c) Economia.

4. O professor de História é...
   a) chato.
   b) muito bom.
   c) sério.

1-35 Duas conversas. You will hear two brief conversations. Then, indicate whether the statements in your workbook are true (**verdadeiro**) or false (**falso**) by putting an **X** in the appropriate column. Don't worry if there are some words you don't understand.

Conversa 1

Que chato! (that sucks)

	VERDADEIRO	FALSO
1. A Cristina é uma estudante americana.	X	
2. A Cristina estuda História da Arte.		X
3. Ela fala português muito bem.	X	
4. Ela tira notas baixas.		X

Conversa 2

	VERDADEIRO	FALSO
1. O Filipe está óptimo.		X
2. O Filipe estuda Matemática.		X
3. O curso é muito difícil.	X	
4. O Filipe tira notas muito boas.		X

Os ditongos orais

Diphtongs are sounds that begin with one vowel and gradually change to another vowel within the same syllable, like *oi* in the English word *boil*. European Portuguese has many diphthongs, which are combinations of a vowel and an **i** or **u** sound. Some common diphthongs are listed below.

ai

The European Portuguese diphthong **ai** is pronounced like the English *y* in *my*. **Repita as seguintes palavras.**

pai   mais   baixa   vai   federais   regionais

au

The European Portuguese diphthong **au** is pronounced like the English *ow* in *cow*. **Repita as seguintes palavras.**

aula   Paula   tchau   mau   Cláudio   automático

ua

The European Portuguese diphthong **ua** is pronounced like the English *ua* in *quack* in stressed syllables. In unstressed syllables, it is pronounced like the English *wo* in *word*. **Repita as seguintes palavras.**

| stressed: | qual | quatro | quartos | quarta-feira | quase |
| unstressed: | água | aguarela | Guanabara | línguas | situações |

eu

The European Portuguese diphthong **eu** has no English equivalent. **Repita as seguintes palavras.**

eu   meu   seu   adeus   teu   Euclides

oi

The European Portuguese diphthong **oi** can be pronounced in two ways. When the **o** of the diphthong is open it is pronounced like the English *oi* in *boil*. When the **o** of the diphthong is closed, it is pronounced like the English *oy* in *boycott*. **Repita as seguintes palavras.**

| open o: | espanhóis | caracóis | lençóis |
| closed o: | dois | oito | noite | depois | oitenta | coisa |

iu

The European Portuguese diphthong **iu** has no English equivalent. **Repita as seguintes palavras.**

traduziu   assistiu   discutiu   partiu   viu   abriu

1-36 Mário, Carolina e Jim. You have just met these students in the cafeteria. As they tell you about themselves, complete the chart with the information you hear.

NOME	CURSO	COMO É O CURSO?	A QUE HORAS CHEGA À UNIVERSIDADE?	ONDE ESTUDA?
0. Mário	Química	fácil	às nove	na biblioteca
1. Carolina	Economia	difícil	às onze	casa
2. Jim	portugue...	interessante	às dez	na residência

1-37 As actividades da Paula. You will hear a description of Paula's studies and activities during the week. As you listen, complete the chart with the information you hear. Don't worry if you don't understand every word.

HORÁRIO	LUGARES	ACTIVIDADES
de manhã		
à tarde		
à noite		
nos fins-de-semana		

1-38 Perguntas pessoais. You will hear four questions. Pause the recording when you hear a beep after each question and answer at your own pace.

ESTRUTURAS

Subject pronouns

1-39 Informal ou formal? You will hear four persons to whom you have to speak. Put an X in the appropriate column to indicate which subject pronoun you would use when addressing each person or persons.

	TU	O SENHOR/A SENHORA	VOCÊS
1.	_____	____X____	_____
2.	_____	_____	____X____
3.	_____	____X____	_____
4.	____X____	_____	_____

1-40 Pronomes pessoais. Your instructor is talking to the class. Mark the subject pronouns she is using.

PRONOMES	1	2	3	4	5	6
eu						
você						
nós						
vocês						
ele						
ela						
eles						
elas						

O m e o n nasalantes

When **m** and **n** appear at the end of a word, or after a vowel and before a consonant, they are not pronounced. Instead, they indicate that the preceding vowel is nasal (i.e., they nasalize it). **Repita as seguintes palavras.**

bom   também   igualmente   estudantes   contemporânea   interessante

Present tense of regular -*ar* verbs

1-41 A que horas chegamos? The chart below shows the times when various students arrive at the Faculdade de Medicina. Pause the recording at the beep and say that they arrive at the time shown.

MODELO: You see: Linda 8:00 a.m.

You say: *A Linda chega às oito da manhã.*

A.M.		
1.	eu	10:00
2.	Paulo	9:00
3.	João e Alice	11:00
P.M.		
4.	Pedro e eu	2:30
5.	tu	3:00

1-42 Não, não... Give a negative answer to each question. Pause the recording at the beep to answer at your own pace.

MODELO: Vocês andam de bicicleta?

Não, não andamos.

Articles and nouns: gender and number

1-43 O plural. Listen to these phrases and repeat each one, giving the plural form of the noun you hear. Pause the recording at the beep to answer at your own pace.

MODELO: Compro o livro.

Compro os livros.

Present tense of the verb *estar*

1-44 Na sala de aula. Listen to the description of where different objects and people are in the classroom and match them with their locations according to the information you hear.

1. _____ o relógio   a. ao lado da janela

2. _____ a televisão   b. entre a Mariana e o Pedro

3. _____ os cadernos   c. em cima da mesa

4. _____ eu   d. em frente do quadro

5. _____ o João e o Sérgio   e. atrás do professor

6. _____ a Mariana e eu   f. ao lado da porta

1-45 Onde? A que horas? You are telling the basketball coach where to find you and your friends. Using the chart below, say where each of you can be found at each indicated time. Pause the recording at the beep to answer at your own pace.

MODELO: You see: o João e a Maria   laboratório   3:00

           You say: *O João e a Maria estão no laboratório às três.*

1. o Tomás	ginásio	8:00
2. a Rosa	biblioteca	10:30
3. nós	faculdade	11:00
4. eles	restaurante	1:00
5. a Ana e eu	aula de Física	2:20
6. eu	casa	7:00

Question words

1-46 Entrevista. You are being interviewed by your school newspaper. Pause the recording when you hear a beep after each question and answer at your own pace.

1-47 Dados sobre o Carlos. Complete the chart below with questions and answers based on the description you hear. You may listen to the description as many times as you wish.

PERGUNTAS	RESPOSTAS
Como se chama o rapaz?	Yes
	Estuda Engenharia Informática.
	No Instituto Superior Técnico de Lisboa.
Onde trabalha?	
	Trabalha às terças e quintas à tarde.
A que horas chega ao trabalho?	Cinco de tarde
	É sincero, paciente e perfeccionista.

Mais um passo: some regular *-er* and *-ir* verbs

1-48 As actividades de um estudante. You will hear a student talk about himself and his activities. Listen carefully and put an X in the appropriate column to indicate if the following activities are mentioned or not. You may wish to read the list of activities before listening to the recording.

	SIM	NÃO
1. Toma notas nas aulas.	_____	_____
2. Anda de bicicleta.	_____	_____
3. Come na cantina da universidade.	_____	_____
4. Tira notas boas.	_____	_____
5. Escreve no computador.	___X___	_____
6. Dança na discoteca.	_____	___X___
7. Aprende muito nas aulas.	___X___	_____

ENCONTROS

1-49 A vida de estudante. You will hear three brief descriptions of people followed by some related statements. Put an X in the appropriate column to indicate whether each of the statements is true (**verdadeiro**) or false (**falso**). You may listen to the description as many times as you wish. Don't worry if there are some words you don't understand.

	VERDADEIRO	FALSO			VERDADEIRO	FALSO
1. a.		✓		2. a.	✓	
b.		✓		b.		✓
c.	✓			c.	✓	
				d.	✓	
				e.		✓

	VERDADEIRO	FALSO
3. a.	✓	
b.	✓	
c.		✓
d.		✓
e.	✓	
f.		✓

Nome: Hauu _____ **Data:** _____

Os ditongos nasais

European Portuguese has five nasal diphthongs, which are combinations of a nasal vowel and a nasalized **i** or **u** sound.

There are two spelling versions of the same nasal diphthong: **-ão**, which is stressed (unless the word bears another accent), and **-am**, which is unstressed. **Repita as seguintes palavras.**

    n**ão**   s**ão**   alem**ão**   Cristóv**ão**   ach**am**   gost**am**   fal**am**

The nasal diphthong **-em** can be stressed or unstressed. **Repita as seguintes palavras.**

    tamb**ém**   b**em**   qu**em**   t**em**   **em**   escrev**em**

The nasal diphthong **-õe** is always stressed and in the final position in the word. **Repita as seguintes palavras.**

    pens**õe**s   li**çõe**s   situa**çõe**s   milh**õe**s   tradi**çõe**s   opini**õe**s

The nasal diphthong **-ãe** is also always stressed and in the final position in the word. **Repita as seguintes palavras.**

    m**ãe**   alem**ãe**s   p**ãe**s   Guimar**ãe**s   capit**ãe**s

The nasal diphthong **-ui** occurs only in the word **muito. Repita esta palavra.**

    m**ui**to

VÍDEO

o almoço	*lunch*	o horário	*schedule*
o curso	*course of study*	a matéria	*academic subject*
a formação	*training*		

1-50 Os estudos. What and where did Alexandra and Helena study as university students? Listen to their answers and match the names with the information given below.

	ALEXANDRA	HELENA
1. Universidade de Lisboa		✓
2. Medicina Veterinária	✓	
3. Português e Francês		✓
4. Formação Educacional		✓
5. Faculdade Técnica de Lisboa	✓	
6. Línguas e Literaturas Modernas		✓
7. Faculdade de Letras		✓

1-51 Matérias preferidas. Listen to Adolónimo and Helena talk about their favorite subjects and complete the descriptions given below. And what is/are your favorite subject or subjects?

ADOLÓNIMO

A matéria favorita do Adolónimo é ___Física___, mas ele gosta também das ___Matemáticas___ e ___gosta de livros, de ler e_____.

HELENA

As matérias preferidas da Helena têm a ver (*have to do*) com ___a parte Clássica, cultura Clássica___ ___a antiguidade Clássica e a grécia___.

EU

___Eu matéria favorita é Teorema e Português!_____
_____.

1-52 Os horários. Primeiro passo. Listen to Alexandra's description of her class schedule and mark the correct answers below.

Horário das aulas:	___✓___	variável	_____	constante
Começo das aulas de manhã:	_____	às nove	___✓___	às oito
Tempo para o almoço:	_____	meia hora	___✓___	1-2 horas
Fim das aulas:	_____	3 ou 4 da tarde	___✓___	5 ou 6 da tarde

Segundo passo. Now compare your own current schedule to that of Alexandra. What similarities and differences are you able to identify?

Semelhanças: ___Fim das aulas 5 ou 6 da tarde._____

Diferenças: _____

Lição 2 ◆ Entre amigos

PRÁTICA

À PRIMEIRA VISTA

2-1 Associação. The words in the left column are the opposites of those in the right column. Match them accordingly.

1. baixa   _____ antipático

2. simpático   _____ triste

3. fraca   _____ idealista

4. alegre   _____ alta

5. realista   _____ forte

6. casada   _____ solteira

2-2 Palavras cruzadas. Solve the following clues to find out more about this person.

1. Não é baixo.
2. Não é casado.
3. Não é velho.
4. Não é gordo.
5. É simpático.
6. Não tem dinheiro (*money*).

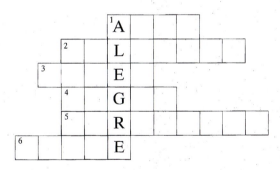

2-3 Opostos. You disagree with the descriptions of the characters in a book review of a novel you just read. Correct each description as in the model.

MODELO: O João não é mau, é *bom*.

1. A Olga não é calada, é _____.

2. O Carlos não é preguiçoso, é _____.

3. A Maria Luísa não é feia, é _____.

4. O Raimundo não é pobre, é _____.

5. O Sebastião não tem o cabelo comprido, tem o cabelo _____.

2-4 Nacionalidades. Your friend would like to confirm where some well-known figures are from. Answer the questions, following the model.

MODELO: O Pelé é do Brasil?

É sim, é brasileiro.

1. A Cesária Évora é de Cabo Verde? _____

2. O Saramago é de Portugal? _____

3. A Gisele Bündchen é do Brasil? _____

4. O Pepetela é de Angola? _____

5. A Maria Mutola é de Moçambique? _____

ESTRUTURAS

Síntese gramatical

1. **Adjectives**

	MASCULINO	FEMININO
SINGULAR	menino alto	menina alta
PLURAL	meninos altos	meninas altas
SINGULAR	amigo interessante	amiga interessante
	aluno popular	aluna popular
PLURAL	amigos interessantes	amigas interessantes
	alunos populares	alunas populares
SINGULAR	aluno espanhol	aluna espanhola
	aluno trabalhador	aluna trabalhadora
PLURAL	alunos espanhóis	alunas espanholas
	alunos trabalhadores	alunas trabalhadoras

2. **Present tense of the verb *ser***

eu	**sou**	nós	**somos**
tu	**és**	vocês	
você, o/a senhor/a,	**é**	os/as senhores/as	**são**
ele/ela		eles/elas	

3. ***Ser*** and ***estar*** **with adjectives**

ser + adjective ⟶ norm; what someone or something is like
estar + adjective ⟶ comments on something; change from the norm; condition

4. **Possessive adjectives**

MASCULINE	FEMININE	
meu(s)	**minha(s)**	*my*
teu(s)	**tua(s)**	*your* (singular, familiar)
seu(s)	**sua(s)**	*your, his, her, their*
nosso(s)	**nossa(s)**	*our*

Adjectives

2-5 Opiniões. Practice gender and number agreement by underlining all the adjectives that could describe these people.

1. A mãe do meu amigo é (faladora/gordo/ricas/bonita).
2. O pai do meu amigo é (materialista/feia/velho/loiro).
3. As alunas do meu curso preferido são (simpáticos/populares/inteligentes/atléticas).
4. Os professores da minha universidade são (fracas/agradáveis/prontas/trabalhadores).
5. Robin Williams é (extrovertido/engraçado/calada/simpático).

2-6 De onde são? Write the nationality, origin or identity of these people and places.

1. Saramago é um escritor_____ _____.
2. Brad Pitt é um actor_____ _____.
3. São Paulo é uma cidade _____ _____.
4. Angola e Moçambique são dois países_____ _____.
5. Paula Rego é uma pintora _____ _____.

2-7 De que cor são as bandeiras? First, read the following list of countries and the colors of their flags. Then use this information to describe the flags of the countries using adjectives of nationalities and the appropriate colors.

PAÍSES	CORES DA BANDEIRA
Angola	vermelho, preto, amarelo
Cabo Verde	azul, branco, vermelho, amarelo
Guiné-Bissau	vermelho, amarelo, verde, preto
Moçambique	verde, branco, preto, amarelo, vermelho
Portugal	verde, vermelho, azul, amarelo, branco

MODELO: Brasil   verde, azul, amarelo, branco
A bandeira brasileira é verde, azul, amarela e branca.

1. Portugal _____
2. Angola _____
3. Moçambique _____
4. Cabo Verde _____
5. Guiné-Bissau _____

2-8 Descrições. Your pen pal from Portugal is interested in finding out more information about the following people. He has asked you for specific information. Describe the people from the perspective indicated.

MODELO: Condoleezza Rice – em relação à política

Condoleezza Rice é inteligente e leal.

1. as jovens (*young women*) norte-americanas – em relação ao trabalho _____

   _____

2. os teus amigos – em relação aos estudos _____

   _____

3. Madonna – em relação à música _____

   _____

4. Arnold Schwarzenegger – em relação à aparência física _____

   _____

5. tu – em relação aos teus amigos _____

   _____

Present tense and some uses of the verb *ser*

2-9 De quem é? The technician in charge of the language lab notices that some of your classmates left their belongings behind. Follow the model to answer his abbreviated questions.

MODELO: De quem é o livro?

O livro é da Marta.

1. De quem é o caderno? (José)

   _____

2. E as canetas? (Afonso)

   _____

3. E a calculadora? (Lurdes)

   _____

4. E o dicionário? (Rita)

   _____

5. E as mochilas? (Ernesto e Ana)

   _____

2-10 De quem? You are the chief security guard on the university campus. A robbery has been committed on the university premises, and the police have requested that you provide them with information about the following people and their belongings to try to solve the case. Complete your report using the words below.

de   da   do   das   dos

1. A coleção de CDs no escritório 20 é ____da____ D. Carolina.

2. O mapa do Brasil é ____do____ professor de Geografia.

3. As mochilas são ____dos____ sete estudantes moçambicanos que há na universidade.

4. Os gravadores são ____do____ director do laboratório ____de____ línguas.

5. Os monitores de televisão são ____das____ professoras ____de____ Português.

2-11 Perguntas gerais. Your Portuguese class is about to begin and you are talking to a new international student. Answer her questions.

1. De onde és?

____Sou de Louisville____

2. A que horas é o teste de gramática?

____É às nove da manhã____

3. Onde é a biblioteca?

_____

4. De quem é essa mochila azul?

____É do Matthew____

Ser and *estar* with adjectives

2-12 Conversa telefónica. Your little friend Zé is talking to his mother on the phone. She is in Portugal on a business trip. What is she saying to Zé? Complete their dialog by writing her side of the conversation.

ZÉ: Olá, mãe!

MÃE: (1) ____Olá Zé. Como está?____

ZÉ: Estou bem. E tu?

MÃE: (2) ____Eu sou contente. Obrigada____

ZÉ: Mãe, onde estás agora?

MÃE: (3) ____Estou no hotel.____

ZÉ: Qual é o nome do hotel?

MÃE: (4) ____É o Pestana Porto____

ZÉ: E como é o hotel?

MÃE: (5) ____É muito magnífico!____

ZÉ: É em frente à praia?

MÃE: (6) ____Sim, Zé.____

ZÉ: Quando é que voltas?

MÃE: (7) ____Da manhã... Que horas são aí agora____

ZÉ: São quatro e meia da tarde.

MÃE: (8) ____Onde está o pai?____

ZÉ: O pai está no supermercado.

2-13 Ser ou estar? Fill in the blanks with the correct form of **ser** or **estar**.

1. Xanana Gusmão _____é_____ de Timor-Leste.

2. Hoje o Carlos e a Cristina _____estão_____ na aula.

3. Quem _____é_____ essa menina?

4. Hoje o João e eu _____estamos_____ muito contentes.

5. A Luísa e a Amanda _____são_____ altas e morenas.

6. O Lucas _____é_____ brasileiro, mas agora _____está_____ em Boston com a família.

7. Hoje o Filipe _____está_____ triste.

8. A festa _____é_____ na universidade.

2-14 Uma festa. Cecília Matos is giving a birthday party for her friend Adélia. Complete the following paragraphs by using the correct form of **ser** or **estar**.

Hoje (1) _____é_____ sexta-feira. (2) _____São_____ oito da noite e há uma festa de aniversário para a Adélia. Cecília Matos, uma amiga dela, (3) _____é_____ muito ocupada porque (4) _____está_____ o aniversário da Adélia e a festa (5) _____é_____ na casa da Cecília. A Adélia (6) _____é_____ são-tomense. Ela (7) _____é_____ faladora, simpática e muito engraçada.

Na festa há muita música e todos dançam. A Cecília e a Adélia (8) _____estão_____ no terraço. Elas conversam com as amigas e ouvem música. A Adélia (9) _____é_____ muito contente com a festa e todos dizem que a festa (10) _____está_____ muito divertida.

2-15 Como se diz? Use the correct form of **ser** or **estar** after determining if the situation describes a norm or a change from the norm.

SITUAÇÃO	DESCRIÇÃO
1. Marta is always in a good mood. She is a happy person.	A Marta _____ uma pessoa feliz.
2. Today Marta received a D on her test and she is not herself. Marta is sad.	A Marta _____ triste.
3. Anita just got an A on her biology exam. She is happy.	A Anita _____ contente.
4. Filipe is always a good boy and today is no exception.	O Filipe _____ um óptimo menino.
5. Pippins are good apples. One can recognize them because they are green.	As maçãs Pippins _____ verdes.
6. Everyone agrees about the taste of sugar. It is sweet.	O açúcar _____ doce.
7. João lives in Miami and is used to the warm waters of Florida beaches. Today when he jumped into the sea in Figueira da Foz, on Portugal's Atlantic coast, he shouted:	A água daqui _____ fria!

Possessive adjectives

2-16 Uma conversa. Complete the conversation using possessive adjectives.

GINA: Hoje à tarde tu vens à praia, não vens?

PAULO: Não, não vou. Preciso de estudar para o (1) _____ exame de História.

GINA: Bolas, Paulo! O (2) _____ exame é na segunda de manhã e hoje é sábado. Além disso,

as (3) _____ notas são excelentes. Vem connosco à praia e estuda amanhã!

PAULO: Ai, não sei... Os exames do professor Matoso são sempre muito difíceis.

GINA: Mas é muito melhor passar a tarde na praia e a (4) _____ amiga preferida também vai estar lá.

PAULO: A Mónica vai?

GINA: Vai, sim. Todos os (5) _____ amigos do curso também vão.

PAULO: Então não vou estudar esta tarde. Vamos à praia!

2-17 Coisas preferidas. What are your friends' favorite items in each category? Use **dele** or **dela** in your answers.

MODELO: Maria – livro

O livro preferido dela é A Costa dos Murmúrios.

1. Pedro – programa de televisão

_____

2. Tomás – actriz

_____

3. Paula – restaurante

_____

4. João – música

_____

5. Patrícia – cantor

_____

2-18 Planos para o mês de Julho. These are the plans of some young people for the month of July. Complete the paragraph using the appropriate possessives.

A. O Jorge e o Tiago moram em Fall River, no estado de Massachusetts, com a família (1) _____. Os pais (2) _____ são dos Açores e falam português em casa. A avó (3) _____ não mora em Fall River, mora em Ponta Delgada; a casa (4) _____ é muito grande e bonita. O Tiago quer passar o mês de Julho nos Açores e fala pelo telefone com a avó (5) _____. Ela está muito contente com os planos do neto.

B. O meu amigo Júlio e eu vamos visitar a Califórnia. A (1) _____ amiga Ana Martins estuda em Los Angeles e vamos ficar no apartamento (2) _____. Queremos ir de carro, mas o (3) _____ carro é muito velho. Os (4) _____ amigos dizem que o carro é velho, mas está em boas condições.

Mais um passo: some idiomatic expressions with *estar*

2-19 Estou com fome! Fill in the blanks with the appropriate expression. Do not forget to conjugate the verb.

estar com fome / sede / sono / medo / calor / frio / sorte / pressa

MODELO: Quando a Maria _____ vai dormir às 8 da noite.
Quando a Maria está com sono vai dormir às 8 da noite.

1. Hoje a temperatura está baixa: −10°C! Nós _____.

2. A minha aula começa às 10 horas e já são 9:55. Eu _____.

3. O Paulo não come desde ontem. Ele _____.

4. As pessoas _____ , porque a temperatura está muito alta: 40°C.

5. Há um escorpião perto das crianças. Elas _____.

ENCONTROS

Para ler

2-20 Aprender surf no Algarve. In a letter to a friend, you mentioned that you had read about a surf school and camp in Algarve, in the south of Portugal. Share the following information with her and answer her questions based on the ad.

Algarve ao Natural

CURSOS

SURF • BODYBOARD • CANOAGEM • CICLISMO

Alojamento, pequeno almoço e transporte para as praias
Aluguer de pranchas, canoas e fatos de surf

Rua Dr. Monteiro da Costa, 76, 8000 Faro
Tel: 289 824539; Fax: 289 824648

1. Qual é o nome da escola?

   _____

2. Em que cidade é a escola?

   _____

3. Qual é o endereço?

   _____

4. Qual é o número de telefone?

   _____

5. Que cursos oferece a escola?

   _____

Para escrever

2-21 À procura de um par. To meet Mr./Ms. Right, you have contacted a dating service through the Internet. To help you find a suitable partner, the dating service company needs some personal information from you, as well as a profile of the potential partner you have in mind. Write sentences in the chart below to provide them with the information requested.

	VOCÊ	PAR
Nacionalidade		
Idade (*age*)		
Descrição física		
Personalidade		
Gostos: música, hobbies, etc.		
Vida académica: universidade, estudos, etc.		

2-22 Um anúncio. Besides exploring the dating services on the Internet, you have decided to put an ad in the local newspaper. Use the information in 2-21 to write the ad; provide as much information as possible about yourself and the person of your dreams.

Sou uma jovem/um rapaz...

_____

_____

_____

_____

O meu par ideal...

_____

_____

_____

_____

HORIZONTES

2-23 O Sul e o Sudeste do Brasil. Indicate if the following statements are true (**verdadeiro**) or false (**falso**) by writing **V** or **F** in the spaces provided, according to the information given in the **Horizontes** section of your textbook on pages 100–101.

1. _____ A imigração para o Brasil foi muito intensa no século XVII.

2. _____ Quase metade da população brasileira vive na região Sudeste.

3. _____ O Brasil é o terceiro maior país do mundo.

4. _____ O Sul é a maior região brasileira.

5. _____ O Sudeste é a região mais industrializada do Brasil.

6. _____ O menor parque industrial da América Latina fica no Sudeste do Brasil.

7. _____ A actividade agrícola é praticamente inexistente no Sudeste.

8. _____ O sistema de colonização do Sul foi diferente do praticado no resto do país.

9. _____ O Brasil está dividido em cinco regiões distintas.

10. _____ O Brasil é o segundo maior país da América do Sul.

LABORATÓRIO

À PRIMEIRA VISTA

2-24 Quatro pessoas. You will hear a number followed by the description of a person. Write the appropriate number in the space provided below each person's picture. Don't worry if there are some words you don't understand.

    1   4   3   2

2-25 Verdadeiro ou falso? You will hear a conversation between friends. Listen carefully, and then indicate whether the statements below are true or false by checking **verdadeiro** or **falso**. You may read the statements before listening to the conversation.

	VERDADEIRO	FALSO
1. A amiga do Rafael chama-se Catarina.	✓	
2. Ela é dos Estados Unidos.		✓
3. Ela estuda na universidade este semestre.	✓	
4. Ela tem dezoito anos.		✓
5. Ela quer ser professora de Economia.		✓

Os sons do r

In European Portuguese, double **rr**, single **r** at the beginning of a word or syllable, **r** after **s**, and **r** after or before **n** or **l** are pronounced by placing the tip of the tongue on the upper ridge of the gum and producing a vibrating sound, similar to the purring of a motorbike. In some regions, mainly in and around Lisbon, **rr**, initial **r**, and **r** following **n** or **s** are pronounced with a guttural sound, similar to the English **h** in **hot**, but more forceful, with a gargling sound at the back of the throat. **Repita as seguintes palavras.**

carro   aborrecido   rico   rio   Israel   Henrique   Carlos   carne

When the **r** occurs in a final position, between vowels, and before or after most other consonants, its pronunciation is similar to the English *d, dd, t,* or *tt* in words such as *matter, water,* or *ladder* when pronounced rapidly by an American. **Repita as seguintes palavras.**

estar   para   formulário   parque   Roberto   nervoso   industrial

2-26 Como são estas pessoas? You will hear descriptions of six persons. Write the appropriate number next to the name of each person. Don't worry if there are some words you don't understand.

#	PESSOA	PAÍS	DESCRIÇÃO
2	Filipe Barbosa	Moçambique	alto, simpático, agradável
3	Helena Cardoso	Angola	inteligente, activa, faladora
6	André Farias	Timor-Leste	gordo, mais velho, inteligente
5	Eduardo Prado	Cabo Verde	moreno, trabalhador, solteiro
4	Sandra Silva	Portugal	alta, tem 20 anos, agradável
1	Iracema Pereira	Brasil	jovem, bonita, casada

2-27 Auto-descrição. You will hear a young man and a young woman describe themselves. Fill in the chart as you hear the information.

	NOME	NACIONALIDADE	IDADE	DESCRIÇÃO	LUGAR(ES)
Rapaz					
Moça					

Pronúncia

Os sons do l

The pronunciation of the European Portuguese l at the beginning or in the middle of a syllable is very similar to the English *l*. **Repita as seguintes palavras.**

Laura   loira   falar   **plu**ral   sim**ples**   pública   bici**cle**ta

At the end of a word or a syllable, the pronunciation of the European Portuguese l differs somewhat from the English *l*. In Portuguese, unlike in English, the tip of the tongue touches the back of the teeth. **Repita as seguintes palavras.**

Portuga**l**   azu**l**   ca**l**ma   a**l**ta   agradáve**l**   civi**l**   desen**vol**vimento   so**l**teiro

O som do lh

The European Portuguese lh has no English equivalent. To pronounce this sound, place the middle part of your tongue against your upper gum ridge and allow the air to escape through both sides of the tongue. **Repita as seguintes palavras.**

olhos   velho   melhor   Julho   trabalha   vermelho   ilha

ESTRUTURAS

Adjectives

2-28 Uma comédia. Listen to the description of a play and the people involved in it. Circle the form of the adjective corresponding to the description.

1. excelente/excelentes
2. simpática/simpático/simpáticos/simpáticas
3. bonito/bonita/bonitos/bonitas
4. jovem/jovens
5. nervosa/nervoso/nervosos/nervosas
6. contente/contentes

2-29 Descrições. You will hear a description of six students. Fill in the chart below as you hear the information. Pause the recording at the beep to write at your own pace.

NOME(S)	ASPECTO FÍSICO	PERSONALIDADE
Marcela		
Ernesto		
Amélia e Marta		
Armando e João		

Os sons do n e do nh

The European Portuguese **n** at the beginning of a word or syllable is pronounced similarly to the English **n**. **Repita as seguintes palavras.**

nasceu   nova   Carolina   unidos   africanos   pronúncia   Manuela

At the end of a syllable, the Portuguese **n** is not pronounced as a distinct consonant, but instead nasalizes the preceding vowel. You have practiced pronouncing nasal vowels in **Lição preliminar**; here are a few additional examples. **Repita as seguintes palavras.**

angolanas   influência   incrível   interessante   contente   mundo

The European Portuguese **nh** is pronounced similarly to the English *ni* in *onion*. **Repita as seguintes palavras.**

engenharia   adivinhe   companheiro   castanhos   nenhum

Present tense and some uses of the verb *ser*

2-30 Hora e lugar. What's going on in Coimbra? Write down the time and place of each event. Pause the recording at the beep to write at your own pace.

MODELO: You see: a festa

You hear: A festa é à uma no parque

You write: *à uma no parque*

	A HORA	O LUGAR
1. o concerto	_____	_____
2. a conferência sobre a imigração ucraniana	_____	_____
3. a reunião dos estudantes	_____	_____
4. o banquete	_____	_____
5. o concurso de danças folclóricas	_____	_____

Ser and *estar* with adjectives

2-31 Informação. Listen as Professor João da Silva asks the class for information about some students. Then write the number of each question below the verb form you would use to answer it.

É	ESTÁ	SOMOS	ESTAMOS	ESTÃO	SÃO

Possessive adjectives

2-32 Qual é o adjectivo? Listen to the speaker's statements about his friends and then write the possessive adjective or adjectives you hear. Pause the recording at the beep to write at your own pace.

MODELO: You hear: Os meus amigos Carlos e Fernando são de Moçambique.
           You write: *meus*

1. _meus_
2. _Sua_
3. _Nosso_
4. _Nossos_
5. _meu_
6. _teu_

2-33 De quem é? Answer in the negative a friend's questions about people's possessions, using possessive adjectives. Pause the recording at the beep to answer at your own pace.

MODELO: É o carro do Álvaro?
         Não, não é o carro dele.

Mais um passo: Some idiomatic expressions with *estar*

2-34 Os gostos variam. Listen to an interview with a famous Portuguese actress. Then indicate whether the statements below are true or false by checking **verdadeiro** ou **falso**.

	VERDADEIRO	FALSO
1. Quando está com fome, come muita salada.	✓	
2. Quando está com sono, lê (*reads*) um bom livro.		✓
3. Quando está com frio, toma um banho gelado.	✓	
4. Quando está com pressa, corre muito.		✓
5. Quando está com sede, bebe muita água.	✓	

ENCONTROS

2-35 Um estudante de intercâmbio. You will hear two friends talking about Marcos Freire, an exchange student. As you listen, try to find out his nationality, age, and what kind of person he is. Then mark the correct answers.

1. O Marcos é...
   a. brasileiro   b. cabo-verdiano   c. angolano

2. Ele tem...
   a. 18 anos   b. 22 anos   c. 25 anos

3. Ele é um rapaz...
   a. forte, mas preguiçoso   b. agradável e inteligente   c. calado e trabalhador

Friday

2-36 Quem? O quê? Onde? You will hear three short conversations. For each one write down the names of the persons, what they are doing or are going to do, and where they are. Play the recording again, if necessary, to check what you have written.

	PESSOAS	ACTIVIDADE	LUGAR
0.	*Amália, Eusébio*	*escutar os CDs*	*laboratório*
1.	Marta, Paulo		Café da biblioteca
2.	Inês, Isabel	praticar português	bar da Faculdade
3.	Senhor José, Senhora	trabalhar	Faculdade

VÍDEO

Vocabulário útil

alemão (pl. alemães)	*German (male/mixed)*	**francês (pl. franceses)**	*French (male/mixed)*
bem disposto/a	*happy, in good spirits*	**polaco/a**	*Polish*
complicado/a	*complicated*	**teimoso/a**	*obstinate*
o/a escritor/a	*writer*	**o/a vendedor/a**	*salesperson*
a estatura mediana	*medium height*		

2-37 Os nossos amigos. The following people have very diverse friends. Describe where they are from or what they do, as appropriate, and then describe your own friends.

1. O Márcio tem amigos de várias nacionalidades: Angolano, portugues, espanhóis, da polónia, franca, alemães e inglese.

2. Os amigos da Manuela são de profissões muito variadas: Da área da educação são professores, educadoras, infantas

3. A maior parte dos amigos do Adolónimo são ___artistas___, por exemplo, ___músicos___ e ___Escritores___.

4. Os meus amigos ___nacionalidades Americanos, Iranior, Vietnamita, e ferm___

Nome: _Haule_   **Data:** _____

2-38 As personalidades. Preparação. Before watching the second segment, go back to the **Lição preliminar** section of the video and view Márcio and Manuela introducing themselves. Now write down what they look like and what you can infer or imagine about their personalities.

	DESCRIÇÃO FÍSICA	PERSONALIDADE
Márcio		Complexa, teimosa
Manuela		

Compreensão. Now view the video in which they describe themselves and fill out the chart again with their own words.

	DESCRIÇÃO FÍSICA	PERSONALIDADE
Márcio	Atlética	Bocado complicada, teimosa. Complexa
Manuela	Estatura mediana.	Sou muito teimosa, pouco perfecionista

Expansão. Now compare the two charts. Was your previous description accurate? Comment below on how your perception of Márcio and Manuela relates to their self-presentation.

1. O Márcio parece (*seems*) _____, mas não

   parece _____.

2. A Manuela parece _____, mas não

   parece _____.

Nome: _____   Data: _____

Lição 3 ◆ Horas de lazer

PRÁTICA

À PRIMEIRA VISTA

3-1 Agenda da semana. Look at your neighbors' schedules for the week. Write about their activities, following the model.

MODELO: segunda/Catarina

Na segunda, a Catarina caminha na praia.

1. terça/Clara _____

2. quarta/Catarina e Clara _____

3. quinta/Clara _____

4. sexta/João _____

5. sábado/Catarina _____

6. domingo/João e Clara _____

DIA DA SEMANA	JOÃO	CLARA	CATARINA
segunda	não trabalhar		caminhar na praia
terça		ir ao cinema	
quarta	falar com o director	nadar no mar	nadar no mar
quinta		tocar piano	ler revistas
sexta	celebrar o aniversário		estudar inglês
sábado	ler o jornal		alugar um filme
domingo	assistir a um concerto	assistir a um concerto com o João	jantar fora

3-2 As tuas actividades. A new friend is interested in your weekend activities. Answer his or her questions.

1. Que fazes na praia?

   _____

2. Quando vais ao cinema?

   _____

3. Que tipo de música escutas?

   _____

4. Costumas ler o jornal de manhã ou à tarde?

   _____

5. O que fazem os teus amigos nas festas?

   _____

3-3 As refeições. Match the foods and beverages in the right column with the appropriate meal in the left column.

1. pequeno almoço   _____ peixe

2. almoço   _____ torradas

3. jantar   _____ sumo de laranja

                           _____ batatas fritas

                           _____ ovos mexidos

                           _____ sopa de legumes

                           _____ arroz com frango

                           _____ hambúrguer

3-4 Palavras cruzadas: lugares e actividades. Complete the crossword puzzle based on the following questions.

Horizontais

1. A minha amiga _____ muito bem.

2. A Verónica _____ um dicionário na livraria.

3. Os jovens vão ver filmes nos _____ todos os fins-de-semana.

4. Tu moras numa _____ muito bonita.

5. Toda a família vai _____ a um concerto no domingo.

6. A Marta e a Mariana estudam na _____.

7. O Roberto _____ no mar.

8. Vamos ver *Cidade de Deus* no _____ São Jorge.

9. O Pedro e eu _____ todas as janelas da casa.

10. Eu _____ hambúrguer com batatas fritas.

11. Os jovens caminham na _____.

12. A Ana e a Laura não são pobres, são _____.

Verticais

1. O Lucas _____ muita salada.
2. Nós ouvimos _____ cabo-verdiana na casa da Vanila.
3. Você _____ português no laboratório de línguas.
4. O Ricardo _____ a um jogo de basquetebol com a Amanda.
5. A minha família vai _____ na Califórnia.
6. A Silvina tem dois computadores no _____.
7. Eles vão ver um novo _____ português.
8. O professor _____ muito café.
9. A Luísa e eu _____ muito nas festas.
10. A Sara _____ português e espanhol na universidade.
11. Você _____ os exercícios no caderno.
12. O Pedro gosta de _____ futebol todos os dias.
13. O Mário nada no _____.

3-5 Num restaurante. D. Mariana is a regular customer at the *Casinha* restaurant. Today she is very hungry. Answer the waiter's questions for her.

EMPREGADO: Boa tarde, D. Mariana. Quer ver a ementa?

D. MARIANA: _Quero, sim, por favor_

EMPREGADO: O que vai comer hoje?

D. MARIANA: _Sopa de laranja_

EMPREGADO: E para beber, sumo ou água?

D. MARIANA: _Sumo de laranja_

EMPREGADO: Que sopa vai comer?

D. MARIANA: _De legumes_

EMPREGADO: Vai querer sobremesa?

D. MARIANA: _____ doce, por favor

3-6 Uma excursão divertida. You and some classmates are organizing a picnic for the weekend. Write sentences telling what each of you will contribute, using the items and verbs from the list.

hambúrgueres	gelado	tocar	alugar	salada	pão
frango assado	cerveja	guitarra	frutas	comprar	água
preparar	refrigerantes	procurar	música	bicicletas	conversar

1. _____ vai _____
2. _____ e _____ vão _____
3. _____ vai _____
4. Eu vou _____
5. _____ e eu vamos _____
6. Todos nós vamos _____

ESTRUTURAS

Síntese gramatical

1. **Present tense of regular *-er* and *-ir* verbs**

COMER (*to eat*)

eu	**como**	nós	**comemos**
tu	**comes**		
você, o sr./a sra, ele/ela	**come**	vocês, os srs./as sras., eles/elas	**comem**

DISCUTIR (*to discuss*)

eu	**discuto**	nós	**discutimos**
tu	**discutes**		
você, o sr./a sra., ele/ela	**discute**	vocês, os srs./as sras., eles/elas	**discutem**

2. **Present tense of *ir***

IR (*to go*)

eu	**vou**	nós	**vamos**
tu	**vais**		
você, o sr./a sra. ele/ela	**vai**	vocês, os srs./as sras., eles/elas	**vão**

3. **Expressing future action**

Eu **vou nadar** mais tarde.   *I'm going to swim later.*
Vocês **viajam** aos Açores este Verão?   *Are you going to travel to the Azores this summer?*

4. **Present tense of *ter***

TER (*to have*)

eu	**tenho**	nós	**temos**
tu	**tens**		
você, o sr./a sra., ele/ela	**tem**	vocês, os srs./as sras., eles/elas	**têm**

Present tense of regular *-er* and *-ir* verbs

3-7 Os fins-de-semana. On weekends in Portugal, friends go out to dinner at a restaurant after seeing a movie. Fill in the blanks with the correct forms of the verb **comer** and **discutir**.

MODELO: *O João come um hambúrguer e discute os filmes em detalhe.*

1. Vocês _____ muita salada e não _____ os filmes em detalhe.

2. Tu geralmente _____ peixe e _____ os filmes com a Laura.

3. A Mariana _____ frango e _____ os filmes com o Pedro.

4. A Ana e eu _____ muito e _____ até tarde.

5. Os estudantes _____ pouco e _____ muito.

3-8 O que fazem os estudantes? Answer the following questions about your campus and your activities.

1. Em geral, a que horas é que os estudantes chegam à cantina para o almoço?

   _____

2. O que comem os estudantes na cantina?

   _____

3. O que bebem?

   _____

4. Que fazem na biblioteca? E você, o que faz?

   _____

5. Que fazem nos fins-de-semana?

   _____

3-9 As actividades semanais. Here's a page from your weekly calendar. Write at least one activity for each day, using some of these verbs.

MODELO: domingo

   Escuto música à noite.

comer	estudar	conversar	escrever	dançar	assistir
tocar	beber	nadar	trabalhar	descansar	correr
falar	praticar	andar	escutar	alugar	celebrar

segunda:	sexta:
terça:	sábado:
quarta:	domingo:
quinta:	notas:

3-10 Conselhos úteis. Your classmates trust your judgment and often tell you about their worries, wishes, etc. Tell them what they should do.

MODELO: Trabalho muito e estou cansado.

   Precisas de descansar e de comer bem.

1. Gostamos de comer e estamos um pouco gordos.

   _____

2. Estudo, mas não tiro boas notas.

   _____

3. Gosto de ir ao cinema e quero ver um bom filme este fim-de-semana.

   _____

4. No nosso curso, desejamos celebrar o dia dos anos (*birthday*) do/a professor/a.

   _____

5. Gosto de restaurantes de comida rápida, mas tenho o colesterol um pouco alto.

   _____

Present tense of *ir*

3-11 Onde vão? Where are these people going? Write sentences using the verb **ir**.

MODELO: Pedro/café

O Pedro vai ao café.

1. José e eu/discoteca _____José e eu vamos ao discoteca_____

2. os estudantes/cinema _Os estudantes vão o cinema_____

3. Marta/casa da Paula ____Marta vai a casa da paula_____

4. tu/ginásio _Tu vais o ginásio_____

5. eu/universidade _Eu vou o universidade_____

3-12 Os planos. You are interviewing your friend about his or her forthcoming activities. Write your friend's answers to your questions, using the information in parentheses.

MODELO: Com quem vais à discoteca hoje? (os amigos da Carla)

Vou com os amigos da Carla.

1. Com quem vais ao cinema no domingo? (Ricardo)

   _____Vou com o Ricard_____

2. Como vais? De carro ou de bicicleta? (bicicleta)

   _____Vou de biciclta_____

3. Para onde vais na próxima semana? (Cabo Verde)

   _____Vai para Cabo Verde_____

4. Quem vai ao cinema à tarde? (os meus amigos)

   _____Os meus Amigos vão ao Cinema_____

5. Onde vais hoje à noite? (uma churrascaria)

   _____Vou a uma Churrascaria_____

Expressing future action

3-13 Associações. Match what the following people are going to do with the appropriate places.

1. No snack bar, a D. Joana   ____3____ vou ler um livro.

2. No cinema, tu   ____1____ vai beber um sumo.

3. Em minha casa, eu   ____2____ vais ver um filme.

4. Na biblioteca, eles   ____4____ vão fazer a tarefa de casa.

5. No concerto, a Ana e eu   ____5____ vamos ouvir música clássica.

3-14 O que vão fazer? Write what these people are going to do, based on where they are.

MODELO: O António e eu estamos no cinema.

Vamos ver um filme de Margarida Cardoso.

1. A Ana está na livraria.

   _____

2. Os alunos estão na aula de Português.

   _____

3. Tu estás numa festa.

   _____Vais dançar_____

4. O Pedro e eu estamos num café.

   _____Vamos tomar café_____

5. Eu estou em casa.

   _____Vou dormir_____

3-15 Que fazemos? You want to find out what you and your friends are doing in the near future. Match the following answers with the appropriate questions.

1. A que horas jantamos hoje?	__2__	Vou, sim. Com a Maria.
2. Vais ao cinema no fim-de-semana?	__1__	Às sete e meia.
3. Telefonas mais tarde?	__4__	Para Moçambique.
4. Para onde vão no próximo mês?	__3__	Telefono, sim.
5. Vocês almoçam connosco no domingo?	__5__	Infelizmente não podemos.

3-16 O fim-de-semana. You have special plans for this weekend. Write what you plan to do each day at different times. Use the verbs in the list or any other verb you know.

MODELO: *Às oito e meia da manhã corro no parque.*

trabalhar	correr	comer	escutar	celebrar
escrever	dançar	ir	aprender	assistir

sábado (8:30 a.m., 5:30 p.m., 10:00 p.m.)

_____

_____

_____

domingo (11:30 a.m., 2:00 p.m., 9:00 p.m.)

_____

_____

_____

Present tense of *ter*

3-17 Como se faz um bolo. Mark with **V (verdadeiro)** or **F (falso)** the steps that should be taken to make a cake.

	V	F
1. Temos que comprar muitos ovos.	_____	_____
2. Um/a colega tem que ajudar.	_____	_____
3. É preciso ter um bom forno (*oven*).	_____	_____
4. Tenho que comprar vários quilos de farinha (*flour*).	_____	_____
5. Não precisamos de ter manteiga.	_____	_____

3-18 As compras. You and a friend are writing down your grocery list. Complete the dialogue with the correct forms of **ter**.

VOCÊ: O que é que nós (1) _____ no frigorífico (*fridge*)?

COLEGA: Não (2) _____ muita coisa: só alface e tomate!

VOCÊ: Então, eu (3) _____ que passar pelo supermercado para fazer compras.

COLEGA: Agradeço, porque eu não posso ir. Infelizmente, eu e o João (4) _____ que ficar no trabalho até mais tarde.

VOCÊ: Está bem. Eu sei que vocês (5) _____ que terminar um projecto importante.

COLEGA: Acho que tu (6) _____ que comprar pão, leite, peixe, ovos e manteiga.

VOCÊ: Combinado! Vou também comprar uma sobremesa.

Numbers above 100

3-19 Qual é o número? Circle the Arabic numeral that matches the written number on the left.

1. duzentos e trinta	320	230	220
2. quatrocentos e sessenta e cinco	645	575	465
3. oitocentos e quarenta e nove	849	989	449
4. setecentos e doze	612	702	712
5. novecentos e setenta e quatro	564	974	774
6. seiscentos e cinquenta e cinco	655	715	665

3-20 Dados sobre o Ceará. You are doing some research on the Brazilian state of Ceará for your geography class. Based on the information given, complete the chart with the correct numbers.

O Ceará fica na região Nordeste do Brasil. A leste do estado, encontram-se os estados do Rio Grande do Norte e da Paraíba, a oeste, o estado do Piauí e a sul, o de Pernambuco. No norte, o Ceará é banhado pelo Oceano Atlântico numa extensão de 573 km de costa. O maior rio do estado é o Jaguaribe que corre numa extensão de 610 quilómetros. As temperaturas médias oscilam entre 24° e 30° C. Dado que a maior parte do estado é semi-árida, 88% da sua área é dominada por uma vegetação conhecida como caatinga, cuja característica marcante são pequenos arbustos retorcidos.

CEARÁ				
REGIÃO DO BRASIL	ESTADOS ADJACENTES	EXTENSÃO DA COSTA	EXTENSÃO DO MAIOR RIO	TEMPERATURAS MÉDIAS

Mais um passo: Some uses of *por* and *para*

3-21 Qual? If you were to translate these sentences into Portuguese, which word would you choose for each one, **por** or **para**?

Para   1. The computer is **for** us.

por   2. Do you want to walk **through** the campus?

por   3. We danced **for** many hours.

para   4. They are leaving **for** the cafeteria.

para   5. The calculator is **for** the calculus class.

3-22 Por ou para? Complete the sentences with **para, por,** or appropriate contractions of **por** with articles (**pelo, pela, pelos, pelas**).

1. Os livros são _____ o João.

2. Eu gosto de andar _____ ruas de Lisboa.

3. Amanhã vou _____ Boston.

4. Escrevo uma carta _____ a professora.

5. Hoje vou à praia _____ última vez.

6. Esta aspirina é _____ as dores de cabeça (*headache*).

7. Vamos passar _____ ginásio antes da aula de Português.

Para ler

3-23 O Moreno. You found this ad in a Portuguese magazine. Read it and answer the questions.

O Moreno

Fresco, incomparável, estimulante!

Amigo fiel das manhãs frias e quentes. Com *O Moreno*,
a vida tem mais sabor! Com ou sem açúcar, é sempre
delicioso até à última gota. Dá energia e enche os seus
dias de felicidade. Faça dele o seu amigo inseparável
nos bons e nos maus momentos.

Quem bebe o café O MORENO é feliz!

1. Quem é *O Moreno*?

   _____

2. Como é *O Moreno*?

   _____

3. Quais das características de *O Moreno* são parecidas com as características de um amigo?

   _____

4. Como é a pessoa que bebe *O Moreno*?

   _____

5. Qual é o seu café preferido?

   _____

6. Quando é que você toma café?

   _____

Para escrever

3-24 Primeiro passo: preparação. You are spending your summer vacation with a friend in the Algarve. Write the first draft of a postcard you want to send to a classmate in your Portuguese class. Tell him or her a) the name of the hotel where you are staying, b) its location with respect to the beach, and c) your plans for the next two days. Use **Querido/a** (*Dear*) + name followed by a comma (e.g., **Querida Juliana,**) to address your friend and **Abraços** (literally, *hugs*) followed by a comma and your name as a closing.

3-25 Segundo passo: revisão. Now that the first draft of your postcard is finished, review it by asking yourself the following questions.

a. Did you provide your friend with the basic information about your vacation?

b. Are you using the most appropriate words to describe your thoughts?

c. Are you using the formal or the informal pronouns to address your classmate?

d. Do the verb endings agree with the persons or things to which they refer?

e. Are you using the verb **ir** + infinitive to express plans?

f. Are the words spelled correctly? Are the accent marks in the right place?

3-26 Um cartão postal: versão final. Write the final version of the postcard.

HORIZONTES

3-27 O Nordeste do Brasil. Indicate if the following statements are true (**verdadeiro**) or false (**falso**) by writing **V** or **F** in the spaces provided, according to the information given in the **Horizontes** section on pages 140-41 of your textbook.

1. _____ A região Nordeste é composta por nove estados.

2. _____ O Nordeste ocupa quase todo o território brasileiro.

3. _____ A Bahia mantém muitas tradições afro-brasileiras.

4. _____ O estado de Pernambuco ainda hoje é o maior produtor de açúcar do mundo.

5. _____ O forró é um ritmo típico de Pernambuco.

6. _____ A maior festa de Pernambuco é o Carnaval.

7. _____ O Tambor da Crioula é uma festa típica do Maranhão.

8. _____ O Tambor da Crioula é uma festa dedicada a São Benedito, um santo negro e filho de escravos.

9. _____ No sertão (isto é, no interior) do Nordeste brasileiro, os períodos de seca afectam especialmente os estados do Piauí, Ceará e Pernambuco.

10. _____ O artesanato no Nordeste é inexpressivo.

À PRIMEIRA VISTA

3-28 Diversões. Listen to two young people describing their leisure activities. Then, indicate whether the following statements are true or false by marking them **V (verdadeiro)** or **F (falso)**. Do not worry if you do not understand every word.

	DESCRIÇÃO 1	**V**	**F**
1.	O Roberto vai muito ao cinema.		✓
2.	Os amigos do Roberto escutam música em casa.		✓
3.	Roberto conversa com amigos num café.	✓	
4.	Roberto nunca lê o jornal.		✓
5.	Ele gosta muito de romances policiais.	✓	

	DESCRIÇÃO 2	**V**	**F**
1.	A Ana Paula estuda música e arte.	✓	
2.	A Ana Paula estuda em Angola.		✓
3.	Ela gosta de cantar.	✓	
4.	Ela canta canções portuguesas.		✓
5.	Nos fins-de-semana, ela dança com amigos em discotecas.	✓	

3-29 Que fazes? A classmate you just met would like to know your preferences with regard to different activities. Answer his questions according to the model. Pause the recording at the beep to answer at your own pace.

MODELO: Tocas guitarra?

Toco, sim. ou Não, não toco.

3-30 Num restaurante. Listen to Marisa and Xavier ordering dinner at a restaurant, and then to the statements about their conversation with the waitress. For all statements that are true, check **V (verdadeiro)**; for all statements that are false, check **F (falso)**.

	V	**F**
1.		
2.		
3.		
4.		
5.		
6.		

Nome: _Hank_   **Data:** _____

3-31 Um lanche. You are studying in Lisbon and normally have a snack in the afternoon at your favorite café. Respond appropriately to the waiter. Pause the recording at the beep to answer at your own pace.

3-32 No supermercado. Listen for the items that different persons plan to buy in the supermarket and write them below. Pause the recording at the beep to write at your own pace.

MODELO: You hear: A Olga precisa de ovos e tomate.

You write: *ovos, tomate*

1. Marta: _peixe batatas_
2. Roberto: _presunto_
3. Ana: _alface , tomate_
4. D. Teresa: _laranja_
5. D. Sílvia: _leite , cereal_
6. As alunas: _frango_
7. Sr. Marques: _café , pão_
8. Sara: _gelado , fruta_

Pronúncia

Os sons do x

In European Portuguese, the consonant x is pronounced in four different ways. At the beginning of a word and after n, the x is pronounced like the English *sh* in *she*. **Repita as seguintes palavras.**

xícara   xarope   xadrez   xaile   enxaqueca   enxergar

The x between unstressed e and a consonant is also pronounced as a soft *sh* sound, similar to the English *sh* in *finish*, but in addition it affects the pronunciation of the preceding e, making it sound like a diptong. This combination sounds somewhat similar to *eish* in the word *geisha*. **Repita as seguintes palavras.**

excelente   excepcionais   expressões   exposição   sexta-feira   contexto

At the end of a word, the x is pronounced like the English *x* in *ox*. **Repita as seguintes palavras.**

tórax   clímax   xerox   pirex   telex   vórtex

Between vowels, the x can be pronounced in either of the above ways and also like the English *s* in *cast* and like the English *z* in *zebra*. Because the context does not determine its pronunciation, you will have to learn how each individual word is pronounced. **Repita as seguintes palavras.**

English *sh*:	baixo	México	peixe	mexidos
English *x*:	táxi	sexo	oxigénio	complexo
English *s*:	próximo	máximo	aproximadamente	
English *z*:	exemplo	exame	exercício	exacto

O som do ch

The European Portuguese **ch** is pronounced like the English *sh* in *she*. **Repita as seguintes palavras.**

chá   chocolate   cheque   choro   acha   chama-se   churrascaria

ESTRUTURAS

Present tense of regular *-er* and *-ir* verbs

3-33 A dieta da Olga. Olga is on a diet to lose weight. Say whether she should eat or drink each of the following items. Pause the recording at the beep to answer at your own pace.

MODELO:

A Olga não deve comer pizza.

1. ...   2. ...   3. ...   4. ...

A olga deve Comer peixe   *A olga não deve Comer pão*   *A olga deve*   *A olga não deve Comer gelado*

3-34 Para comer e beber. You and your friends are at a restaurant. Say what you are having, according to the pictures and the cues you hear. Pause the recording at the beep to answer at your own pace.

MODELO:

eu   você

Eu como peixe com batatas fritas.   *Você bebe café.*

1. ...   2. ...   3. ...   4. ...

Você ...

5. ...

3-35 Para que jornal escrevem? You and some of your friends are doing research on social conditions in the Brazilian state of Ceará and sending the results of your research to local newspapers. Answer each question by saying to which city's newspaper each person or persons write. The numbers next to the cities on the map of Ceará identify the persons. Pause the recording at the beep to answer at your own pace.

MODELO: a Marina/Ubajara

A Marina escreve para o jornal de Ubajara.

1. a Luciana
2. a Renata e a Lígia
3. a Maria Luísa
4. o Pedro e você
5. os amigos do Roberto

Os sons do g

The European Portuguese **g**, when followed by **e** or **i**, is pronounced like the English *s* in *measure* or *leisure*. **Repita as seguintes palavras.**

generoso   agenda   viagem   lógico   giz   religioso   relógio

In all other cases, the European Portuguese **g** is pronounced like the English *g* in *garden*. **Repita as seguintes palavras.**

obrigado   logo   Agosto   segunda   igualmente   global   agricultura

O som do j

The European Portuguese **j**, in any position, is also pronounced like the English *s* in *measure* or *leisure*. **Repita as seguintes palavras.**

já   hoje   Janeiro   Junho   corajoso   Joana   canja   cerveja

Present tense of *ir*

3-36 Os planos da Mónica. Listen to Mónica's plans for next week. Identify what she is going to do and when by writing the corresponding number under the correct day.

MODELO: 0. A Mónica vai ao cinema no domingo.
(Mark "0" under Sunday the 17th.)

S	T	Q	Q	S	S	D
11	12	13	14	15	16	17

Expressing future action

3-37 Os meus amigos e eu. Assuming that the pictures below show what you and your friends are going to do, tell what your plans are. Include the cues you will hear in your answers. Pause the recording at the beep to answer at your own pace.

MODELO: esta tarde

Esta tarde, vamos nadar.

1.   2.   3.

4.   5.   6.

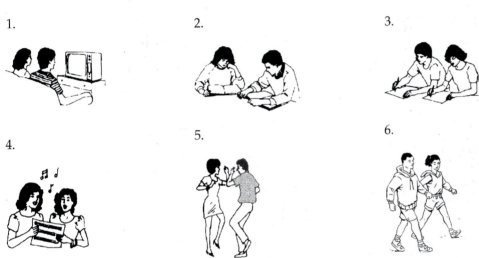

Present tense of *ter*

3-38 Coisas para fazer. Listen to two young women talk about all the things they have to do. Then, indicate whether the following statements are true or false by marking **V (verdadeiro)** or **F (falso)**. Do not worry if you do not understand every word.

DESCRIÇÃO 1	V	F
1. A Cristina nunca tem muito que fazer.		✓
2. Ela tem aulas de manhã.	✓	
3. Ela e a mãe têm que acompanhar a avó ao médico.	✓	
4. A avó não tem boa saúde.		✓
5. A avó tem oitenta anos.	✓	

DESCRIÇÃO 2	V	F
1. A Luciana está sempre muito ocupada.		✓
2. A irmã da Luciana tem um bebé.	✓	
3. Todos querem cuidar (*take care*) do bebé.	✓	
4. A irmã da Luciana tem que dar banho ao bebé.		
5. A Luciana tem que tocar piano para o bebé dormir.		✓

Numbers above 100

3-39 Identificação. You will hear only one number from each group below. Circle that number.

MODELO: You hear: cento e sessenta e três

You see: 273   338   136   163

You circle: 163

1. 198   287   369   167
2. 104   205   405   504
3. 213   312   603   933
4. 416   624   704   914
5. 100   300   400   1.000

3-40 Os números. Listen to the numbers and repeat each one after the speaker. Then, write the number in Arabic numerals. Pause the recording at the beep to work at your own pace.

MODELO: You hear: trezentos e trinta e seis

You say: *trezentos e trinta e seis*

You write: *336*

1. _____   2. _____

3. _____   4. _____

5. _____   6. _____

7. _____   8. _____

9. _____   10. _____

Mais um passo: Some uses of *por* and *para*

3-41 Por ou para? You will hear various questions regarding a trip. Answer them by completing the following sentences with **por** or **para**.

1. Vamos _____ a Figueira da Foz.
2. Não, vamos passar _____ Coimbra.
3. Vamos caminhar _____ praia.
4. Vamos comer pizza e sandes. Não temos dinheiro _____ restaurantes.

3-42 As férias do Rui e da Susana. O Rui e a Susana are discussing a travel package to Ceará. Listen to their conversation and complete the chart with questions and answers based on the information you hear. You should read the chart below before listening to the conversation. Do not worry if there are words you do not understand.

PERGUNTAS	RESPOSTAS
Para onde vão a Susana e o Rui?	_____
_____	Uma semana.
Quanto custa a viagem?	_____
_____	É excelente.
Quem vai telefonar para a agência?	_____
Qual é o número do telefone?	_____

Pronúncia

Os sons do s e do z

The European Portuguese s at the beginning of a word and the double ss in the middle of a word are pronounced like the English s in *second*. **Repita as seguintes palavras.**

só   segundo   passado   agressivo   assinatura   vosso   assunto

The European Portuguese s and z between vowels are pronounced like the English s or z in *disease* and *zebra*. The z at the beginning of a word or syllable is pronounced the same way. **Repita as seguintes palavras.**

esposa   mesa   sobremesa   museu   música   presunto

zebra   zoológico   fazer   organizem   razões   horizontes

The European Portuguese s at the end of a word or followed by c, f, p, or t is pronounced similarly to the English *sh* in *fish*. The z at the end of a word is pronounced the same way. **Repita as seguintes palavras.**

amigos   lápis   escritório   pesca   asfalto   atmosfera

aspirador   desporto   revista   estudantes   rapaz   talvez

The European Portuguese s followed by b, d, g, l, m, n, r, or v is pronounced similarly to the English s in *measure*. **Repita as seguintes palavras.**

Lisboa   desde   esgoto   deslumbrante   mesmo   desnutrição   desvantagem

VÍDEO

Vocabulário útil

o/a amiguinho/a	*little friend*	a missa	*mass*
ao máximo	*as much as possible*	ouvir	*to hear*
convidar	*to invite*	passear	*to walk, to stroll, to go places*
o coro	*choir*	o vólei	*volleyball*
fazer anos	*to have a birthday*	votar	*to vote*
a festinha	*little party*		

3-43 Tempos livres. Primeiro passo. Watch and listen as Helena describes what she does in her free time. Then, fill in the blanks below.

A Helena joga (1) _Vólei_ , vê (2) _televisão_ , vai ao (3) _Cinema_ e gosta de (4) _passear_ ao máximo.

Segundo passo. E você? What do you do in your free time? Name three of your favorite activities.

_____

_____

_____

3-44 O próximo fim-de-semana. What are the following people going to do next weekend? Match each person with the appropriate activities.

1. _C, g, i_ Jorge
2. _a, d, e, j_ Adolónimo
3. _b, f, h_ Helena

a. ver um concerto da Orquestra Sinfónica Portuguesa

b. jogar vólei

c. votar para escolher o novo presidente de Portugal

d. ir à missa

e. ouvir composições de Berlioz e Ravel

f. ir ao cinema

g. ter uma festinha para o filho que faz anos

h. dormir até mais tarde

i. convidar pessoas da família e amiguinhos do Vasco

j. cantar no coro litúrgico africano

4. **E você?** What will you do next weekend? Name at least two activities.

1) Eu vou Ir ao Cinema 2.) dormir até mais tarde.

_____

Lição 4 ◆ A família

PRÁTICA

À PRIMEIRA VISTA

4-1 Associações. Match the words on the left with the definitions on the right.

1. __b__ tio   a. filha dos meus pais

2. __d__ avó   b. irmão do meu pai

3. __e__ primos   c. filhos dos meus filhos

4. __a__ irmã   d. mãe da minha mãe

5. __c__ netos   e. filhos dos meus tios

4-2 A família do Tomás e da Margarida. Fill in the blanks expressing the relationships among the people in the family tree.

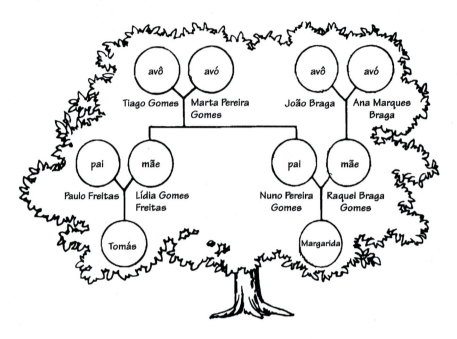

MODELO: O Sr. Tiago Gomes é esposo da D. Marta Pereira Gomes.

1. Lídia Gomes Freitas é ___irmã___ de Nuno Pereira Gomes.

2. O Tomás e a Margarida são ___primos___.

3. Nuno Pereira Gomes é ___pai___ da Margarida.

4. A D. Marta é ___mãe___ da Lídia Gomes Freitas.

5. O Sr. João Braga e a D. Ana Marques Braga são ___avós___ da Margarida.

6. O Tomás é ___neto___ do Sr. Tiago Gomes.

7. Nuno Gomes é ___tio___ do Tomás.

8. Raquel Braga Gomes é ___filha___ da D. Ana Marques Braga.

Nome: Hau L   **Data:** _____

4-3 Fundação Solidariedade Social. Read the following article about an Azorean couple who started a
non-profit organization (**organização sem fins lucrativos**) in Ponta Delgada, the capital of the island of São
Miguel, Azores. Then complete the summary below.

A Fundação Solidariedade Social é iniciativa de um jovem casal de
Ponta Delgada que se dedica a ajudar as famílias pobres da cidade,
procurando empregos para os adultos e mantendo uma creche[1] para os
filhos.

Marcos Ribeiro, formado em Economia e filho de uma família
tradicional, decidiu um dia deixar a sua carreira de jovem executivo e
começar esta obra quando viu a situação desesperada de muitas famílias
de Ponta Delgada, capital da ilha de São Miguel, que possui um padrão
de vida[2] bastante bom. A esposa, Suzana Borges Ribeiro, especialista
em Educação Infantil, é a sua companheira de trabalho. O pai,
conhecido escritor e jornalista Miguel Figueiredo Borges, publicou um
artigo sobre esta organização sem fins lucrativos e a reacção do público
foi extraordinária. Hoje, a Fundação Solidariedade Social ajuda mais de
cem famílias a refazerem as suas vidas.

Suzana é a terceira filha do casal Borges. Ela e a mãe, Elvira
Figueiredo Borges, entrevistam as famílias e coordenam a equipa de
voluntários que ajudam nos trabalhos da fundação. Os filhos, de três e
cinco anos, ficam na creche também e, assim, toda a família participa
nesta iniciativa humanitária.

_____
1 *day care center*
2 *standard of living*

Marcos Ribeiro é formado em (1) _____. Ele é casado com (2) _____.

O (3) _____ dela é o escritor e jornalista Miguel Figueiredo Borges. A mãe, que se

chama (4) _____, trabalha também para a fundação. O Marcos e a Suzana têm dois

(5) _____ que participam nas actividades da creche. Actualmente, a Fundação Solidariedade

Social ajuda cerca de (6) _____ famílias desfavorecidas.

4-4 A minha família. You are being interviewed about your family. Answer these questions.

1. Como é a sua família: grande ou pequena?

   _____

2. Quantas pessoas há na sua família?

   _____

3. Quantos irmãos e/ou irmãs tem?

   _____

4. Quantos anos têm os seus irmãos e/ou irmãs? E você?

   _____

5. Onde trabalha o seu pai? E a sua mãe?

   _____

6. Onde vivem os seus pais?

   _____

7. É solteiro/a ou casado/a?

   _____

8. Tem filhos? Quantos?

   _____

ESTRUTURAS

Síntese gramatical

1. Present tense of stem-changing verbs

VOWEL CHANGES (E > I, O > U)

sentir (*to feel*):   **eu sinto**, tu sentes, você/ele/ela sente, nós sentimos, vocês/eles/elas sentem

dormir (*to sleep*):   **eu durmo**, tu dormes, você/ele/ela dorme, nós dormimos, vocês/eles/elas dormem

STEM-CONSONANT CHANGES

ouvir (*to hear*):   **eu ouço**, tu ouves, você/ele/ela ouve, nós ouvimos, vocês/eles/elas ouvem

pedir (*to ask for/order*):   **eu peço**, tu pedes, você/ele/ela pede, nós pedimos, vocês/eles/elas pedem

perder (*to lose*):   **eu perco**, tu perdes, você/ele/ela perde, nós perdemos, vocês/eles/elas perdem

poder (*can, may*):   **eu posso**, tu podes, você/ele/ela pode, nós podemos, vocês/eles/elas podem

SPELLING CHANGES

c > ç   **conhecer** (*to know*)

eu conheço, tu conheces, você/ele/ela conhece, nós conhecemos, vocês/eles/elas conhecem

g > j   **reagir** (*to react*)

eu reajo, tu reages, você/ele/ela reage, nós reagimos, vocês/eles/elas reagem

gu > g   **seguir** (*to follow*)

eu sigo, tu segues, você/ele/ela segue, nós seguimos, vocês/eles/elas seguem

2. Adverbs

FEMININE FORM: rápido/a   rapidamente

NO SPECIAL FEMININE FORM: fácil   facilmente

3. Present tense of *fazer, dizer, trazer, sair,* and *pôr*

	FAZER	DIZER	TRAZER	SAIR	PÔR
eu	faço	digo	trago	saio	ponho
tu	fazes	dizes	trazes	sais	pões
você, o sr./a sra., ele/ela	faz	diz	traz	sai	põe
nós	fazemos	dizemos	trazemos	saímos	pomos
vocês, os srs./as sras., eles/elas	fazem	dizem	trazem	saem	põem

4. *Há/Faz* with expressions of time

Trabalhamos **há duas horas**.   *We've been working for two hours.*

Faz cinco anos que a Isabel mora em Angola.   *Isabel has lived in Angola for five years.*

Present tense of stem-changing verbs

4-5 O que pedem? preferem? sugerem? You and several members of your family are ordering dinner in a restaurant. Write down what different people order and what others prefer or suggest. Use the following verbs: **pedir, preferir,** and **sugerir.**

MODELO: *A minha tia pede frango, mas eu peço bife.*

Eu sugiro bacalhau, mas o meu primo prefere massa.

1. Eu _____ , mas o meu irmão _____.

2. A minha prima _____ , mas eu _____.

3. O meu pai _____ , mas a minha mãe _____.

4. Eu e a minha irmã _____ , mas a nossa avó _____.

5. O meu tio _____ , mas eu_____.

6. Eu _____ , mas a minha tia _____.

4-6 Podem ou não podem? Write what these people can or can't do. Choose items from the list or think of others of your own to make your sentences.

comer manteiga	estudar no café	comprar uma casa
beber cerveja	passar as férias em...	pedir um empréstimo (*loan*) ao banco
dormir 12 horas	escrever uma carta em português	vestir um biquíni na praia

MODELO: nadar 500 metros

Eu (não) posso nadar 500 metros.

1. O/A professor/a _Não pode dormir 12 horas_

2. A minha irmã _pode vestir um biquíni na praia_

3. Eu _posso estudo no Café_

4. A minha mãe _pode come manteiga_

5. O meu amigo e eu _podemos comprar uma casa_

6. Os meus pais _não podem beber cerveja_

4-7 Quantas horas dormem estas pessoas? Write how many hours you and other people you know sleep in each of the following situations.

1. Eu _____ no fim-de-semana.

2. Os meus pais _____ durante a semana.

3. A minha amiga _____ quando está de férias.

4. Os alunos _____ no período dos exames.

5. Eu e os meus amigos _____ depois de dançar na discoteca.

4-8 O que faz? Explain what you do in the following situations. Use the verbs in the list to answer the questions. (There are more verbs than you will need.)

repetir   pedir   dormir   perder
seguir   reagir   ouvir   servir

1. O que faz quando convida os seus amigos para um jantar muito especial em casa?

   _____

2. O que faz depois de ler a ementa no restaurante?

   _____

3. O que faz quando está muito cansado/a?

   _____

4. O que faz quando ouve um bom conselho (*advice*)?

   _____

5. O que faz quando alguém não ouve o que você pergunta (*ask*)?

   _____

Adverbs

4-9 O meu mundo. Complete the following statements with the choice that best describes your personal experience. If none of the choices fit, supply your own adverb.

1. Gosto de comer _____.
   a) regularmente   b) depressa   c) devagar
2. O meu escritor favorito/A minha escritora favorita publica um livro _____.
   a) anualmente   b) frequentemente   c) irregularmente
3. Os professores da minha universidade vestem-se _____.
   a) formalmente   b) elegantemente   c) informalmente
4. Em geral, os meus pais analisam os problemas _____.
   a) rapidamente   b) lentamente   c) logicamente
5. Prefiro viajar _____.
   a) raramente   b) confortavelmente   c) calmamente
6. Resolvo os meus problemas _____.
   a) facilmente   b) rapidamente   c) lentamente
7. Em público, falo _____.
   a) nervosamente   b) claramente   c) devagar
8. Faço exercício _____.
   a) frequentemente   b) diariamente   c) raramente

4-10 Na universidade. Describe your daily life as a student by completing the following statements. Choose an adjective from the list and make it an adverb ending in **-mente** before giving your answer. You may also think of your own adverbs and use any verb of your choice.

relativo	rápido	fácil	simples	real	frequente
básico	raro	calmo	regular	geral	normal

MODELO: Eu _____.

        Eu janto fora raramente.   or

        Eu raramente janto fora.

1. De manhã _____.

2. _____ à noite.

3. _____ de tarde.

4. Os meus amigos _____.

5. Gosto de _____.

6. Vou para _____.

4-11 Os hábitos da minha família. You are writing a composition about your family for your Portuguese class. Make a list of each of your family members' habits using adverbs.

MODELO: *O meu pai usa o computador diariamente.*

1. _____.

2. _____.

3. _____.

4. _____.

5. _____.

6. _____.

Nome: Haule   **Data:** _____

Present tense of *fazer, dizer, trazer, sair,* and *pôr*

4-12 O meu irmão Zé Luís, os meus pais e eu. Complete these paragraphs with the correct forms of the verbs **fazer, dizer, trazer, sair,** and **pôr.**

De manhã:

O Zé Luís e o meu pai (1) ___Saem___ de casa às 7:30 da manhã. O pai (2) ___diz___ sempre que eles estão atrasados (*late*). Eles chegam à universidade às 8:00. O pai vai para o escritório e o Zé Luís vai à biblioteca e (3) ___faz___ lá os trabalhos de casa. Eu (4) ___Saio___ de casa às 9:30 e chego à universidade às 10:00. Primeiro vou à aula de Biologia e (5) ___faço___ experiências no laboratório. Depois de terminar, (6) ___ponho___ os resultados da experiência sobre a mesa do professor e vou às minhas outras aulas.

À noite:

Quando chego a casa (7) ___digo___ "Olá!" aos meus pais, que geralmente já estão na cozinha a preparar o jantar. O meu pai (8) ___traz___ sempre pão fresco para o jantar e a minha mãe (9) ___põe___ uma jarra (*vase*) com flores na mesa. O Zé Luís e eu (10) ___pomos___ a mesa e todos comemos juntos e falamos sobre as actividades do dia.

4-13 A semana. What activities do you associate with the days of the week? Use the verbs indicated for your answers to say what you do.

1. domingo/fazer

   ___Ao domingo, eu faço o almoço___

2. segunda/sair

   ___Nàs Segunda, eu Saio com amigos___

3. quinta/pôr

   ___As quinta eu ponho os Cartas no Correio___

4. sexta/trazer

   ___As Sexta, eu trago o livro para biblioteca___

5. sábado/sair

   _____

Fazer = Do
dizer = say
Trazer = bring
Sair = liau
pôr = to put

4-14 Um piquenique. A group of friends is planning a picnic. Complete their conversation using the correct present-tense forms of the verbs **fazer, dizer,** and **trazer.**

RUI: Quem vai fazer as sandes e a salada?

ALICE: Eu (1) _____ as sandes. João, tu (2) _____ a salada?

JOÃO: Claro. (3) _____ a salada.

RUI: E quem vai trazer as bebidas? Eu não posso ir ao supermercado.

CARLOS: Deixa isso comigo, eu (4) _____ as bebidas.

SUSANA: A Alice e eu (5) _____ tudo no meu carro. A que horas vamos?

RUI: Eu (6) _____ às oito.

CARLOS: E eu (7) _____ às nove. Oito é muito cedo!

SUSANA: Certo. Às nove, então.

Há/Faz with expressions of time

4-15 Há quanto tempo...? Your cousin wants to know how long you have been doing (or not doing) these activities. Write your answer in two different ways. Start one sentence with **Há... que...** or **Faz... que...** and the other with the verb in the present tense. Throughout the exercise, alternate the use of **há** and **faz**.

MODELO: jogar ténis

Há dois anos que jogo ténis/não jogo ténis.
Jogo ténis/Não jogo ténis há dois anos. or
Jogo ténis/Não jogo ténis faz dois anos.
Faz dois anos que jogo/não jogo ténis.

1. fazer ginástica

_____

_____

2. querer comprar um computador novo

_____

_____

3. não dormir 10 horas

_____

_____

4. (não) sair com...

_____

_____

5. não ter tempo para...

_____

_____

6. (não) ouvir...

_____

_____

Nome: _Hauu_   **Data:** _____

Mais um passo: The preterit tense of regular verbs and of *ir*

4-16 Um dia na vida da Sónia. Choose the most appropriate verb to complete the following sentences about some of Sónia's activities yesterday.

dormir   servir   tomar   preparar   ir   sair   telefonar   estudar

1. Ontem, a Sónia ___dormiu___ até às sete e meia da manhã.

2. Ela ___telefonou___ para uma colega e depois ___tomou___ o pequeno almoço.

3. A seguir, a Sónia ___foi___ para a universidade. Ela ___estudou___ na biblioteca até às duas da tarde.

4. À noite, ela ___preparou___ um jantar delicioso e ___serviu___ o jantar a uns amigos.

5. Depois do jantar, ela ___saiu___ com os amigos; eles ___foram___ todos ao cinema.

4-17 E você, o que fez ontem? Answer the following questions according to what you did yesterday.

1. Quantas horas dormiu ontem à noite?

   Ontem à noite, eu dormi duas horas

2. Saiu com os seus amigos? Onde é que vocês foram?

   Sim, nós juntos para juntos.

3. O que comeu ao almoço?

   Eu comi Comida

4. Telefonou para um/a amigo/a? Para quem?

   Sim, eu telefonei para a stratica.

5. Trabalhou ontem? Onde?

   Sim, eu ontem trabalhei

6. Que mais fez ontem?

   _____

ENCONTROS

Para ler

4-18 Descrições. The term **a terceira idade** (literally, *third age*) is used in Portuguese to refer to senior citizens. Think of one senior citizen you know and answer the following questions.

1. Quantos anos tem essa pessoa?

   _____

2. Essa pessoa trabalha ou está aposentada (*retired*)?

   _____

3. Essa pessoa tem uma vida activa ou sedentária?

   _____

4. Essa pessoa gosta de viajar?

   _____

4-19 A terceira idade. First read the text below for its general meaning. Then read it again and answer the following questions.

Programas para a terceira idade
A idade não conta

O que fazer depois dos sessenta anos? Esta pergunta preocupa muitas pessoas idosas. É importante lembrar que a vida não acaba para uma pessoa quando entra na terceira idade. A educação, a actividade profissional em outras áreas ou o turismo activo são opções válidas para depois dos sessenta anos. E há muitas opções. Em muitas cidades portuguesas, existem clubes da terceira idade, e até há uma Universidade da Terceira Idade. Estes clubes são organizações de apoio às pessoas com mais de sessenta anos, com actividades sociais e de lazer todas as semanas. Dentre os serviços e actividades, há assistência à saúde, ginástica, campismo, festas, celebrações especiais e também excursões para várias partes do país, a preços reduzidos. Na maioria das vezes, os passeios são feitos de autocarro. Está provado que as pessoas na terceira idade que têm este tipo de vida são mais felizes e vivem mais.

Mas a memória e o intelecto também precisam de ser estimulados. A Universidade de Lisboa para a Terceira Idade oferece um vasto programa de cursos para as pessoas com mais de sessenta anos. Estes incluem não só os cursos tradicionais de Literatura, Ciências Humanas e Línguas, por exemplo, mas também Pintura, Artes Decorativas e até um curso de Arraiolos, a arte de desenhar e executar as famosas carpetes da região do Alentejo que tem o mesmo nome.

No Brasil, nos finais dos anos oitenta, a EMBRATUR (Empresa Brasileira de Turismo) criou um programa especial, chamado "Turismo para a Terceira Idade", oferecendo oportunidades de viagens de lazer para pessoas acima dos sessenta anos. Actualmente, a Agência de Turismo Senior, seguindo a filosofia da Embratur, dedica-se à terceira idade com o programa "Vida Activa". Esta agência oferece aos clientes na terceira idade a oportunidade de conhecer não só o Brasil mas também outros países, através de viagens com grupos organizados, onde o convívio e a boa disposição são as notas dominantes. A Agência Senior organiza viagens aéreas e de autocarro para lugares interessantes com preços reduzidos para os idosos.

Qualquer pessoa, aposentada ou não, pode participar no programa Vida Activa ao completar sessenta anos. As pessoas na terceira idade podem ser acompanhadas de familiares ou amigos mais jovens, porque o programa não limita a idade dos participantes e muitos idosos sentem-se mais confortáveis com a presença de algum familiar ou amigo. A Agência Senior também oferece refeições durante as viagens, considerando as necessidades alimentares especiais de alguns clientes. O pequeno almoço, por exemplo, tem as calorias apropriadas para a idade. Ao jantar, há sempre água mineral ou sumos sem açúcar.

---

1. Que organizações dão apoio às pessoas idosas?

   _____

2. Quantos anos devem ter as pessoas que querem participar nos programas para a terceira idade?

   _____

3. Porque é que as pessoas devem estar activas física e intelectualmente na terceira idade?

   _____

4. Que actividades podem fazer as pessoas nestes clubes para a terceira idade?

   _____

5. Que cursos oferece a Universidade de Lisboa para a Terceira Idade?

   _____

6. Que tipo de programa criou a EMBRATUR nos anos oitenta no Brasil?

   _____

7. Que tipo de viagens oferece a Agência Senior?

_____

8. Que tipo de alimentação oferece a agência aos participantes?

_____

9. O que é que os participantes podem beber durante as refeições?

_____

4-20 Associações. Look at the reading again and write the adjectives that are associated with the following verbs.

1. interessar _____ 2. reduzir _____

3. dominar _____ 4. acompanhar _____

5. alimentar _____ 6. aposentar _____

Para escrever

4-21 Primeiro passo. You are happy because your friend from Guiné-Bissau is finally going to visit you this summer. He or she wants to know about your family. Make a list of at least three family members you want to write about and what you want your friend to know about them. Include information such as name, age, what they are like, and what they like to do. You may use what you wrote about your family in activity 4-4.

A minha família

_____
_____
_____
_____
_____
_____
_____
_____
_____
_____
_____
_____
_____
_____

4-22 Passo final. Write a letter describing your family to your Guinean friend. Use the information gathered in the previous activity. Finally, let your friend know how you feel about his or her upcoming visit (for example: **Estou muito contente com a tua visita**). Use the verbs from the list or any other you wish.

chamar-se	tocar	preferir	falar
trabalhar	pôr	ter... anos	estar
poder	sair	estudar	ser
viver	começar	correr	jogar

_____

_____

_____

_____

_____

_____

_____

_____

_____

_____

_____

_____

_____

_____

_____

HORIZONTES

4-23 O Norte do Brasil e o Amazonas. Circle the answer that best completes each of the following statements according to the information given in **Horizontes** on pages 176-177 of your textbook.

1. O Norte do Brasil é uma área enorme e...

   a) densamente povoada.   b) escassamente povoada.   c) povoada apenas por indígenas.

2. O Norte do Brasil tem... estados.

   a) sete   b) cinco   c) seis

3. Fazem parte da Região Amazónica...

   a) sete estados.   b) oito países.   c) dois estados e seis países.

4. A Região Amazónica possui...

   a) uma exuberante natureza.   b) trezentas espécies de peixes.   c) poucas espécies de aves.

5. A floresta amazónica tem animais como...

   a) girafas.   b) elefantes.   c) capivaras.

6. O rio Amazonas nasce...

   a) na Amazónia brasileira.   b) em Manaus.   c) no Peru.

7. O Rio Amazonas é a junção dos rios...

   a) Negro e Tocantins.   b) Negro e Solimões.   c) Negro e Amazonas.

8. Pela quantidade de água doce que possui, o rio Amazonas tem importância...

   a) local.   b) nacional.   c) mundial.

4-24 Que mais sabe sobre a Amazónia? Fill in the blanks with the correct information.

A Região Amazónica é a (1) _____ região do Brasil mas tem o (2) _____ número de habitantes. Um dos grupos indígenas que habitam esta região chama-se (3) _____. No Rio Amazonas podemos encontrar não só botos, mas também (4) _____. A "pororoca" atrai muitos (5) _____ porque as ondas são muito (6) _____ , atingindo (7) _____ metros de altura. O Rio Amazonas é o (8) _____ rio do mundo, em termos de volume de água e extensão.

LABORATÓRIO

À PRIMEIRA VISTA

4-25 A família da Irene. Look at Irene's family tree. You will hear a number followed by a word identifying the relation of that person to Irene. Write the number next to that person's name. Pause the recording at the beep to work at your own pace.

MODELO: You hear: 0. avô

You write: *0 next to the name Sr. Afonso Santos*

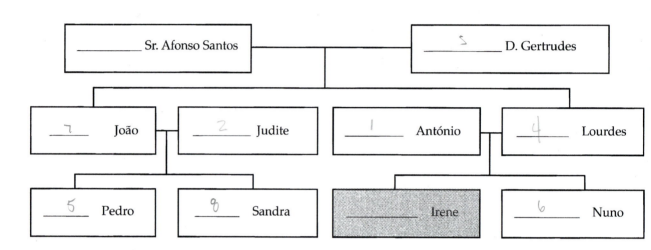

4-26 Os familiares dos meus colegas. Repeat each statement after the speaker. Then write the number of relatives mentioned and their relationship to the person named. Pause the recording at the beep to write at your own pace.

MODELO: You hear: Roberto tem dois irmãos.

You write: *dois irmãos*

1. Cláudia _____ dois avós _____

2. Raquel _____ Onze primas _____

3. Paulo _____ um Sobrinho _____

4. Miguel _____ dois meios - irmãos _____

5. Ritinha _____ dez tios _____

6. Carla _____ três irmãs _____

7. Zé _____ sete tias _____

8. Tomás _____ Cinco primos _____

4-27 A família da Amélia. You will hear Amélia Pinto Soares describing her family. Identify each family member's relationship to Amélia by writing it next to the appropriate name.

1. Carlos Soares _____

2. Artur _____

3. Gabriel _____

4. Pedro Luís _____

5. Marisa _____

6. Elvira _____

4-28 O baptizado. Baptism is an important event in most Portuguese families. Read the statements below before listening to the description of the christening ceremony of a new member of the Rodrigues family. Then, indicate whether each statement is true or false by marking the appropriate response. Don't worry if you don't understand every word.

	SIM	NÃO
1. O casal Rodrigues vai celebrar o baptizado do primeiro filho.	_____	_____
2. O bebé chama-se António, como o padrinho.	_____	_____
3. Os avós paternos vão ser os padrinhos.	_____	_____
4. O baptizado vai ser na casa do António e da Marta Pereira.	_____	_____
5. A família e os amigos mais próximos vão estar na festa do baptizado.	_____	_____

4-29 A família do Diogo Serpa. Diogo, an exchange student from Cape Verde, is talking to a group of friends about his family. Complete the chart with the information you hear. (You won't be able to fill in every block.) You may listen to the recording as many times as necessary.

NOME	PARENTESCO	IDADE	TRABALHO	COMO É?
	pai			
			num banco e numa escola	
Pedro				
				muito inteligente
		28 anos		
			estudante	
Conrado Serpa				
				calma

Ligação de palavras (*linking*)

Listen carefully to the explanation on Portuguese word linking, so that when you speak in Portuguese your words will seem to flow as naturally as if you were a native speaker, or almost. Repeat each of the phrases after the speaker when asked to do so. Make sure to avoid any pauses between words in each sentence.

Linking occurs when a word ends in **r, s,** or **z** and is immediately followed by another word beginning with a vowel. The normal tendency is for these letters at the end of a word to form a syllable with the initial vowel in the next word.

Repeat the following phrases, avoiding any pauses between the words. **Repita as frases seguintes.**

1. limpar a casa
2. por exemplo
3. estudar em casa
4. Vamos usar a imaginação.
5. A mãe faz as torradas.
6. A filha traz os pratos.
7. O Paulinho diz "obrigado".
8. Ele faz exercício, como correr e nadar.

Remember that **s** or **z** immediately followed by another word beginning with a consonant are pronounced as described in the **Pronúncia** section of **Lições** 2 and 3. They are pronounced like z in the English word *zebra* before a vowel, like *sh* in the English word *share* before unvoiced consonants (**c, f, p, q, t, s,** and **x**), and like s in the English words *measure* or *leisure* before voiced consonants (**b, d, g, j, l, m, n, r, v,** and **z**). **Repita as frases seguintes.**

1. cordilheira dos Andes
2. dados estatísticos anuais
3. três gerações: os avós, os filhos e os netos
4. O colega faz as perguntas e vocês respondem.
5. A quem telefonas mais frequentemente, aos colegas ou aos amigos?

ESTRUTURAS

Present tense of stem-changing verbs

4-30 Quantas horas dormem estas pessoas? According to the times given, say how many hours these people sleep on different days of the week. Pause the recording at the beep to answer at your own pace.

MODELO: You see: eu/terça/8

You say: *Na terça, eu durmo oito horas.*

1. Helena/sábado/10
2. o Paulo e o Carlos/quarta/7
3. nós/segunda/6
4. eu/domingo/9
5. tu/quinta/8

4-31 Bebidas. Your friends have a wide range of preferences when it comes to their choice of drinks. You are preparing for a party at your place and answering your roommate who wants to know what you will serve to each of your guests. Pause the recording at the beep to answer at your own pace.

MODELO: You hear: O que serves ao Tiago?

You see: Tiago/água

You say: *O Tiago prefere água. Sirvo água.*

1. João/cerveja
2. Camila e Helena/coca-cola
3. Laura/sumo de laranja
4. Regina/vinho
5. nós todos/chá
6. tu/água mineral

4-32 Mais preferências. You and your roommate Flávia get along fine in spite of your very different preferences with regard to food and drink. State your divergences as illustrated below. Pause the recording at the beep to answer at your own pace.

MODELO: You hear: A Flávia prefere café.

You see: chá

You say: *Mas eu prefiro chá.*

You hear: Eu prefiro batatas.

You see: arroz

You say: *Mas a Flávia prefere arroz.*

1. água com gás
2. bife
3. refrigerante
4. torradas
5. massa
6. sopa de legumes

4-33 Aqui servem comida muito boa! Listen to this conversation between Paula and Marco and to the questions that follow. Circle the best answer based on what you hear.

1. a) em casa   b) num restaurante   c) numa festa

2. a) frango   b) bife com batatas fritas   c) feijoada

3. a) bife   b) feijoada   c) peixe com salada

4. a) bife   b) frango com batatas fritas   c) peixe

5. a) cerveja   b) vinho branco   c) vinho tinto

Pronúncia

Ligação de palavras com hiato e semi-vogais

If a word ends in a stressed vowel and the following word begins with a different vowel, European Portuguese speakers may pause slightly between the two words. This pause is called a hiatus. **Repita as frases seguintes.**

1. Belém do Pará internacional
2. Prefere chá ou café?
3. O Arnaldo está em casa com a Edna.
4. O avô ama os netos.
5. O meu avô tem um irmão e uma irmã.

In rapid speech, this gap in the pronunciation of two consecutive vowels may be filled by a semi-vowel, also called a glide, with a sound similar to the *y* in the English word *yield*, or to the *w* in *water*, which helps the speaker glide from one vowel to another. This is particularly common with two consecutive stressed open a s and diphthongs followed by another vowel. **Repita as frases seguintes.**

1. Belém do Pará [y] internacional
2. O [w] Arnaldo está [y] em casa.
3. Como é que [y] é o teu [w] avô?
4. Eles têm [y] um filhinho.
5. Na classe média [y] é comum ter uma empregada.
6. As crianças vão [w] à [y] água.

Adverbs

4-34 O Mário conversa com o tio. Listen to this conversation between Mário and his uncle. Then choose the best answers to the statements that will follow, according to the information you have heard.

1. a) diariamente   b) semanalmente   c) raramente

2. a) devagar   b) calmamente   c) imediatamente

3. a) uma hora   b) duas horas   c) meia hora

4. a) tocar no parque b) formar uma banda c) comprar uma guitarra

4-35 Uma tarde no parque. You will hear some sentences describing family activities at a park. Each sentence will be followed by a cue. Incorporate the cue into the sentence using the ending **-mente**. Pause the recording at the beep to answer at your own pace.

MODELO: Os avós caminham./lento
          Os avós caminham lentamente.

Present tense of *fazer, dizer, trazer, sair,* and *pôr*

4-36 Uma manhã difícil. Chico is trying to get ready for school but his mother needs his help. Read the statements below and then listen to their conversation. If the statement is true, check **Sim**. If the statement is false, check **Não**.

	SIM	NÃO
1. O Chico e a mãe estão em casa.	_____	_____
2. O Chico faz a cama.	_____	_____
3. A mãe está ocupada.	_____	_____
4. O Chico põe a mesa.	_____	_____
5. O Chico sai às nove.	_____	_____

4-37 Eu também. Your mother wants you to help out more at home and is pointing out the chores that your brothers and sisters do. Tell her that you also do those chores. Pause the recording at the beep to answer at your own pace.

MODELO: Eles põem a mesa.
          Eu também ponho a mesa.

4-38 O que diz cada um? You know that the Portuguese word for "thank you" changes depending on who is saying it (male or female). Explain how the following people will say "thank you." Pause the recording at the beep to answer at your own pace.

MODELO: a Zita e a Isabel

> A *Zita e a Isabel dizem "obrigada".*

Pronúncia

Ligação de palavras e crase

When there are two consecutive unstressed **a**s, one at the end of a word and the other at the beginning of the following word, they are often contracted into a sharper, open **a** sound. This is a form of crasis (contraction of two vowels), although not indicated as such by an accent. **Repita as seguintes frases.**

1. Uma família americana atípica.
2. Agora a tia Edna está casada com o Arnaldo.
3. A minha avó visita as netas a toda a hora.
4. Compare a aprendizagem de violino à aprendizagem da língua.

If one **a** is stressed and the other unstressed, both sounds are pronounced separately. (This is called a hiatus). **Repita as seguintes frases.**

1. A árvore genealógica.
2. Há apartamentos bons no centro da cidade.
3. Ela dá a caneta à Ana.

In rapid speech, if a word ends with an unstressed **a, e,** or **o** and is followed by another word beginning with a vowel, the unstressed final vowel can contract with the vowel of the following word, which becomes the dominant sound. This form of crasis does not normally occur in slower, deliberate speech. In this segment, you will hear and repeat the same sequence of sentences twice, first slowly and the second time rapidly. **Repita as seguintes frases.**

1. A minha opinião é igual.
2. Qual é a sua opinião?
3. Tenho uma irmã chamada Inês.
4. Há um bom relacionamento entre os padrinhos.
5. Complete as frases de acordo com as instruções.

Now listen and repeat the same sentences in rapid speech:

1. A minh'opinião é igual.
2. Qual é a su'opinião?
3. Tenh'um'irmã chamad'Inês.
4. Há um bom relacionament'entr'os padrinhos.
5. Complet'as frases d'acordo com as instruções.

Há/Faz with expressions of time

4-39 Há quanto tempo? You will hear a brief description of a boy and his activities. Before listening to the description, look at the chart below. Then, as you listen to the description, put an X in the appropriate column.

	6 MESES	1 ANO	3 ANOS	4 ANOS	8 ANOS
1. O Alexandre mora na mesma casa há…					✓
2. Estuda na Escola Salesiana há…				✓	
3. Tem um cão (*dog*) há…	✓				
4. Tem uma bicicleta há…			✓		

Mais um passo: The preterit tense of regular verbs and of *ir*

4-40 Dois irmãos diferentes. You will hear Alberto talk about himself and his brother Cristiano. Mark the appropriate column(s) to indicate whether the following statements refer to what Alberto, Cristiano, or both did. Read the statements before listening to the passage.

	ALBERTO	CRISTIANO
1. Ontem, dormiu até às sete da manhã.	✓	✓
2. Bebeu apenas um café.	✓	
3. Comeu cereal.		✓
4. Tomou um pequeno almoço completo.		✓
5. Saiu de casa com pressa.	✓	
6. Tomou um banho bem longo.		✓
7. No último fim-de-semana, dormiu muito e foi a um café no centro da cidade.	✓	✓

ENCONTROS

4-41 Planos para o Miguel. Listen to Miguel's and his uncle's plans and to the statements that follow. Indicate whether each statement is true or false by checking the appropriate response. Don't worry if you don't understand every word.

	SIM	NÃO
1.	✓	
2.	✓	
3.		✓
4.		✓
5.		✓

4-42 Que querem fazer? Paulo and his sister Sílvia are discussing their family's plans for the weekend. Complete the chart with the information you hear about the preferences of each family member.

QUEM?	QUE QUER(EM) FAZER?
O Pai	Quer ir à praia.
Paulo	Quer nadar e jogar futebol com os amigos
Sílvia	Quer tomar banhos de sol e ler
a mãe	Quer ler.
os avós	Querem ficar em casa a descansar e a ver tele

VÍDEO

Vocabulário útil

ajudar	to help	levar	to take
buscar	to pick up, to go get	o marido	husband
cada vez menos	fewer and fewer	parecer-se	to resemble
o carácter	personality	parecido/a	similar
conseguir (eu consigo)	to be able to	a personalidade	personality
o desporto	sport	perto	nearby
fazer anos	to have a birthday	próximo/a	close
habitar	to reside	reformado/a	retired
hoje em dia	nowadays	teimoso/a	stubborn

4-43 Membros da família. Manuela is describing her family. Write down the information she gives.

1. Quem são os membros da família mais próxima? São o marido Jorge, a filha Carolina e o filho Vasco

2. Quantos anos têm os filhos? A Carolina tem 11 anos e o Vasco vai fazer 5 anos amanhã

3. Quem são os outros membros da família mais extensa? São a mãe da Manuela e os sogros

4-44 Com quem se parecem? Primeiro passo. Manuela and Jorge are discussing their children. Answer the following questions based on the information given about each person. Write complete sentences.

1. Carolina

   a. Com quem se parece a Carolina? _Parece-se com a mãe_.

   b. Como é a personalidade dela? _Ela é teimosa_.

   c. O pai concorda com a opinião da mãe? _O pai concorda_.

2. Vasco

   a. Com quem se parece o Vasco, na opinião da mãe? _O vasco também se parece com a mãe_.

   b. Com quem se parece ele na opinião do pai? _Na opinião do pai parece com a mãe e com o pai_

   c. Como é o carácter dele? _Ele também é teimoso_.

Segundo passo. How do you compare to other members of your family, both physically and emotionally? Complete the statements below, giving as much information as you can.

Eu pareço-me com _____

_____.

Eu não sou parecido/a com _____

_____.

4-45 Uma família típica. Listen to Manuela and Jorge describe what a typical Portuguese family looks like and answer the following questions.

a. Como é uma família portuguesa típica hoje em dia? _É pequena: pai, mãe e um filho_

_____.

b. Qual é o papel dos avós numa família portuguesa? _Os avós ajudam com os netos_

_____.

c. Porque é que os avós podem passar mais tempo com os netos? _____

_____

4-46 A minha família. How does your own family compare to the family of Jorge, Manuela, Carolina, and Vasco? Use the vocabulary and structures from the activities above, and any other words you like, to describe your family.

_____

_____

_____

_____

_____

4-47 Verdadeiro ou falso? You now have an idea of Jorge and Manuela's family. Read the statements below and mark them with **V** (**verdadeiro**) or **F** (**falso**) to indicate whether they are true or false.

1. A Carolina parece-se com a mãe, em termos físicos. _____

2. O Vasco não é nada parecido com o pai. _____

3. A Carolina tem uma personalidade parecida com o pai. _____

4. Os pais e os filhos são morenos. _____

5. O Jorge concorda sempre com a esposa. _____

6. Os avós da Carolina e do Vasco moram perto. _____

7. A sogra do Jorge mora na casa dele. _____

Lição 5 ◆ A casa e os móveis

PRÁTICA

À PRIMEIRA VISTA

5-1 Onde é que eu ponho? You are helping a friend move into a new apartment. Match the furniture, fixtures, and appliances with the most appropriate part or parts of the house.

MÓVEIS, ACESSÓRIOS E ELECTRODOMÉSTICOS

_____d_____ 1. a cama

_____a_____ 2. o sofá

_____d_____ 3. a cómoda

_____c_____ 4. o microondas

_____c_____ 5. a mesa

_____e_____ 6. o chuveiro

_____a_____ 7. o tapete

_____f_____ 8. a churrasqueira

_____c_____ 9. o frigorífico

_____e_____ 10. o espelho

PARTES DA CASA

a. a sala de estar

b. a sala de jantar

c. a cozinha

d. o quarto

e. a casa de banho

f. o terraço

5-2 Palavras cruzadas. Complete the crossword puzzle by responding to the following clues. You will use words referring to parts of the house, furniture, or appliances.

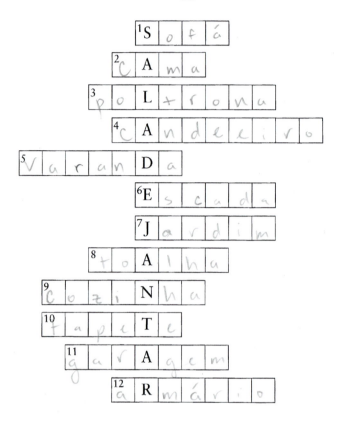

1. É um móvel onde duas ou três pessoas se podem sentar (*sit down*).
2. É o móvel principal no quarto de dormir.
3. É uma cadeira grande e confortável, geralmente com braços (*arms*).
4. É o acessório que usamos para ler à noite, quando está escuro.
5. É um espaço ao ar livre nos andares de cima (segundo, terceiro, quarto, etc.).
6. É por onde subimos para os andares de cima.
7. Fica ao ar livre e geralmente tem árvores e flores.
8. É o que usamos depois de tomar banho.
9. Preparamos a comida nesta parte da casa.
10. Geralmente fica no centro da sala de estar, debaixo da mesa.
11. É onde fica o carro.
12. É o lugar onde está a louça antes de pôr a mesa ou onde fica a roupa.

5-3 Paleta de cores. You are going to paint the walls, windows, trim, etc., of your house, using the colors on the left. What color combinations on the right will produce the colors you have chosen?

_____ 1. verde   a. vermelho e branco

_____ 2. cor-de-rosa   b. amarelo e azul

_____ 3. cinzento   c. vermelho e amarelo

_____ 4. roxo   d. preto e branco

_____ 5. cor-de-laranja   e. azul e vermelho

5-4 De que cor é? Answer the questions with the appropriate color(s) for each item.

1. De que cor são as cortinas da sua cozinha?

   _____

2. De que cor é a mesa da sala de jantar da sua casa?

   _____

3. De que cor são as plantas do jardim da sua casa?

   _____

4. De que cor é o sofá da sua casa?

   _____

5. De que cor é a sua casa?

   _____

5-5 Que tem que fazer? Read each situation and then mark the most appropriate reactions to it.

1. Amanhã você vai fazer uma viagem muito importante e precisa de levar roupa apropriada. Mas quando vai ao roupeiro, nota que a roupa está suja. Você tem que...

   a. fazer a roupa.   d. lavar a roupa.

   b. comprar a roupa.   e. secar a roupa.

   c. passar a roupa.   f. arrumar a roupa.

2. Você quer vender o seu apartamento. Hoje um agente imobiliário vem ver o apartamento, mas está muito sujo. Você tem que...

   a. usar o microondas.   d. pôr a mesa.

   b. deitar o lixo fora.   e. passar a roupa.

   c. fazer o jantar.   f. limpar a casa de banho.

3. Esta tarde, você e alguns amigos vão cozinhar e almoçar no jardim da sua casa. Você tem que...

   a. varrer o terraço.   d. passar a roupa.

   b. limpar a churrasqueira.   e. tirar os pratos.

   c. preparar o jantar.   f. fazer a cama.

5-6 Actividades domésticas. What activities do you associate with these items?

MODELO: a mesa

  pôr a mesa, comer com a família...

1. a máquina de lavar _____

2. a máquina de secar _____

3. o aspirador _____

4. o fogão _____

5. o frigorífico _____

6. a máquina de lavar louça _____

7. a televisão _____

8. o rádio _____

9. o jornal _____

10. o lixo _____

5-7 Temos que arrumar tudo! Your roommate and you are having friends over tonight. Your apartment is a little messy, but you have to go out. Write your roommate a note telling him or her not to worry (**não te preocupes**) and explaining what chores you will do when you return.

_____

_____

_____

_____

_____

_____

ESTRUTURAS

Síntese gramatical

1. **Present progressive**

eu	estou	
tu	estás	a falar
você, o sr./a sra., ele/ela	está	a comer
nós	estamos	a dormir
vocês, os srs./as sras., eles/elas	estão	

2. **Expressions with *ter*, *estar com*, and *ficar com***
   Tenho muito frio (medo, sono, calor).
   Eles **estão com** pouca fome (sede, sorte, pressa).
   Ficamos com sono (medo, fome) quando...

3. **Demonstrative adjectives and pronouns**

this	**esta** casa	**este** quadro	*these*	**estas** casas	**estes** quadros
that	**essa** casa	**esse** quadro	*those*	**essas** casas	**esses** quadros
(over there)	**aquela** pessoa	**aquele** edifício	*(over there)*	**aquelas** pessoas	**aqueles** edifícios

4. **Present tense of *dar, ler, ver*, and *vir***

	DAR	LER	VER	VIR
eu	dou	leio	vejo	venho
tu	dás	lês	vês	vens
você, o sr./a sra., ele/ela	dá	lê	vê	vem
nós	damos	lemos	vemos	vimos
vocês, os srs./as sras., eles/elas	dão	lêem	vêem	vêm

5. ***Saber*** and ***conhecer*** (to know)

	SABER	CONHECER
eu	sei	conheço
tu	sabes	conheces
você, o sr./a sra., ele/ela	sabe	conhece
nós	sabemos	conhecemos
vocês, os srs./as sras., eles/elas	sabem	conhecem

Present progressive

5-8 O que é que eles estão a fazer? Based on where the following students are, choose phrases from the list to describe what they are doing right now.

ler um livro	escrever uma composição	falar português
dormir	comprar um dicionário	lavar os pratos
jogar ténis	ver um filme	estudar Álgebra
cantar e dançar	caminhar e conversar	comer uma sandes

MODELO: O Júlio e a Maria estão na aula de Inglês.
Eles estão a escrever uma composição.

1. Eu estou na livraria.
   Eutar a Compar um dicionaio

2. Nós estamos em casa.
   Estamos a dormir.

3. São duas da manhã e a Raquel está no quarto dela.
   Ela está a dormir

4. A Estela e o Ricardo estão no parque.
   Estão a Caminhar e a Conversar

5. O Henrique e eu estamos na aula de Português.
   A escrever uma Composição

6. Os meus amigos estão na discoteca.
   Estão a Cantar e a dançar

7. Tu estás na biblioteca.
   Estás a ler um livro

8. A Ana e a Susana estão num café.
   Estão a Comer uma sandes

5-9 Associações. Match each situation on the left with the most appropriate action on the right.

SITUAÇÃO	ACÇÃO
1. _F_ O Frederico vai dançar com a namorada.	a. Estão a limpar a casa.
2. _B_ A Márcia quer alugar uma casa.	b. Está a ler o jornal.
3. _E_ A professora está com muita sede.	c. Estão a brincar.
4. _D_ A Susana quer sair com o namorado.	d. Está a beber água.
5. _C_ A Ritinha e o Paulinho estão no jardim.	e. Está a telefonar para a casa dele.
6. _A_ Os nossos pais têm visitas (*guests*) esta noite.	f. Estão a entrar numa discoteca.

-10 Ao trabalho! It is Saturday morning and this family is very busy. Describe what each person is doing by changing the sentences to the present progressive.

MODELO: A Júlia varre o terraço.
   Ela está a varrer o terraço.

1. A minha avó prepara o pequeno almoço.
   Ela está a preparar o pequeno almoço.

2. Eu arrumo os quartos.
   Eu estou a arrumar os quartos.

3. A minha mãe usa o aspirador.
   Ela está a usar o aspirador

4. As minhas irmãs limpam os quartos de banho.
   Elas estão a limprar os quartos de banho

5. O meu avô arruma a sala.
   Ele estás a arrumar a sala

6. O Tomás varre as folhas do jardim.
   Ele está a varrer as folhas do jardim

7. A Cristina dá um passeio com o cão (*dog*).
   Ela está a dar um passeio com o cão

8. O meu pai e eu lavamos o terraço.
   Nós estamos a lavar o terraço

Expressions with *ter, estar com,* and *ficar com*

5-11 O que é que eles têm? Como é que eles estão/ficam? Complete each one of these sentences by circling the correct expression with **ter, estar com,** or **ficar com**.

1. A Maria trabalha muito e dorme pouco. Por isso geralmente...

   a) tem sorte.   (b) tem sono.   c) tem razão.

2. O Jorge joga ténis todos os sábados de tarde. Depois de jogar, ele toma uma água mineral porque...

   a) fica com frio.   b) fica com medo.   (c) fica com sede.

3. O Alberto e a Cláudia tomam chá e torradas ao pequeno almoço e comem uma salada de atum ao almoço. Agora são cinco da tarde e eles...

   (a) estão com fome.   b) estão com pressa.   c) estão com calor.

4. Nós jogamos na lotaria, mas nunca ganhamos. Não...

   a) temos cuidado.   (b) temos sorte.   c) temos razão.

5. A aula de Português começa às oito da manhã. São dez para as oito e eu ainda estou no café. O meu amigo Roberto chega e quer conversar, mas eu não posso porque...

   a) estou com frio.   (b) estou com pressa.   c) estou com medo.

5-12 Como é que reage? Complete the statements describing in which situations you experience the reactions indicated in the parentheses. You may make your statements affirmative or negative and add **muito/a, pouco/a** or **bastante**, as appropriate.

MODELO: Normalmente _____ (ter pressa).

        Normalmente tenho muita pressa antes das aulas.

1. Nunca _tenho med de noik_____ (ter me

2. Geralmente _____ (ficar com for

3. Neste momento _____ (estar com fr

4. Eu raramente _____ (ter so

5. Eu _____ (ter cuidado) quando _____

    _____

6. Agora _____ (estar com pressa) porque _____

    _____

5-13 O intérprete. You are interpreting for some of your friends who are talking to two Portuguese students visiting your school. Translate what your friends want to say using the appropriate expression with **ter, estar com,** or **ficar com**.

1. Alberto is always very lucky.

    _Alberto tem sempre muito sorte._____

2. Lisa is in a hurry because her class begins at ten.

    _Lisa está con pressa porque_____

3. We are always very careful on the road (**estrada**).

    _____

4. It is one o'clock in the afternoon and the students are hungry and thirsty.

    _____

5. Don't you get hungry when you don't eat lunch?

    _____

6. I'm afraid of the biology professor.

    _Eu tenho medo do professor de Biologia_____

Demonstrative adjectives and pronouns

5-14 Na livraria. You and your friend are looking at various items in the bookstore. Write the appropriate demonstrative adjective according to each context in the spaces provided.

MODELO: Você está a ler um livro de arte e diz:

Este livro é muito interessante.

1. Você vê um relógio na parede. O empregado está um pouco longe, mas você vai até ele e pergunta:

   Quanto custa _aquele_ relógio?

2. O empregado tem uma guitarra na mão. Você pergunta:

   Quanto custa _essa_ guitarra?

3. A sua amiga mostra (*shows*) dois CDs de música folclórica madeirense e diz:

   estes CDs custam vinte dólares.

4. Você vê alguns filmes perto de onde está a sua amiga e diz:

   E _esses_ filmes também custam vinte dólares.

5. A sua amiga vai comprar um mapa para a aula de Geografia. Ela pega no mapa e pergunta ao empregado:

   Quanto custa _este_ mapa?

5-15 O que é isto? You see various things in an Angolan market and you want to find out what they are. Complete the following conversation with the salesman using **isto**, **isso**, or **aquilo**. (The salesman is behind the counter.)

VOCÊ:	O que é (1) _isso_ que está aí?
EMPREGADO:	(2) _isto_? É um cesto para fruta.
VOCÊ:	E (3) _aquilo_ que está ali naquela mesa?
EMPREGADO:	(4) _aquilo_ é uma estatueta. É "O Pensador", uma escultura típica de Angola.
VOCÊ:	E (5) _isso_ que está atrás do senhor?
EMPREGADO:	(6) _isto_ é um pilão de madeira.

5-16 Onde é que a senhora quer os móveis? Your Azorean neighbor bought a few things for her home. She is telling the delivery man (**entregador**), who also speaks Portuguese, where she wants to put the new furniture. Complete their conversation with demonstrative adjectives and, where needed, with their contractions with prepositions **de** and **em**. Use the correct forms of **este** for the delivery man and the correct forms of **esse** for your neighbor.

ENTREGADOR:	Onde é que a senhora quer (1) _este_ espelho?
D. JUDITE:	(2) _nesse_ corredor.
ENTREGADOR:	E onde é que eu ponho o primeiro (3) _destes_ três candeeiros?
D. JUDITE:	O primeiro (4) _desses_ candeeiros fica aqui e (5) _esses_ dois vão para o quarto pequeno.
ENTREGADOR:	E (6) _estas_ cadeiras?
D. JUDITE:	(7) _essas_?
ENTREGADOR:	Sim, (8) _estas_.
D. JUDITE:	Ponha duas (9) _nesse_ quarto e (10) _essas_ mais pequenas na sala de jantar.

Present tense of *dar, ler, ver,* and *vir*

5-17 O dia de anos. Today is D. Juliana Melo's birthday and many friends and relatives are coming to dinner and bringing birthday gifts. Using appropriate forms of the verbs **dar** and **vir**, describe when each person comes to D. Juliana's house and what he or she gives for her birthday.

MODELO: a prima Mónica/às 6:30/um álbum para fotografias
        A prima Mónica vem às seis e meia; ela dá um álbum para fotografias.

1. o tio Roberto/mais tarde/um tapete persa

   _____

2. as sobrinhas Carla e Lita/às 7:00/CDs de música clássica

   _____

3. a Mariana e eu/mais cedo/um perfume

   _____

4. tu/antes das 7:00/um espelho

   _____

5. as amigas da D. Juliana/depois das 6:00/uma colecção de filmes em DVD

   _____

5-18 O que é que estas pessoas lêem e vêem? Read about the interests and preferences of the following people. Then, complete the statements below; finally, complete and answer the questions about your own reading and viewing preferences.

PESSOAS	PREFERÊNCIAS
a minha mãe	política nacional e internacional
a Júlia e eu	viajar, seguir as notícias da actualidade
a tia Anita	cozinhar e comer
os meus primos Paulo e Ricardo	desporto
eu	saber o que fazem os meus artistas preferidos, cozinhar

O que lêem?

1. A Júlia ___*lê*___ a revista *Time* todas as semanas.

2. O Paulo e o Ricardo ___*lêem*___ a revista *Sports Illustrated*.

3. A tia Anita e eu ___*lemos*___ as receitas culinárias de Emeril Lagasse.

4. Eu ___*leio*___ a revista *People*.

5. E que ___*lê*___ você? _____

O que vêem?

6. O Paulo e o Ricardo ___*vêm*___ jogos de futebol na televisão.

7. Eu ___*vejo*___ os meus artistas preferidos nos concertos e na televisão.

8. A tia Anita ___*vê*___ o programa de Emeril na televisão.

9. A Júlia e eu ___*vemos*___ um documentário guineense no cinema.

10. E que _____ você? _____

5-19 A Carolina e o Hugo vêem-se na rua. Carolina and Hugo have not seen each other for a long time. Complete their dialogue, using verbs **vir**, **dar**, and **ver**.

HUGO: Olá, Carolina! Como estás?

CAROLINA: Óptima, Hugo, e tu?

HUGO: Estou com saudades (*I miss*) de falar contigo. Eu não te (1) _____ há um século!

CAROLINA: É verdade, nós não nos (2) _____ há muito tempo! Olha, Hugo, eu e a minha irmã

(3) _____ uma festa para a minha mãe hoje à noite. Porque é que não (4) _____? Moro

neste edificio em frente.

HUGO: Ah, obrigado, mas não vai (5) _____. Hoje à noite a minha irmã (6) _____ um concerto de

piano na universidade.

CAROLINA: Então, (7) _____ -te noutro dia!

Saber **and** *conhecer*

5-20 Sabemos ou conhecemos? Complete each Portuguese sentence with the correct form of **saber** or **conhecer**.

1. Your friend is having car problems and is looking for a repair shop. You know where one is, so you say:

   Eu _____ onde há uma boa oficina.

2. You tell your cousin that Amélia is a very good dancer:

   A Amélia _____ dançar muito bem.

3. Your classmate wants to meet Rodrigo de Freitas. You know Rodrigo, so you say:

   Queres _____ o Rodrigo? Então, vem a minha casa esta noite, ele vai estar.

4. You are talking to a friend about a hotel in his hometown with which he is not familiar. He says:

   Eu não _____ esse hotel.

5. You tell a classmate about your best friends, who are excellent cooks. You say:

   Eles _____ cozinhar muito bem.

6. Your friend likes to go to the movies and enjoys good acting. While you are discussing a movie, she asks:

   Tu _____ quem são os actores?

5-21 Uma conversa. Complete this conversation with the correct forms of **saber** or **conhecer**.

BEATRIZ: Tu (1) _____ esse rapaz?

LAURA: Conheço. Chama-se Tiago Santos e é muito amigo do meu irmão. Porquê?

BEATRIZ: É muito atraente e...

LAURA: Queres (2) _____ o Tiago, não é?

BEATRIZ: Pois quero. Tu (3) _____ o que ele estuda?

LAURA: Eu (4) _____ que ele estuda Economia. Acho que mora perto, mas não tenho a certeza.

Quem (5) _____ muito bem o Tiago é o meu irmão.

BEATRIZ: Olha, eles vêm aí, o Tiago e o teu irmão.

LAURA: Fantástico, assim podes (6) _____ o Tiago.

5-22 Qual é o problema? Read the following situations and then write a summary statement for each using **saber** or **conhecer**.

MODELO: A Maria e o João têm convidados para o jantar de hoje à noite, mas estão muito preocupados. O arroz não está bem cozido e o frango está sem sal. Decidem comer fora com os convidados.

A Maria e o João não sabem cozinhar.

1. O Pedro e o Guilherme estão a lavar a roupa branca com umas cortinas vermelhas. Eles já não têm roupa branca, a roupa está toda cor-de-rosa!

   _____

2. Na festa, todos os estudantes estão a dançar, menos o Alfredo, que está a conversar com uma amiga.

   _____

3. São onze da noite e um homem bate à porta da casa da Isabel. Ela olha pela janela, mas não abre a porta.

   _____

4. John Foster entra num restaurante de Nampula, uma cidade de Moçambique. Ele pede água ao empregado, mas o empregado não entende o que ele diz.

   _____

5. Os seus tios estão em Nova Iorque. Eles têm um mapa mas estão perdidos (*lost*).

   _____

Mais um passo: Some reflexive verbs

-23 Uma manhã na vida da Laura. Complete these sentences about Laura's daily activities. Choose the most appropriate verb to complete each one.

olhar-se (*to look at oneself*)   deitar-se   vestir-se   levantar-se   enxugar-se

1. São sete horas da manhã, o despertador (*alarm clock*) toca e a Laura _levanta-se_.

2. Ela vai directamente para a casa de banho. Lá, ela escova os dentes e _olha-se_ no espelho.

3. Depois, a Laura toma banho e _enxuga-se_. Ela tem uma toalha grande e vermelha.

4. Ela _veste-se_ com roupa confortável, toma o pequeno almoço e vai para a universidade.

5. À noite, ela _deita-se_ cedo depois de um longo dia de actividades.

-24 O que é que faz de manhã? Answer the following questions, according to your daily routine.

1. A que horas é que você se levanta?

_____

2. Levanta-se imediatamente?

_____

3. Lava-se de manhã, à tarde ou à noite?

_____

4. O que faz depois de se lavar?

_____

Para ler

5-25 Precisa de dinheiro? This ad encourages people to apply for a loan (*empréstimo*). Read it and then complete each statement, based on the information in the ad.

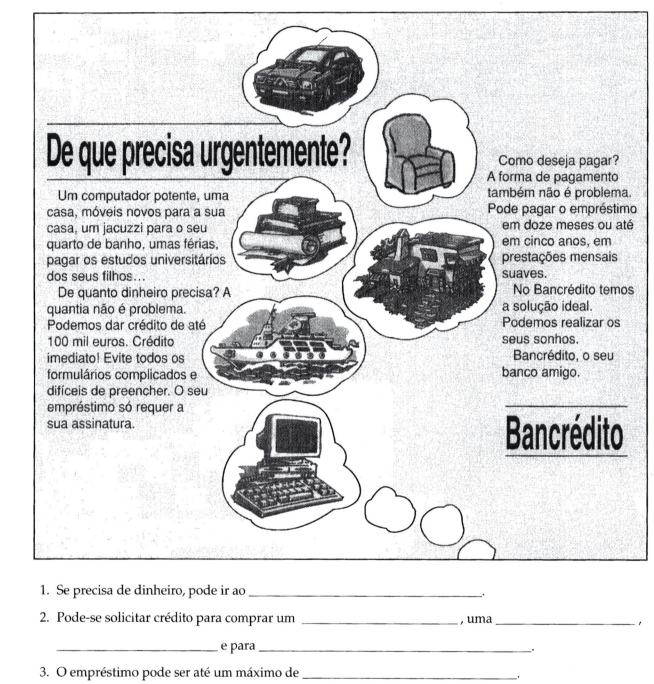

1. Se precisa de dinheiro, pode ir ao _____.

2. Pode-se solicitar crédito para comprar um _____ , uma _____ , _____ e para _____.

3. O empréstimo pode ser até um máximo de _____.

4. Pode-se pagar o empréstimo em _____ ou, no máximo, em _____.

5. O único requisito para conseguir o empréstimo é _____.

5-26 Primeira exploração. Read the flyer reproduced below and find the following information.

A limpeza da sua casa: um prazer ou uma tortura?

Sem dúvida, limpar a casa pode ser algo agradável ou desagradável, dependendo do que sabe sobre limpeza e como fazê-la. Vamos dar algumas recomendações de como fazer a limpeza da casa uma tarefa colectiva, fácil e agradável.

Faça tudo com alegria, incluindo a limpeza da sua casa:

- Limpe a casa ouvindo a sua música preferida. A música dá energia e, como resultado, já vai fazer este trabalho com alegria. É possível até perder esses quilos indesejáveis. Trabalhe, seguindo o ritmo apaixonante do tango ou divertido do samba, ou do reggae...

Faça um plano da limpeza da sua casa:

- Decida quando quer fazer limpeza. Os fins-de-semana são fantásticos porque toda a família está em casa e pode ajudar.

- Decida o que cada um vai limpar. Todos os membros da família podem e devem colaborar. As crianças podem tirar o lixo da casa de banho e guardar a sua própria roupa nos armários, etc. Os mais velhos podem varrer, passar o aspirador, pegar na roupa suja e metê-la na máquina de lavar. Não se esqueça de regar as plantas, etc. Lembre-se que a limpeza da casa deve ser um trabalho colectivo, e não individual.

- Limpe quarto a quarto. É recomendável começar pelos locais mais difíceis de limpar, como as casas de banho, a cozinha, os quartos das crianças, etc. No início da limpeza, todos têm mais energia; mas no final, quando já estão cansados, a qualidade do trabalho não é tão boa. Os últimos quartos podem não ficar bem limpos.

Prepare os produtos de limpeza que vai usar:

- Compre produtos para limpar os cristais, lavar o chão, etc.
- Prepare o aspirador, os sacos de lixo, as esponjas, etc.

1. Indique três recomendações que uma pessoa deve considerar quando deseja limpar a casa.

_____

2. De acordo com o panfleto, quando é melhor limpar a casa? Porquê?

_____

3. Indique que tarefas domésticas as crianças (*children*) podem fazer para ajudar na limpeza da casa.

_____

4. Porque é melhor limpar a casa de banho, a cozinha e os quartos das crianças antes das outras partes da casa?

_____

5. Quem faz a limpeza da sua casa?

_____

5-27 Segunda exploração. With what nouns in the text above do you associate these verbs?

1. limpar: _____

2. recomendar: _____

3. alegrar: _____

Para escrever

5-28 A planta do apartamento. Draw a floor plan of your parents' house or apartment with the furniture in it.

5-29 O/A decorador/a da família. Preparação. You are a student at *A Elegância* Institute of Design in Porto. After a few months of study, you would like to offer your parents some recommendations to remodel and redecorate their house to make it more elegant. Write down some ideas as follows. In one column, write down the areas that need improvement; in the other, a sketchy list of your suggested changes.

Vocabulário útil

a entrada (*entrance*)	pintar (*to paint*)
a saída (*exit*)	as portas antiquadas/em mau estado
a luz (*light*) natural/artificial	as janelas velhas/estragadas (*damaged*)
a parede	a posição dos móveis
o piso (*floor*)	Há pouco/muito espaço entre... e...
Precisam de mais/menos...	tirar (*to take away*)

PROBLEMAS COM A CASA	AS MINHAS SUGESTÕES
_____	_____
_____	_____
_____	_____
_____	_____
_____	_____
_____	_____

Nome: _____ **Data:** _____

5-30 A decoração. Now, write a letter to your parents explaining how they can make their house look bigger, more elegant, and beautiful. Remember to be very explicit so that your parents may follow your suggestions and improve the house.

Queridos pais:

_____

_____

_____

_____

_____

_____

_____

_____

_____

_____

_____

Um abraço do/a filho/filha que os não esquece,

_____

HORIZONTES

5-31 Brasília e o Centro-Oeste. Indicate if the following statements are true (**verdadeiro**) or false (**falso**) by writing **V** or **F** in the spaces provided, according to the information given in **Horizontes** on pages 216-217 of your textbook. Rewrite correctly the statements that are incorrect.

1. _____ A região Centro-Oeste ocupa mais de 20% do território brasileiro.

   _____

2. _____ O Centro-Oeste é uma região densamente populada.

   _____

3. _____ O Pantanal é um santuário ecológico internacional.

   _____

4. _____ A época de muita chuva no Pantanal é de Abril a Junho.

   _____

5. _____ O Pantanal é um bom lugar para turismo ecológico.

   _____

6. _____ O Cerrado produz carne, feijão, soja, milho e arroz.

   _____

7. _____ Brasília encontra-se perto do litoral.

   _____

8. _____ Brasília, a nova capital do Brasil, foi inaugurada em 1956.

   _____

9. _____ A arquitectura de Brasília é tradicional e pouco interessante.

   _____

10. _____ O plano de Brasília tem a forma de um avião.

   _____

À PRIMEIRA VISTA

5-32 A casa da família Pereira. Listen to the description of the Pereira family's house. Then, indicate whether each statement in your book is true or false by marking the appropriate response. Don't worry if you do not understand every word.

	SIM	NÃO
1. A casa da família Pereira é pequena.		✓
2. A casa tem dois andares.	✓	
3. O quarto dos pais é no primeiro andar.	✓	
4. A cozinha é no rés-do-chão.	✓	
5. Tem apenas uma casa de banho.		✓
6. A casa dos Pereira tem três quartos de dormir.		✓

5-33 Em que parte da casa? Listen as the speaker names various pieces of furniture and appliances. Say in which room of the house each is normally found. Pause the recording at the beep to answer at your own pace.

MODELO: o forno

O forno está na cozinha.

5-34 O apartamento da Ana Maria. Ana Maria Antunes has just moved into the apartment shown below. Listen to the description, look at the layout, and write the name of each piece of furniture or appliance mentioned in the space provided next to the appropriate room. Listen to the recording as many times as needed.

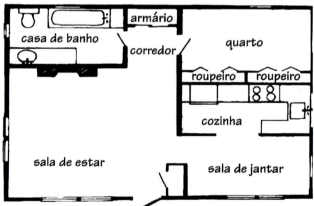

sala de estar

Sofá, poltrona, mesa e cadeira

cozinha

frigorífico e fogão

sala de jantar

mesa e cadeiras

casa de banho

máquina de lavar e máquina de secar

quarto de dormir

dois roupeiros, uma mesinha

Nome: _____ Data: _____

5-35 Um casamento moderno. Listen as Adriana and Tomás discuss their chores while preparing dinner. Then listen to the statements that follow and indicate in the chart who is doing each chore mentioned.

	1	2	3	4	5	6
ADRIANA						
TOMÁS						

5-36 O que é que a Sílvia e o Frederico fazem no sábado? Sílvia lives in an apartment and Frederico lives in a dorm. Listen as a friend describes what they do on Saturdays. Complete the chart with the information you hear.

HORA	ACTIVIDADES	
	SÍLVIA	FREDERICO
8h00		
9h30		
10h30		
15h00		
17h30		
à noite		

5-37 Perguntas pessoais. Answer your sociology instructor's questions about which members of your family do these chores in your home. Pause the recording at the beep to answer at your own pace.

MODELO: Quem limpa a casa?
  O meu irmão limpa a casa.

Pronúncia

O acento: palavras proparoxítonas
Most words in Portuguese are stressed on the second-to-last syllable. However, many common words are stressed on the third-to-last syllable. (This is called proparoxytone stress.) These words are always written with an accent mark, either **agudo (á, ó,** etc.) or **circunflexo (ê, ô,** etc.). **Repita as seguintes palavras.**

máquina   prática   único   óculos   parágrafo   câmbio   ciência   infância

ESTRUTURAS

Present progressive

5-38 A Ana está a falar com a tia. While Roberto is at his friend Ana's home, her aunt calls. Listen to Ana's side of the conversation and indicate what each person mentioned is doing by matching each numbered item in the left-hand column with the appropriate activity on the right.

PESSOA		ACTIVIDADE
1. A mãe ___b___		a. Está a conversar com um amigo.
2. O avô ___a___		b. Está a lavar a louça.
3. A Ana ___c___		c. Está a estudar para um exame.
4. A avó ___e___		d. Está a tirar o lixo da cozinha.
5. O pai ___d___		e. Está a dormir.

5-39 Mas hoje não... People tend to be creatures of habit who do the same things at the same time. But today is different. Explain in Portuguese that today these people aren't doing what they normally do. Pause the recording at the beep to answer at your own pace.

MODELO: A Ana Maria telefona sempre aos amigos a esta hora.
Mas hoje não está a telefonar.

Expressions with *ter, estar com,* and *ficar com*

5-40 Situações. Listen to these descriptions of people in various situations. Say and circle the expression with **estar com** that best completes each description.

1. Está com calor.   Está com sono.
2. Está com fome.   Está com frio.
3. Está com sede.   Está com medo.
4. Está com pressa   Está com calor.
5. Está com sorte.   Está com sono.

5-41 Negociações. Cláudia and her boyfriend Marcos have quite different personalities and often find it difficult to agree on things initially. Listen to the following dialogue between them. Then, determine whether the statements you will hear following the dialogue are true or false and put an X in the appropriate column.

	SIM	NÃO
1.		✓
2.	✓	
3.	✓	
4.		✓
5.		

5-42 Perguntas pessoais. Answer the five questions you will hear according to your own experience. Pause the recording at the beep to answer at your own pace.

Pronúncia

Os sons do c e do ç

The Portuguese **c** before a consonant or before the vowels **a, o,** and **u** is pronounced like the English *k* in *key*, or the English *c* in *arcade*, but without the puff of air. **Repita as seguintes palavras.**

descrições   microondas   casa   escada   secar   cozinha

The Portuguese **c** before the vowels **e** and **i** has a sound similar to the English *c* in *city* or *center*. **Repita as seguintes palavras.**

centro   aceitar   acessório   acontecer   condicionado   aquecimento

The Portuguese letter **ç (c com cedilha)** appears only before the vowels **a, o,** and **u** and is pronounced like the English *s* or *c* in the words *set* or *city*. The **ç** is never found at the beginning of a word. **Repita as seguintes palavras.**

Açores   almoçar   avançado   lençol   açúcar   terraço   decoração

Demonstrative adjectives and pronouns

5-43 Perto ou longe? You hear the following comments at a furniture store. Indicate with an X in the appropriate row of the chart whether the objects and persons mentioned are next to the speaker (**ao lado**), a short distance from the speaker (**perto**), or relatively far from the speaker (**longe**).

MODELO: Este espelho é muito pequeno para o quarto de banho.

> *(You would put an X in the row labeled **ao lado**.)*

	1	2	3	4	5	6
ao lado						
perto						
longe						

5-44 Um amigo faz perguntas. Answer a friend's questions using the cues below and the appropriate form of **este**, according to the model. Pause the recording at the beep to answer at your own pace.

MODELO: You hear: Qual preferes?
> You see: livro
> You say: *Prefiro este livro.*

1. revista
2. microondas
3. cortinas
4. quadro
5. toalhas

5-45 Onde é? You are helping out a friend who is new to the area. Answer his questions, using contractions of **em** with **esse/essa/esses/essas** and the cues provided. Pause the recording at the beep to answer at your own pace.

MODELO: You hear: Onde mora o Alfredo?

You see: casa

You say: *Nessa casa.*

1. escritório
2. café
3. livraria
4. parque
5. edifícios

5-46 Gosto daquela. Answer a friend's questions about your preferences, using contractions of **de** with the correct form of **aquele**. Pause the recording at the beep to answer at your own pace.

MODELO: Gostas mais deste computador ou desse?

Gosto daquele.

Present tense of *dar, ler, ver,* and *vir*

5-47 Duas amigas em Nova Iorque. Tereza is a Cape Verdean living in New York and her friend Marta comes from Cape Verde every summer for a visit. Listen to Tereza's description of what she and Marta do in New York in summertime (**Verão**). Next, you will hear several statements about their activities. Mark an X in the appropriate column to indicate whether each statement is true or false.

	SIM	NÃO
1.	_____	_____
2.	_____	_____
3.	_____	_____
4.	_____	_____
5.	_____	_____
6.	_____	_____
7.	_____	_____

Pronúncia

O c antes de ç e t

Many Portuguese words have a c before the consonants ç or t. As a rule, this c is not pronounced, although it appears in writing. **Repita as seguintes palavras.**

acção   actor   electrodoméstico   arquitectura   actividade   actualmente

When the c before ç or t is preceded by an i, and in rare cases by an a, it is pronounced like the c in the English words *fiction* or *fact*. **Repita as seguintes palavras.**

ficção   fictício   facto   pacto

Saber and conhecer

5-48 À procura de trabalho. Your friend Roberto is applying for a summer job. First, look at the chart below; then, listen to Roberto's conversation with a prospective employer. Mark the verb that best completes each statement in the chart, based on what you hear. Do not worry if you do not understand every word.

CONHECE	SABE	
1. _____	_____	usar computadores.
2. _____	_____	o professor Macedo.
3. _____	_____	espanhol, inglês e francês.
4. _____	_____	que tem que trabalhar 40 horas por semana.
5. _____	_____	vários estudantes.

5-49 Conheço o Mário Pereira. Use **saber** or **conhecer** and the cues you will hear to tell what you know about Mário, a new Portuguese student at your university. Pause the recording at the beep to answer at your own pace.

MODELO: You hear: Mário Pereira
          You say: *Conheço o Mário Pereira.*
          You hear: onde mora
          You say: *Sei onde mora.*

Pronúncia

O som do q

The letter **q** in Portuguese is always followed by **u**. The combination **qu** before **a** or **o** has a sound similar to *qu* in the English words *quartz* or *quota*. **Repita as seguintes palavras.**

    quarto   **qu**adro   **qu**alquer   **qu**arenta   en**qu**anto   **qu**otidiano

In most cases, when the combination **qu** is followed by **e** or **i**, the **u** is not pronounced. **Repita as seguintes palavras.**

    quente   a**qu**ecimento   **qu**into   a**qu**i   má**qu**ina   ar**qu**itectura

In some Portuguese words, the combination **qu** followed by **e** or **i** is pronounced similarly to the English *qu* in *question* or *quick*. **Repita as seguintes palavras.**

    fre**qu**ente   conse**qu**entemente   cin**qu**enta   tran**qu**ilo   e**qu**ino

Mais um passo: Some reflexive verbs

5-50 Dois irmãos diferentes. You will hear Miguel talk about himself and his brother Alfredo. Mark the appropriate column(s) to indicate whether the following statements refer to Miguel, to Alfredo, or to both. Read the statements before listening to the passage. Do not worry if you do not understand every word.

	MIGUEL	ALFREDO
1. Levanta-se sempre às sete da manhã durante a semana.		✓
2. Nos fins-de-semana, vai sempre para a cama muito tarde.	✓	✓
3. Nos dias de semana, veste-se rapidamente.		✓
4. Veste-se devagar aos sábados e domingos de manhã.	✓	
5. Levanta-se tarde todos os dias.	✓	

5-51 De manhã. Based on the names you see and the times you hear, state when each of the following people gets up. Pause the recording at the beep to answer at your own pace.

MODELO: You see: Daniel

You hear: sete

You say: *O Daniel levanta-se às sete.*

1. Alice
2. tu
3. eu
4. o meu pai

ENCONTROS

5-52 Uma reunião de família. Your neighbors, the Soares family, are busy getting ready for a family reunion. Listen to what they are doing and to the statements that follow. Then indicate whether each statement is true or false by putting an X in the appropriate column. Do not worry if you do not understand every word.

	SIM	NÃO
1.	✓	
2.		✓
3.		✓
4.	✓	
5.	✓	

VÍDEO

Vocabulário útil

detestar	*to hate*	**o prédio**	*apartment block*
dividir	*to divide, to share*	**a refeição**	*meal*
dobrar	*to fold*	**sozinho/a**	*alone*
a empregada	*housekeeper, cleaning woman*	**todo/a/os/as**	*all, every*
a necessidade	*necessity*	**tudo**	*everything*
pequenino/a	*tiny*		

5-53 Onde moram? Primeiro passo. Alexandra and Tomás explain where they live. Complete their statements.

1. Alexandra: _Meu apartменtos_ _____ pequenino.

2. Tomás: _____ Cascais, num _predio _____ andares.

3. **E você, onde mora?** Write down where you live (country, state or province, city, and type of dwelling).

_____

_____

_____

Segundo passo. Compare os apartamentos. In the table below, write how many rooms there are in Alexandra's apartment, Tomás's, and your own house or apartment.

	COZINHAS	CASAS DE BANHO	SALAS	QUARTOS
1. Alexandra	1	1	1	2
2. Tomás	2			
3. você	1	2	1	4

Terceiro passo. Como é a sua casa? Now describe your house or apartment. Say how many rooms there are and what they are.

Eu tenho um Cozinhas, dois Casas de banho, Um Sala, e quatro quitos

Sala de jantar _____

_____

5-54 Tarefas domésticas. Primeiro passo. Circle **V** or **F** (**verdadeiro** or **falso**) for the following statements.

1. A Helena faz todas as tarefas na casa dela.   V   *F*
2. A mãe da Helena cozinha.   *V*   F
3. A irmã arruma os quartos e a Helena lava a roupa. V   *F*
4. A mãe do Tomás limpa e arruma a casa.   V   *F*
5. A família do Tomás tem uma empregada.   *V*   F
6. O Tomás faz a cama.   *V*   F

Segundo passo. Quem limpa e arruma a sua casa? Explain who looks after your house and what tasks they do.

Minha mãe e Eu dividir as tarefas domesticas, é Cozinha, e cama de bah.

_____

_____

5-55 Tarefas que detestamos. Primeiro passo. Write the name of each interviewee (Helena, Tomás, Filipa) next to the task he or she particularly dislikes.

a. tudo que tem a ver com a roupa   _____*Helena*_____

b. limpar os pratos depois das refeições   _____*Tomás*_____

c. passar a ferro   _____*Filipa*_____

Segundo passo. Answer the following questions about your own attitudes toward household chores.

1. Que tarefas domésticas detesta? (Dê pelo menos dois exemplos.)

_____

_____

2. Que tarefas prefere? (Dê pelo menos três exemplos.)

_____

_____

3. Com quem mais se parece? Com a Helena, a Filipa ou o Tomás? Porquê?

_____

_____

Lição 6 ◆ A roupa e as compras

PRÁTICA

À PRIMEIRA VISTA

6-1 Associações. Match the articles of clothing that normally go together.

1. _____ fato de treino   a. saia

2. _____ camisa   b. ténis

3. _____ meias   c. gravata

4. _____ T-shirt   d. sapatos

5. _____ blusa   e. calças jeans

6-2 A roupa e os lugares. What articles of clothing would each person wear to the places named?

MODELO: O Carlos está na Disneylândia, em Orlando.
         Ele usa ténis, jeans e uma T-shirt.

1. A minha irmã está num restaurante muito elegante.

   _____

2. O José e a Gabriela vão a um concerto de música clássica.

   _____

3. Estou na universidade.

   _____

4. O Pedro Henrique está no Pólo Norte.

   _____

5. Os meus amigos estão numa praia no Algarve.

   _____

6-3 Numa boutique. What would you say to the salesperson in a store in each of the following situations?

1. You are trying on a pair of jeans but they are too big.
   a) É o tamanho perfeito para mim.
   b) Estas calças estão largas.
   c) Estas calças são muito confortáveis.

2. You bought a blouse yesterday but now you decide that you don't like the fabric.
   a) Está muito grande para mim.
   b) Quero trocar esta blusa.
   c) Gosto muito da cor.

3. You would like to try on a suit.
   a) Quero trocar este fato.
   b) Quero experimentar este fato.
   c) Quero comprar este fato.

4. You are looking for a long cotton skirt.
   a) Quero uma saia curta de seda.
   b) Preciso de uma saia longa de lã.
   c) Procuro uma saia comprida, de algodão.

5. You want to pay in cash.
   a) Vou pagar com cheque.
   b) Vou usar um cartão de crédito.
   c) Vou pagar em dinheiro.

ESTRUTURAS

Síntese gramatical

1. **Preterit tense of regular verbs**

	FALAR	COMER	ASSISTIR
eu	fal**ei**	com**i**	assist**i**
tu	fal**aste**	com**este**	assist**iste**
você, o sr./a sra., ele/ela	fal**ou**	com**eu**	assist**iu**
nós	fal**ámos**	com**emos**	assist**imos**
vocês, os srs./as sras., eles/elas	fal**aram**	com**eram**	assist**iram**

Spelling changes in the *eu* form:

	FICAR	CHEGAR	DANÇAR
eu	fi**quei**	che**guei**	dan**cei**

2. **Preterit of *ir* and *ser***

eu	fui	nós		fomos
tu	foste			
você, o sr./a sra., ele/ela	foi	vocês, os srs./as sras., eles/elas	foram	

3. **Direct object nouns and pronouns**

me	*me*	nos	*us*
te	*you (singular, informal)*	vos	*you (plural)*
o	*you (formal), him, it (masculine)*	os	*them (masculine or mixed)*
a	*you (formal), her, it (feminine)*	as	*them (feminine)*

4. **Interrogative expressions ("tags")**

Vocês ficam em casa, **não é?**   Ela vai com o grupo, **não vai?**

Vais telefonar depois de chegar, **está bem?**

Preterit tense of regular verbs

6-4 O que fizeram estas pessoas? Circle the most logical way to complete each situation.

1. Num restaurante em Lisboa, a Sara e o Carlos...
   a) assistiram a um jogo de basquetebol.
   b) compraram toalhas e um candeeiro.
   c) pagaram €50,00 por um jantar delicioso.

2. Depois de um dia de muita actividade, o Mário...
   a) voltou ao hotel para descansar.
   b) tomou o pequeno almoço em casa.
   c) correu na praia às sete da manhã.

3. Antes de viajar a Portugal, eu...
   a) comprei muita comida no supermercado.
   b) estudei o mapa do país com atenção.
   c) joguei futebol na praia.

4. Ontem na praia nós...
   a) lavámos frutas e verduras.
   b) nadámos no mar.
   c) experimentámos vestidos.

5. Na noite passada, tu...
   a) usaste um vestido muito elegante.
   b) recebeste uma carta do teu amigo Fernando ao meio-dia.
   c) almoçaste com os teus pais.

6. Ontem na biblioteca, vocês...
   a) jantaram com amigos.
   b) estudaram para o teste de História.
   c) compraram roupa nova.

6-5 Um dia em Miami Beach. Last month, you and some friends went to Miami Beach. Using the following cues, write about what you did.

MODELO: Jorge/caminhar na praia de manhã

O Jorge caminhou na praia de manhã.

1. nós/chegar ao hotel de manhã

   Chegámos ao hotel de manhã

2. Alice e Sónia/comprar fatos de banho na loja do hotel

   Alice e Sónia compararam fatos de banho na loja do hotel.

3. eu/beber um sumo no bar Copacabana

   Bebi um sumo no bar Copacabana.

4. Diogo e eu/comer comida cubana no restaurante ao lado do hotel

   Comemos comida cubana no restaurante ao lado do hotel.

5. Mary/usar um biquíni brasileiro na praia

   Usou um biquíni brasileiro na praia

6. tu/jogar futebol na praia

   Jogaste futebol na praia.

6-6 O dia de ontem. Write about what you and your friends did yesterday. Combine elements from the chart and add other phrases of your own.

PESSOAS	ACTIVIDADES	QUANDO/ONDE
✓ eu	preparar o jantar	de manhã
✓ tu	comprar roupa nova	à noite
✓ o meu amigo e eu	vestir roupa confortável	durante o dia
as minhas amigas	escrever e-mails	em casa
✓ nós	dormir	no centro comercial

MODELO: *Eu comprei uma gravata no centro comercial.*

1. _Nós dormimos em casa._
2. _Tu escreveste e-mails à noite._
3. _Eu preparei o jantar de manhã_
4. _O meu amigo e eu vestimos roupa confortável no centro comercial._
5. _As minhas amigas compraram roupa nova durante o dia_

6-7 Opinião. You and some friends went to a fundraiser fashion design show at your school and are exchanging your reactions to the models' clothes and accessories.

MODELO: roupa informal/Mariana

Adorei a roupa informal da Mariana.

Não gostei da roupa informal da Mariana.

1. o fato de banho/Manuela

_____

2. o fato/Carlos

_____

3. o vestido de baile/Irene

_____

4. os brincos e as pulseiras/Nelly

_____

5. os calções/Raimundo

_____

6-8 A quem pertence? Ellen went to Portugal where she bought souvenirs for her family and friends. Look at the chart below and guess for whom each gift was intended. Write complete sentences using the verbs **receber** and **comprar**.

MODELO: *A irmã da Ellen recebeu uma blusa de seda.* or

Ellen comprou uma blusa de seda para a irmã.

o namorado da Ellen	um cachecol verde e vermelho
Mirella e Vanessa	um chapéu de palha
a mãe da Ellen	dois pares de brincos
o irmão da Ellen	dois vestidinhos cor-de-rosa
o pai da Ellen	uma gravata de seda
as priminhas da Ellen	uma camisa da selecção portuguesa de futebol

1. _____

2. _____

3. _____

4. _____

5. _____

6. _____

às = At

6-9 Curioso! You went to a party yesterday and now your friend Tomás wants to know some details. Answer Tomás's questions with complete sentences.

1. A que horas chegaste à festa?

   <u>Eu Cheguei às oito.</u>

2. Quanto tempo ficaste?

   <u>Eu ficuei duas horas.</u>

3. Com quem dançaste na festa?

   <u>Eu dancei com Jessica Alba</u>

4. Jogaste algum jogo na festa?

   <u>Joguei algum a jogo</u>

5. Tocaste guitarra na festa?

   _____

Preterit of *ir* and *ser*

6-10 Ir ou ser? Which verb is being used? First fill in the blanks in the sentences below with correct forms of **ir** or **ser**. Then, let the context help you decide which verb is being used and write **ir** or **ser** in front of each sentence.

1. _____ Que dia _____ ontem?

2. _____ As meninas _____ ao centro comercial.

3. _____ Eu _____ a Cabo Verde no ano passado.

4. _____ Chanel _____ uma grande estilista da moda europeia.

5. _____ Tu _____ ao desfile da Moda Lisboa este ano?

6. _____ A Marta e eu _____ empregadas da loja Gap no último Natal.

6-11 Uma viagem à Madeira. Last year, your friend Gino went on a hiking tour of the island of Madeira with a group of backpackers. Complete his story by writing correct preterit forms of the verbs **ir** or **ser** in the blanks.

No ano passado, o nosso grupo (1) _____ fazer montanhismo na ilha da Madeira. Primeiro, nós

(2) _____ ao Funchal e passámos dois dias a explorar a cidade. A visita ao Funchal (3) _____

muito interessante. Depois, (4) _____ para os trilhos (*trails*) que abundam por toda a ilha. Um amigo

madeirense (5) _____ o nosso guia. Caminhámos imenso e os dias que passámos a admirar a

magnífica beleza natural da Madeira (6) _____ realmente inesquecíveis (*unforgettable*).

Direct object nouns and pronouns

6-12 Ajudar uma amiga. Your friend Maria Helena is not feeling well. Write down the chores you did for her. Use direct pronouns in your statements.

MODELO: lavar a roupa

Lavei-a.

1. arrumar a casa

   _____

2. varrer as escadas

   _____

3. comprar a comida

   _____

4. devolver (*to return*) os livros à biblioteca

   _____

5. servir o jantar

   _____

6-13 A Melissa trabalhou muito! Your roommate Melissa is very tired today because she had a long day yesterday in the store where she works. A friend is asking you what Melissa did. Write down your replies to her questions about Melissa's chores.

MODELO: Ela abriu a loja às nove horas?

Sim, abriu-a às nove. or

Não, não a abriu às nove; abriu-a às oito.

1. Ela mostrou todos os vestidos caros às clientes?

   _____

2. Ela vendeu todas as blusas em promoção?

   _____

3. Ela levou a saia nova para a montra?

   _____

4. Ela vendeu o vestido de €800?

   _____

5. Ela organizou as roupas na loja?

   _____

6. Ela fechou (*closed*) a loja às sete?

   _____

6-14 A telenovela. Complete the following script of a phone conversation between two characters in a Portuguese soap opera with combinations of verbs in the parentheses (in the present tense) with appropriate direct object pronouns.

PEDRO: Sandra, tu (1) _____ (amar), realmente?

SANDRA: Sim, Pedro, (2) _____ (amar) muito, de todo o meu coração!

PEDRO: Eu também (3) _____ (querer) como não quero a mais ninguém neste mundo!

SANDRA: Então vem (4) _____ (ver), Pedro, vem já!

PEDRO: Agora não posso, querida, tenho que ir às compras com a minha mãe. Eu (5) _____ (conhecer), ela não nos vai perdoar se eu faltar ao compromisso!

SANDRA: Eu (6) _____ (esperar) então depois de vocês voltarem das compras.

PEDRO: Sim, meu amor, vamos (7) _____ (ver) esta noite, sem falta!

SANDRA: Pedro, diz (*say*) outra vez que (8) _____ (amar)...

PEDRO: (9) _____ (amar) tanto, minha querida! Um grande beijinho e até logo!

6-15 O novo trabalho da Paula. It is Paula's first day of work in an elegant women's clothing store. Using the verbs given in parentheses, complete her conversation with a client with appropriate combinations of verbs and direct object pronouns.

MODELO: Não gosto deste vestido; quero _____ (trocar).
Não gosto deste vestido; quero trocá-lo.

PAULA: Boa tarde, em que posso (1) _____ (servir)?

CLIENTE: Boa tarde. Gosto daquele vestido verde na montra; quero (2) _____ (ver), por favor. Tem o número 46?

PAULA: Temos, sim. Vou já (3) _____ (trazer). Quer (4) _____ (experimentar) agora ou prefere ver outros vestidos?

CLIENTE: Sim, por favor, queria ver outros vestidos; pode (5) _____ (trazer) para eu ver?

PAULA: Com certeza.

(cinco minutos mais tarde)

CLIENTE: Obrigada, estes vestidos já chegam (*are enough*). Quero (6) _____ (experimentar) agora.

(meia hora mais tarde)

CLIENTE: Gostei deste vestido azul. Vou (7) _____ (levar) e vou (8) _____ (vestir) amanhã à noite.

PAULA: Tem bom gosto! Adorei (9) _____ (ver) com este vestido.

Interrogative expressions ("tags")

6-16 Está bem? Match each sentence in the left column with an appropriate question tag in the right column. In most cases, there will be more than one possibility.

1. A Zita foi ao cinema, _____?

2. Vais ficar comigo, _____?

3. Que bonito este vestido, _____?

4. Vou passar pela tua casa às sete, _____?

5. Vocês decidem o que é melhor, _____?

6. O Sr. sabe do que estou a falar, _____?

7. Vocês compraram o livro, _____?

a. não foi

b. está bem

c. não vais

d. não sabe

e. não é

Mais um passo: Some more uses of *por* and *para*

6-17 Por ou para? Complete the following account of Luísa's experience, using the prepositions **por** or **para**.

Hoje, passando pelo centro da cidade, a Luísa viu um casaco muito giro, mas não o comprou

(1) _____ falta (*lack*) de tempo. Amanhã, ela quer voltar à loja (2) _____ comprar o casaco. A

empregada da loja já reservou o casaco _____ (3) a Luísa. A Luísa vai estudar nos Estados Unidos e

precisa do casaco (4) _____ o frio de Wisconsin. Para chegar à loja, ela vai passar (5) _____ uma

rua cheia de lojas e restaurantes.

6-18 Intenções. Complete the sentences below using **por, porque,** or **para** according to the intention indicated in the parentheses.

MODELO: Esta carteira é _____ a Ana. (to give to her)
Esta carteira é para a Ana.
Ofereço esta carteira à Ana _____ gostar muito dela. (reason)
Ofereço esta carteira à Ana por gostar muito dela.
Ofereço esta carteira à Ana _____ gosto muito dela. (reason)
Ofereço esta carteira à Ana porque gosto muito dela.

1. Comprei uma pulseira _____ a Nina, a namorada do meu irmão. (as a gift for her)

2. Infelizmente, vou ter que devolver (*return*) a pulseira _____ a Nina não gostou dela. (reason)

3. Ela não gostou da pulseira _____ ser extravagante demais. (reason)

4. O meu irmão gosta da Nina _____ ela é muito inteligente e bonita. (reason)

5. Ele diz que ela tem óptimo gosto e que nada é bom demais _____ ela. (to give her/do for her)

6. Eu acho que o meu irmão diz isso _____ amor e que a Nina não é nada perfeita. (reason)

ENCONTROS

Para ler

6-19 Roupas e acessórios. Fill in the chart based on what clothes and accessories you would wear for each of the following activities.

LUGAR E ACTIVIDADE	ROUPA	ACESSÓRIOS
1. para estudar na biblioteca		
2. festa na universidade		
3. entrevista de trabalho		
4. celebração do dia 4 de Julho		
5. um dia na praia		

6-20 À noite. Read the following article about evening accessories and then follow the instructions on page 148.

MODA

Em geral, têm diversas formas e cores e são de uma grande variedade de materiais. Sem dúvida, são imprescindíveis. Podem ser exóticos, simples e elegantes. São definitivamente os nossos amigos inseparáveis: os acessórios. Um complemento obrigatório para a mulher que deseja ver-se elegante e interessante!

São ideais para todo o tipo de vestuário e podem transformar uma mulher simples no centro das atenções num acontecimento social. Um vestido simples, mas elegante, brincos pequenos ou grandes, um colar de pérolas cultivadas ou de bijutaria fina e uma pulseira do mesmo estilo podem causar uma impressão inesquecível entre os convidados. Mas cuidado! Cada transformação feminina, pequena ou grande, deve ser acompanhada do acessório adequado para a ocasião.

Não se esqueça de que o grau de formalidade de um evento determina a roupa e os acessórios que devemos usar. Para uma festa no seu trabalho, é recomendável fazer mudanças mais discretas, como usar um batom mais forte e brincos diferentes dos que usamos diariamente ou usar sapatos de saltos mais altos do que normalmente usamos. Um convite para um piquenique, por outro lado, exige roupa mais informal e menos acessórios.

Mas para uma festa de Natal ou de Ano Novo, devemos abrir as portas do roupeiro: é a hora de usar carteiras elegantes e brilhantes, roupas finas, sapatos modernos e, claro, acessórios extravagantes e irresistíveis, acompanhados de um toque de maquilhagem exótica.

Verdadeiro ou falso. Based on the information and opinions expressed in the article, indicate whether each statement is true (**verdadeiro**) or false (**falso**) by writing **V** or **F** in the spaces below.

1. _____ Os acessórios são pouco variados.

2. _____ Para ficar elegante, uma mulher deve usar acessórios.

3. _____ Um colar de pérolas cultivadas ou de bijutaria pode causar uma boa impressão nas pessoas que o vêem.

4. _____ Para uma festa do seu escritório, é preferível não usar muitos acessórios.

5. _____ Um vestido de lantejoulas (*sequins*) é um acessório.

6-21 Para completar. Choose the best answer, based on the information in the article.

1. Os acessórios são...
   a) grandes.
   b) indispensáveis.
   c) insignificantes.

2. Segundo o artigo, numa ocasião mais formal, é bom...
   a) usar a mesma roupa que usamos diariamente.
   b) usar algo bastante exótico.
   c) mudar um pouco a roupa e os acessórios que usamos.

3. Para ir a um piquenique, por exemplo, uma mulher deve usar...
   a) sapatos de salto alto.
   b) calças de ganga (*jeans*).
   c) um vestido com lantejoulas.

4. Para as festas de fim de ano, as mulheres devem...
   a) usar roupas menos extravagantes.
   b) escolher uma roupa mais velha e mais simples.
   c) usar uma roupa elegante e formal, acompanhada de acessórios apropriados.

5. Os acessórios mais apropriados para uma ocasião formal são...
   a) um colar e brincos de lantejoulas.
   b) um colar de bijutaria e uma pulseira do mesmo estilo.
   c) calças compridas pretas e sapatos da mesma cor.

6-22 A roupa adequada. Look at the article again and identify the three types of social situations that people mentioned in the article may attend. Then indicate which of the following people is most likely attending which event.

1. _____ A Carolina usa um vestido preto, sapatos de salto alto, brincos de ouro com pérolas pequenas e um colar de pérolas cultivadas. Está maquilhada e usa um batom de cor suave.

2. _____ O Paulo veste um fato cinzento escuro e uma gravata colorida. Ele também usa um brinco e um relógio de ouro. No bolso da frente do casaco vê-se um lencinho que combina com a gravata.

3. _____ A Raquel usa uma camisola de cor café, jeans e botas de couro. Na orelha direita ela usa um brinco em forma de um sol pequeno. Na orelha esquerda usa um brinco em forma de lua. Ela usa uma maquilhagem muito leve e não usa batom.

Para escrever

6-23 Uma experiência inesquecível. It is graduation time and a reporter for the campus newspaper is interviewing you about the most memorable experience (positive or negative) you had during your school years. Answer her questions in detail and add any information that could help develop the story.

1. Quando ocorreu essa experiência? Em que semestre? Em que ano?

   _____

   _____

   _____

2. Essa experiência ocorreu durante o período de aulas ou de férias? Onde? Em que circunstâncias? Quem testemunhou (*witnessed*) esse evento?

   _____

   _____

   _____

3. O que aconteceu primeiro? E depois?

   _____

   _____

   _____

4. O que é que você fez (*did*)?

   _____

   _____

   _____

5. Como terminou a sua experiência? O que aprendeu com ela?

   _____

   _____

   _____

6-24 O escritor. Now that you have recalled the details of your most memorable college experience, assume the role of the reporter and write an article for the newspaper about your experience.

_____

_____

_____

_____

_____

_____

_____

_____

_____

_____

_____

_____

_____

_____

_____

_____

_____

_____

_____

HORIZONTES

6-25 Lisboa, a capital de Portugal. Indicate if the following statements are true (**verdadeiro**) or false (**falso**) by writing **V** or **F** in the spaces provided, according to the information given in **Horizontes** on pages 250-251. Correct the statements that are false.

1. _____ Lisboa é uma cidade muito antiga.

   _____

2. _____ Lisboa é uma cidade situada no interior do país.

   _____

3. _____ A Biblioteca Nacional encontra-se na cidade do Porto.

   _____

4. _____ Santo António é o santo padroeiro de Lisboa.

   _____

5. _____ Para a festa de Santo António, os lisboetas ficam em casa com a família.

   _____

6. _____ Alfama e o Bairro Alto são dois bairros tradicionais de Lisboa.

   _____

7. _____ Mariza é uma cantora de fado reconhecida internacionalmente.

   _____

8. _____ O Centro Cultural de Belém ocupa um edifício antigo.

   _____

9. _____ A área urbana ao longo do rio Tejo não está desenvolvida.

   _____

10. _____ Lisboa é uma cidade etnicamente muito diversificada.

   _____

À PRIMEIRA VISTA

6-26 Que roupa compram? Listen to four descriptions of people buying clothes in a department store and circle the letters corresponding to the articles of clothing each person bought.

1. a   b   c   d

2. a   b   c   d

3. a   b   c   d

4. a   b   c   d

6-27 Que roupa usam? As you listen to these descriptions of three people, check off the items each person is wearing.

1. Roberto

_____ camisola	_____ camisa	_____ roupa de banho
_____ fato azul	_____ fato de treino	_____ sapatos pretos
_____ meias	_____ impermeável	_____ gravata às riscas

2. Sandra

_____ blusa	_____ T-shirt	_____ cinto
_____ chapéu	_____ saia	_____ biquíni
_____ sombrinha	_____ sandálias	_____ ténis

3. Susana

_____ saia	_____ vestido	_____ T-shirt
_____ blusa	_____ sobretudo	_____ fato de treino
_____ casaco	_____ carteira	_____ sapatos

6-28 Roupa para as férias. The speaker is helping you decide what to buy for a vacation in the mountains. Answer her questions according to each picture. Pause the recording at the beep to answer at your own pace.

MODELO: De que precisa para o frio?

Preciso de uma camisola.

1.

2.

3.

4.

6-29 Uma conversa pelo telefone. Read the statements in your workbook and then listen to the conversation. Then, indicate whether the statements are true or false by checking **sim** or **não**.

	SIM	NÃO
1. A Paula chama a Lívia para sair.	_____	_____
2. A Paula quer ir ao cinema esta tarde.	_____	_____
3. Há uns saldos (*sale*) especiais no centro comercial.	_____	_____
4. A Paula quer comprar um presente para uma amiga.	_____	_____
5. A Paula e a Lívia vão sair às quatro da tarde.	_____	_____

Pronúncia

O acento: palavras paroxítonas

Most words in Portuguese are stressed on the second-to-last syllable. (This is called paroxytone stress.) Normally, these words are not written with an accent mark, but there are several exceptions to this rule. For example, all paroxytone words ending in a diphthong (**io, ia, ua**, etc.) are written with an accent mark. **Repita as seguintes palavras.**

rádio   próprio   água   edifício   sandália   armário

Paroxytone words ending in **l, n, r,** or **x** also are written with an accent mark. **Repita as seguintes palavras.**

fácil   difícil   hífen   possível   açúcar   amável   tórax

ESTRUTURAS

Preterit tense of regular verbs

6-30 Férias na praia. A friend is telling you about a decision her relatives made while on vacation in Portugal. Read the statements in your workbook before listening to the story. Then indicate whether the statements are true or false by checking **sim** or **não**.

	SIM	NÃO
1. Os tios passaram as férias no Algarve.	_____	_____
2. Eles jogaram golfe e voleibol.	_____	_____
3. A tia Glória nadou na piscina do hotel.	_____	_____
4. Eles compraram um apartamento em Albufeira.	_____	_____
5. O apartamento tem três quartos e duas casas de banho.	_____	_____
6. Eles pensam alugar o apartamento durante alguns meses do ano.	_____	_____

6-31 Já compraram! You will hear statements about what various people are going to do. Contradict each statement, explaining that they already did the activities yesterday. Pause the recording at the beep to answer at your own pace.

MODELO: A Carla e a Juliana vão comprar comida hoje.

Não, elas já compraram comida ontem.

6-32 O detective. You are a detective who is following a suspect of a robbery at a jewelry store (**joalharia**) at the mall and reporting his whereabouts. Looking at the list below, tell what the suspect did yesterday morning. Pause the recording at the beep to answer at your own pace.

MODELO: chegar ao centro comercial às dez horas

Ele chegou ao centro comercial às dez horas.

1. tomar um café às dez e meia

2. sair do café dez minutos depois

3. passar em frente da joalharia

4. conversar com o empregado da joalharia

5. caminhar pelo centro comercial

6. voltar para o café ao meio-dia

6-33 O que fiz ontem? Jorge had a busy day yesterday and has to explain to his teacher why he did not have time to study for the test. Listen to what Jorge told his teacher. Then indicate whether the statements that follow are true or false by checking **sim** or **não**.

	SIM	NÃO
1.	_____	_____
2.	_____	_____
3.	_____	_____
4.	_____	_____
5.	_____	_____
6.	_____	_____

Preterit of *ir* and *ser*

6-34 O avô. Your grandfather is reminiscing about a trip he made to Coimbra as a young man. Complete the following paragraph with the missing words, according to what you hear.

O avô visitou Portugal no ano de (1) _____. Ele (2) _____ a Coimbra para passar alguns dias com um

(3) _____ historiador e a família. Em Coimbra, o avô (4) _____ ao centro histórico e também passeou

pelas margens do Rio Mondego. Ele e o amigo (5) _____ a algumas festas e o avô depois (6) _____ a

outras festas com os novos amigos dele. Depois, o avô e o amigo historiador (7) _____ ver as ruínas

fascinantes da cidade romana de Conimbriga. (8) _____ uma viagem de muitas descobertas (*discoveries*)

para o meu avô. Ele ainda hoje pensa que essas experiências (9) _____ extraordinárias.

6-35 Aonde foram? You are going to have a dinner party at your home. A friend arrives early and finds that you are the only one at home. Tell your friend where your family members went, according to the cues. Pause the recording at the beep to answer at your own pace.

MODELO: mãe/comprar alface

A minha mãe foi comprar alface.

Pronúncia

O acento: mais sobre palavras paroxítonas

Portuguese words that are stressed on the second-to-last syllable (paroxytone words) are written with an accent mark if they end in **i, is,** or **us.** The same applies to words ending in **um** or **uns. Repita as seguintes palavras.**

biquíni   ténis   bónus   táxi   álbum   álbuns

Paroxytone words ending in **ão/ãos** and **ã/ãs** are also written with an accent mark. **Repita as seguintes palavras.**

órgão   órfãos   órfã   ímãs

Direct object nouns and pronouns

6-36 Sim, mãe. . . Answer your mother's questions about who did various chores. Use direct object pronouns in your answers. Pause the recording at the beep to answer at your own pace.

MODELO: O José lavou o carro?

Sim, mãe, o José lavou-o.

6-37 Perguntas pessoais. A friend is inquiring about where you buy various things. Answer using direct object pronouns. Pause the recording at the beep to answer at your own pace.

MODELO: Compras sapatos no centro comercial?

Sim, compro-os no centro comercial. or *Não, não os compro no centro comercial.*

6-38 Os amigos e as compras. Teresa, Mário, and Irene are at the mall. Listen to the following statements about what they are doing. Echo the statements using direct object pronouns instead of object nouns. Pause the recording at the beep to answer at your own pace.

MODELO: A Teresa quer comprar as botas.

A Teresa quer comprá-las.

Mais um passo: Some more uses of *por* and *para*

6-39 Por e para. As you listen to these three brief conversations, write in the chart what the gift will be, for whom, and the reason for the gift.

	PRESENTE	PARA QUEM	POR QUE MOTIVO
1			
2			
3			

ENCONTROS

6-40 Numa loja. Read the incomplete statements. Then, listen to a conversation between D. Mafalda Rodrigues and a salesperson and choose the best way to complete the statements, according to what you hear.

1. A D. Mafalda quer trocar uma...
   a) blusa.   b) saia.   c) camisola.

2. Ela quer trocá-la porque está...
   a) grande.   b) comprida.   c) apertada.

3. A roupa que a empregada mostra à D. Mafalda custa...
   a) mais do que a outra.   b) menos do que a outra.   c) o mesmo preço.

4. A D. Mafalda precisa do número...
   a) 42.   b) 40.   c) 44.

5. A D. Mafalda vai...
   a) comprar um vestido.   b) experimentar uma saia e uma blusa.   c) procurar outra loja.

VÍDEO

Vocabulário útil

ao máximo	*as much as possible*	imenso	*a lot*
bem disposto/a	*in a good mood*	a natação	*swimming*
a alimentação	*food*	o Natal	*Christmas*
as calças de ganga	*jeans*	odiar (eu odeio)	*to hate*
despir-se (eu dispo)	*to undress*	a prenda	*gift*
desportivo/a	*casual (of clothing)*	preocupar-se	*to worry, to be concerned*
devido a	*due to*	o significado	*meaning*
evitar	*to avoid*	vir/ir embora	*to leave, to go away*

6-41 Fazer compras. Primeiro passo. Manuela and Tomás talk about their attitudes toward shopping. Match the information below with the right person.

1. _____ Manuela

2. _____ Tomás

a. evita ao máximo os centros comerciais

b. compra comida

c. odeia fazer compras

d. gosta de fazer compras

e. acha que fazer compras põe a pessoa bem disposta

f. gosta de comprar roupa

g. acha que é muita confusão

Segundo passo. E você? How about you? Do you like to go shopping? What do you like to buy?

_____

_____

6-42 Como se vestem? Primeiro passo. How do Manuela and Alexandra usually dress? Listen to their comments and fill in the blanks.

MANUELA: Quando vou trabalhar, uso roupa clássica. Devido à minha profissão nunca uso

(1) _____, uso sempre (2) _____. E visto-me de uma forma (3) _____.

Ao fim-de-semana normalmente visto-me de uma forma (4) _____.

ALEXANDRA: Não me preocupo muito com a roupa que (5) _____ para o trabalho. Muitas vezes vou

de (6) _____ e uma camisola e uns (7) _____ para andar, ou mesmo (8)

_____, pois chego lá e dispo-me. E portanto durante a semana não me preocupo

com a roupa que visto.

Segundo passo. Now unscramble the list of words below and write down the articles of clothing you wear on a daily basis and also on special occasions. If the article of clothing is not on the list, feel free to write it down anyway.

1. UBSAL	_____	2. AASI	_____
3. DIVSOET	_____	4. IEMSA	_____
5. MSACIA	_____	6. APTASO	_____
7. MASLACIO	_____	8. SITRHT	_____
9. ÉSTNI	_____	10. LÇSACA	_____
11. LDSÁNAIAS	_____	12. SLAVU	_____

No meu dia-a-dia, uso _____

_____.

Em ocasiões especiais, visto-me com _____

_____.

6-43 O melhor presente. Filipa talks about the best gift she has ever received. Listen to her comments and answer the questions below with complete sentences.

1. Qual foi a prenda que a Filipa recebeu que tem muito significado para ela?

_____

2. Quem ofereceu esta prenda à Filipa?

_____

3. Em que ocasião recebeu ela a prenda?

_____

Lição **7** ◆ O tempo e os passatempos

PRÁTICA

À PRIMEIRA VISTA

7-1 Associações. What sports do you associate with the following names?

MODELO: L.A. Lakers   *basquetebol*

1. Cristiano Ronaldo_____

2. Volta à França (*Tour de France*) _____

3. Tiger Woods_____

4. Rosa Mota _____

5. Maria de Lurdes Mutola _____

6. Rubens Barrichello _____

7-2 Os desportos. Circle the word that does not belong in each group and explain why.

MODELO: baliza, jogador, piscina
(You circle **piscina**.)
Baliza e jogador são de futebol, piscina é de natação.

1. cesto, bola, pista

_____

2. nadar, ciclista, piscina

_____

3. jogar, correr, assistir

_____

4. estádio, raquete, campo

_____

5. voleibol, basquetebol, esqui

_____

7-3 As estações do ano. Circle the most logical way to complete each sentence.

1. No Verão, nadamos...
   a) na praia.   b) na neve.   c) no estádio.

2. No Outono, em São Francisco, faz...
   a) calor.   b) tempo fresco.   c) muito frio.

3. No Inverno, muitas pessoas vão para as montanhas para...
   a) nadar.   b) esquiar.   c) jogar ténis.

4. O tempo está mau quando...
   a) há sol.   b) o céu está limpo.   c) chove.

5. Em Nova Iorque faz muito frio...
   a) na Primavera.   b) no Verão.   c) no Inverno.

7-4 Associações. Match each drawing with the most accurate description.

a) O Carlos tem o impermeável porque está a chover muito.

b) Está muito vento, por isso não vamos jogar golfe.

c) Está nublado e parece que vai chover.

d) O tempo está óptimo hoje.

e) Ele usa calções porque faz muito calor no deserto.

f) Está a fazer muito frio e a Marina não quer tirar as luvas nem o cachecol.

1. ___B___

2. ___f___

3. ___A___

4. ___e___

5. ___c___

6. ___d___

ESTRUTURAS

Síntese gramatical

1. Indirect object nouns and pronouns

me	*to/for me*	**nos**	*to/for us*
te	*to/for you*	**vos**	*to/for you (plural)*
lhe	*to/for you, him, her, it*	**lhes**	*to/for you (plural), them*

Ele pediu uma bicicleta **aos pais**. *He asked his parents for a bicycle.*

Ele pediu-**lhes** uma bicicleta. *He asked them for a bicycle.*

2. Some irregular preterits

	ESTAR	TER	FAZER	PÔR	PODER	DIZER
eu	estive	tive	fiz	pus	pude	disse
tu	estiveste	tiveste	fizeste	puseste	pudeste	disseste
você / o sr./a sra. / ele/ela	esteve	teve	fez	pôs	pôde	disse
nós	estivemos	tivemos	fizemos	pusemos	pudemos	dissemos
vocês / os srs./as sras. / eles/elas	estiveram	tiveram	fizeram	puseram	puderam	disseram

	QUERER	SABER	TRAZER	DAR	VER	VIR
eu	quis	soube	trouxe	dei	vi	vim
tu	quiseste	soubeste	trouxeste	deste	viste	vieste
você / o sr./a sra. / ele/ela	quis	soube	trouxe	deu	viu	veio
nós	quisemos	soubemos	trouxemos	demos	vimos	viemos
vocês / os srs./as sras. / eles/elas	quiseram	souberam	trouxeram	deram	viram	vieram

3. Imperfect tense of regular and irregular verbs

	JOGAR	CORRER	APLAUDIR
eu	jogava	corria	aplaudia
tu	jogavas	corrias	aplaudias
você, o sr./a sra., ele/ela	jogava	corria	aplaudia
nós	jogávamos	corríamos	aplaudíamos
vocês, os srs./as sras., eles/elas	jogavam	corriam	aplaudiam

	PÔR	SER	TER	VIR
eu	punha	era	tinha	vinha
tu	punhas	eras	tinhas	vinhas
você, o sr./a sra., ele/ela	punha	era	tinha	vinha
nós	púnhamos	éramos	tínhamos	vínhamos
vocês, os srs./as sras., eles/elas	punham	eram	tinham	vinham

4. **The preterit and the imperfect**

USE THE IMPERFECT

- to talk about customary or habitual actions or states in the past.
- to talk about an ongoing part of an event or state.

USE THE PRETERIT

- to talk about the beginning or end of an event or state.
- to talk about an action or state that occurred over a period of time with a definite beginning and end.
- to narrate a sequence of completed actions in the past.

Indirect object nouns and pronouns

7-5 Um jogo de futebol. What is happening in this game? In your answers, replace the underlined words with indirect object pronouns.

MODELO: Eu peço <u>ao meu pai</u> para comprar bilhetes para o jogo.

Eu peço-lhe para comprar bilhetes para o jogo.

1. O meu pai compra bilhetes <u>para mim (*me*)</u> e <u>para o meu irmão</u>.

   Ele comprar-nos bilhet

2. O treinador dá instruções <u>aos jogadores</u>.

   Ele dá-lhes instruçõs

3. O jogador passa a bola <u>a outro jogador</u>.

   Ele passa-lhe a bola

4. O meu pai explica as regras <u>ao meu irmão</u>.

   Ele explica-lhe as rgras

5. O presidente dá o troféu (*trophy*) <u>aos campeões</u>.

   Ele dá lhes o trofeu

6. A minha mãe telefona <u>para mim</u> para saber o resultado do jogo.

   Ela telfonã-me para saber o resltado

7-6 Presentes. You need to buy gifts for several of your friends, all of whom like different sports. What will you get for which friend?

MODELO: A Juliana gosta de voleibol.
Vou dar-lhe/comprar-lhe uma camisola da selecção feminina de voleibol de Angola.

1. O Rogério gosta de futebol.

   _____

2. A Laura e a Marta são loucas (*crazy*) por esqui.

   _____

3. Tu gostas de ténis.

   _____

4. A Teresa adora corridas de automóveis.

   _____

5. O Marcos e o Luís gostam de golfe.

   _____

Some irregular preterits

7-7 Vamos comemorar. You have just met Rodrigo. His father took him to see the Portuguese marathon runner, Rosa Mota, win the 1987 Boston Marathon. Report on what Rodrigo told you, using the cues below.

MODELO: o pai do Rodrigo/estar em Boston em 1987
O pai do Rodrigo esteve em Boston em 1987.

1. Rodrigo/ver Rosa Mota ganhar a maratona de Boston

   _____

2. os fãs da Rosa Mota/poder ver o seu ídolo ganhar o primeiro lugar

   _____

3. muitos portugueses/pôr bandeiras de Portugal nos seus carros depois da corrida

   _____

4. em Portugal, toda a gente/saber a notícia da vitória na mesma hora

   _____

5. o presidente de Portugal/querer dar os parabéns a Rosa Mota pessoalmente

   _____

7-8 Um jogo memorável. Think back to the time when you last went to see a game together with some friends. While leaving the stadium or arena after the game, you ran into another friend who asked you various questions. Answer his or her questions.

1. Trouxeste muitos amigos para assistir ao jogo?

   _____

2. Vocês puderam comprar bilhetes para o jogo facilmente?

_____

3. Algum dos teus amigos não pôde vir ao jogo?

_____

4. A que horas é que vocês vieram para o estádio?

_____

5. O que é que os teus amigos disseram depois do jogo?

_____

7-9 Os amigos. Using the information in the following chart, tell what these people did last Saturday at the indicated times.

	ROSÁLIA	CARLOS E JOSÉ
de manhã	ter aulas das 8h às 11h	fazer atletismo às 7h
	dizer à Marina para ligar à Rita	estar na universidade das 9h às 10h
	saber a data do exame final	saber o resultado do teste
à tarde	pôr o trabalho em dia (*up to date*)	ter uma aula de Matemática
	estar na biblioteca das 2h30 às 5h	ver o professor de Biologia às 3h
	dar o livro de Português à Isabel	dizer à Rita que vão à festa dela
à noite	vir com o Nuno à festa da Rita	vir à festa com as namoradas
	dar um presente de aniversário à Rita	pôr música cabo-verdiana para dançar
	estar na festa até às 11h	estar na festa até à meia-noite

MODELO: *De manhã, a Rosália teve aulas das oito às onze; depois disse à Marina para ligar à Rita. Também soube a data do exame final.*

1. De manhã, o Carlos e o José

_____

_____

2. À tarde, a Rosália

_____

_____

3. À tarde, o Carlos e o José

_____

_____

4. À noite, a Rosália

_____

_____

5. À noite, os dois amigos

_____

_____

Nome: _____   **Data:** _____

7-10 Um dia no Buçaco. Your friend Marcelo is reminiscing about the time he spent in Portugal a couple of years ago. Complete his account with appropriate preterit forms of verbs from the following list.

dizer   estar   fazer   ir   poder   ser   vir

Quando eu (1) _____ a Portugal, eu (2) _____ um semestre a estudar Português na Universidade de Coimbra. Durante esses meses, eu (3) _____ visitar Conímbriga, uma antiga cidade romana onde a universidade tem uma equipa a fazer escavações (*digs*) arqueológicas.

Um dia, nós (4) _____ uma excursão ao Buçaco, um parque e lugar histórico para passar o dia com os nossos colegas e conhecer melhor a região. Nós (5) _____ no Hotel do Buçaco, uma verdadeira jóia da arquitectura portuguesa em estilo neomanuelino. Os nossos professores também (6) _____ e eles (7) _____ tudo para nós gostarmos da viagem. (8) _____ muito calor naquele dia, mas todos (9) _____ que (10) _____ uma viagem maravilhosa.

Imperfect of regular and irregular verbs

7-11 Na escola primária. Match the following subjects with the appropriate actions. Then, write two sentences about what you and your classmates used to do in elementary school and one about what you did not do. You may refer to the actions given below or express different ones.

1. o/a professor/a
2. nós
3. as crianças
4. eu
5. todos os alunos

a. _____ jogavam futebol durante o recreio (*recess*)
b. _____ dava trabalhos para casa todos os dias
c. _____ tínhamos aula de ginástica todas as semanas
d. _____ iam para casa às 4 horas
e. _____ fazia natação depois das aulas

6. _____   _____
_____
_____

7-12 Antes era diferente. Contrast each statement about the present with the way things used to be.

MODELO: Agora gosto de jogar voleibol.
Antes não gostava de jogar voleibol.

1. Agora vou nadar todas as semanas.

2. Actualmente (*nowadays*), a minha mãe já não telefona todos os dias.

3. Agora os meus irmãos estudam na mesma (*same*) universidade que eu.

4. Agora tenho um treinador de ténis.

5. Actualmente, o meu pai vem ver jogos de futebol americano na minha universidade.

6. Agora a minha irmã também pratica desporto.

7-13 Quando eu tinha quinze anos. Write a paragraph about what you were like and what you used to do when you were fifteen years old. Use the verbs and phrases from the list or any other you like.

ir à praia aos domingos	morar	ser
ver jogos de futebol	estudar	ter
praticar desporto	gostar de	ir
andar de bicicleta	correr	fazer

_____

_____

_____

_____

_____

_____

_____

_____

_____

_____

_____

_____

The preterit and the imperfect

7-14 Pretérito ou imperfeito? Complete the sentences by circling the appropriate form of each verb.

1. (Foram, Eram) sete da tarde quando (abriam, abriram) as portas do estádio.
2. Não (choveu, chovia) muito tempo naquele dia, mas (esteve, estava) muito frio.
3. Na cidade (houve, havia) muito trânsito, porque muitas pessoas (vieram, vinham) de longe para ver o jogo.
4. Em poucos minutos, os adeptos que (esperaram, esperavam) fora do estádio (formaram, formavam) bichas (_lines_) enormes para entrar.
5. A atmosfera durante todo o jogo (foi, era) emocionante, especialmente quando o Futebol Clube do Porto (fez, fazia) o primeiro golo.
6. O árbitro (decidiu, decidia) anular o golo enquanto o público (gritou, gritava) "Porto! Porto!" protestando contra a decisão.
7. Quando o jogo (recomeçou, recomeçava), a equipa do Mónaco já (esteve, estava) desanimada (_discouraged_).
8. No fim (houve, havia) uma grande festa para celebrar a equipa vencedora: naquele dia, os Dragões do Futebol Clube do Porto (ganharam, ganhavam) a Taça Europeia e a Liga dos Campeões de 2004.

Nome: _____   Data: _____

7-15 A minha primeira viagem a Luanda. Fill in the blanks with the correct preterit or imperfect verb forms.

Quando eu (1) _____ (ser) estudante (2) _____ (ir), pela primeira vez, a Luanda. Eu (3) _____ (chegar) ao aeroporto de manhã, mas já (4) _____ (fazer) muito calor. No hotel, eu (5) _____ (descansar) uma hora antes de sair para conhecer a cidade e arredores. Por acaso, um companheiro da minha viagem de Lisboa a Luanda (6) _____ (estar) no mesmo hotel. Nós (7) _____ (decidir) visitar a cidade juntos, porque (8) _____ (querer) ver os locais de maior interesse, como a cidade alta, e depois a ilha do Mussulo e o Miradouro da Lua. Eu (9) _____ (ver) como a paisagem quase lunar do Miradouro da Lua é realmente impressionante. No fim da tarde, eu e o meu novo amigo (10) _____ (comer) um churrasco delicioso num restaurante junto da baía de Luanda, onde toda a gente gosta de jantar ao ar livre.

Mais um passo: *Há/Faz* meaning *ago*

7-16 Recordando as férias. How long ago did these people do the activities identified in each sentence? Alternate sentence structures in your answers, as shown in the model.

MODELO: Adriana / fazer surf na praia do Guincho na semana passada
         Há uma semana que a Adriana fez surf na praia do Guincho.
         or: *A Adriana fez surf na praia do Guincho há uma semana.*
         or: *Faz uma semana que a Adriana fez surf na praia do Guincho.*

1. a família Rodrigues/ir aos Açores no ano passado

   _____

2. eu/assistir a um espectáculo de ópera no Teatro São Carlos no mês passado

   _____

3. Irene e eu/visitar o Museu de Arte Antiga, em Lisboa, em 2001

   _____

4. Cristóvão e Rosa Maria/fazer vela com os amigos portugueses anteontem

   _____

5. nós/ver um jogo de futebol no estádio do Benfica no último mês de Maio

   _____

7-17 Há quanto tempo? Explain for how long you have done or not done the following activities. Write sentences using **há** or **faz** + a time expression (**horas, dias, semanas, meses, anos**) and some additional information.

MODELO: moro

Há seis meses que moro nesta cidade.

or: *Moro nesta cidade há seis meses.*

or: *Faz seis meses que não moro com os meus pais.*

1. gosto de: _____

2. não visito: _____

3. jogo: _____

4. não pratico: _____

5. conheço: _____

6. não vou: _____

ENCONTROS

Para ler

7-18 Os desportos. Complete the following chart, indicating whether each sport is easy or difficult, whether an instructor is needed to learn the sport, and how long it takes to learn it.

DESPORTO	FÁCIL/DIFÍCIL	PRECISA DE PROFESSOR?	QUANTO TEMPO PARA APRENDER?
o ténis			
o ciclismo			
a natação			
o voleibol			
o esqui			

Nome: _____ **Data:** _____

7-19 Para a sua defesa. One of your friends wants his children to learn to defend themselves when they have to go out alone. Read this ad and then write the information requested in Portuguese.

Para defesa dos seus filhos, em dois meses!

Quer que os seus filhos aprendam a defender-se? Podemos ensiná-los em tempo record! Só 60 dias! Vão ficar preparados para as situações mais difíceis. As artes marciais vão dar-lhes confiança, segurança e boa preparação física. Professores graduados e experientes. Aulas individuais ou em grupo para crianças e jovens dedicados e pacientes. Preços módicos. Descontos para grupos e familiares.

ACADEMIA JOGA JUDO
Avenida das Forças Armadas, 230
2750 Cascais
Tel/Fax : 214-83-00105; www.jogajudo.com.pt

---

1. Tempo de que precisam para aprender a defender-se: _____

2. Tipo de aulas: _____

3. Tipo de alunos: _____

4. Preparação dos professores: _____

5. Benefícios destas aulas: _____

_____

Para escrever

7-20 Moçambique: meio país debaixo de água. Preparação. Read this article from a Mozambican newspaper. Then indicate whether the statements that follow are true or false by circling **V** (**verdadeiro**) or **F** (**falso**).

Previsão de chuva acima da média nas Regiões Centro e Sul de Moçambique

Em Fevereiro do ano corrente, as Regiões Centro e Sul do país sofreram períodos de chuva intensa. Apesar dos estragos em algumas regiões, esta situação garante a estabilidade do nível dos reservatórios das centrais hidroeléctricas localizadas na Região Sul, para compensar o longo período de seca, que durou vários meses.

A Região Centro, ao longo do rio Zambeze, foi vítima de fortes cheias que obrigaram muitos habitantes a deixar as suas casas. O mesmo aconteceu na província de Sofala, ao longo do rio Pungue. A polícia, os bombeiros e o exército tiveram que organizar operações de salvamento para evacuar parte da população. O problema estendeu-se a zonas do Parque da Gorongosa de onde alguns turistas também tiveram que ser evacuados. A barragem de Cahora Bassa teve que ser gradualmente aberta porque já não podia comportar as águas que vinham da Zâmbia e do Zimbabwe. Estes países também têm sofrido excesso de chuva desde Janeiro. Fontes oficiais informaram que cerca de 300.000 habitantes da região à volta de Marromeu estão ainda ameaçados pela subida rápida das águas da barragem, que apresenta um aumento significativo no volume de água armazenada, como consequência do elevado índice das chuvas registado nos últimos meses.

A previsão para o período de Março-Abril-Maio é de continuação das chuvas sobre a maior parte do território nacional, com excepção das Regiões Norte e Nordeste, onde se prevêem números dentro do normal para a época.

---

1. V   F   O mau tempo afectou só uma região do país.

2. V   F   Antes das chuvas, houve seca (*drought*) na Região Sul.

3. V   F   Turistas foram evacuados do Parque da Gorongosa.

4. V   F   Os reservatórios das centrais hidroeléctricas têm água abaixo do normal.

5. V   F   O tempo vai continuar chuvoso.

6. V   F   Os habitantes de Marromeu esperam vento forte este ano.

7. V   F   Em Abril, não vai chover intensamente na Região Norte.

7-21 Inundação. Imagine that you are enjoying a holiday in Parque da Gorongosa when suddenly the region is affected by the terrible flood described in the article you just read. Write to your family explaining what the weather is like in the province of Sofala, and comment on its effects on the country in general. Give your opinion about the situation.

To express your opinion, you may use phrases such as: **Acredito que..., Acho que..., Na minha opinião....** To express factual information, you may use phrases such as: **Segundo o/a..., Tudo indica que..., Na realidade..., As fontes de informação dizem/afirmam que....**

_____

_____

_____

_____

_____

_____

_____

_____

_____

_____

7-22 O tempo aqui. A friend from Portugal has written to you asking about the weather in your area. Answer his or her questions as completely as possible.

1. Que tempo faz na tua cidade no Inverno? Há muita neve? Qual é a temperatura média (*average*)? É baixa, alta ou moderada?

_____

_____

2. Chove muito na Primavera? Faz bom tempo? Qual é a temperatura média?

_____

_____

3. No Verão faz muito calor? Qual é a temperatura média? Há muita humidade ou vocês têm um clima seco? Há muitas tempestades (*storms*)?

_____

_____

4. No Outono faz muito vento? De que cor são as folhas? Qual é a temperatura média? O tempo é fresco?

_____

_____

5. Em que estação do ano estão vocês agora? Que desportos fazes nesta estação?

_____

_____

6. Como está o tempo agora?

_____

_____

HORIZONTES

7-23 O Alentejo. Fill in the blanks with correct information based on the **Horizontes** section on pages 292-293 of your textbook.

1. O Sul de Portugal é formado pelas regiões do _____Alentejo_____ e _____Algarve_____.
2. A influência da cultura árabe reflecte-se na arquitectura local com _____Cúpulas redondas_____ e _____paredes caiadas de branco_____.
3. A economia do Alentejo é predominantemente _____agrícola_____, e a do Algarve é baseada no _____turismo_____.
4. Entre as principais produções agrícolas do Alentejo encontra-se _____Azeite_____ e _____Cortiça_____.
5. A segunda universidade mais antiga de Portugal encontra-se na cidade de _____Évora_____.

7-24 O Algarve. Indicate whether the following statements are true (**verdadeiro**) or false (**falso**) by writing **V** or **F** in the spaces provided. Correct the false statements.

1. ___F___ A economia do Algarve é agrícola.

_____

2. ___V___ O clima é temperado todo o ano e por isso atrai muitos turistas.

_____

3. ___V___ As actividades preferidas pelos turistas no Algarve são o golfe e os desportos aquáticos.

_____

4. ___F___ O mês de Fevereiro não tem atractivos para os turistas.

_____

5. ___F___ A cozinha do Algarve é famosa pelos pratos de carne.

_____

6. ___F___ No Verão, a população do Algarve aumenta 100%.

_____

7. ___V___ Os habitantes do Algarve chamam-se "algarvios".

_____

8. ___F___ Amêndoa ralada é um dos principais ingredientes da caldeirada de peixe.

_____

Nome: _____ Data: _____

LABORATÓRIO

À PRIMEIRA VISTA

7-25 Que desporto praticam? You will hear three brief conversations about sports. After each conversation, put an X in the column corresponding to the appropriate sport. Don't worry if there are words you don't understand.

CONVERSA	TÉNIS	CICLISMO	ESQUI	FUTEBOL	GOLFE	NATAÇÃO
1						
2						
3						

7-26 O tempo. Listen to these two descriptions of college students' plans for the weekend. Then, indicate whether the statements below are true or false by marking the appropriate responses. Read the statements before listening to each description.

DESCRIÇÃO 1   VERDADEIRO   FALSO

1. O Jorge pensa em jogar futebol com os amigos.   _____   _____

2. Na televisão dizem que vai chover.   _____   _____

3. O Roberto e o Jorge vão sair no sábado de manhã.   _____   _____

4. Eles pensam em voltar no domingo ao meio-dia.   _____   _____

DESCRIÇÃO 2   VERDADEIRO   FALSO

5. A Irene quer ir à praia   _____   _____

6. É Verão e faz bastante calor.   _____   _____

7. Ela telefona à mãe.   _____   _____

8. A Irene vai sair com a Noémia esta tarde.   _____   _____

7-27 Previsão do tempo. On a short-wave radio, you hear the following weather forecasts from different parts of the world. Indicate in the chart what sport or sports people could practice in each place according to the weather report for their area. Pause the recording at the beep to work at your own pace.

ESPORTES	1	2	3	4	5	6
vela						
ciclismo						
esqui						
basquete						
futebol						
vólei de praia						

O acento gráfico: o hiato

A hiatus is a combination of two vowels, both of which are pronounced as distinct sounds, like *ea* in the English word *reality*. In Portuguese, if the second vowel of a hiatus is an **i** or a **u**, it is written with an accent mark. **Repita as seguintes palavras.**

    poluído   saúde   reúne   juíza   egoísta   país

In some cases, however, the second vowel of the hiatus is not written with an accent mark, although the pronunciation remains the same as in the previous group of examples. This happens when the hiatus is followed by **nh** or by a consonant **l, m, n, r,** or **z** that does not begin a new syllable. **Repita as seguintes palavras.**

    rainha   moinho   juiz   ruim   raiz

ESTRUTURAS

Indirect object nouns and pronouns

7-28 Os presentes de Natal. Augusto is going to buy Christmas gifts for his brothers and some of his friends. Complete the chart with the information you hear. Listen to the recording as many times as necessary.

PESSOA(S)	PRESENTE(S)	LUGAR ONDE PODE COMPRAR
		uma livraria
	bilhetes para o jogo	
Helena		
		uma boutique

7-29 Um amigo pergunta… Your friend doubts that you did certain things. Answer his questions in the affirmative, using indirect object pronouns. Pause the recording at the beep to answer at your own pace.

MODELO: Mostraste o estádio ao irmão do Augusto?

    Sim, mostrei-lhe o estádio.

7-30 Para quem é o equipamento? Your friend Marta works in the athletics department of your university. She needs to buy new equipment for many athletes. Using the cues you hear, say what she is going to buy for each person. Pause the recording at the beep to answer at your own pace.

MODELO: Alexandre e Rodrigo/umas meias

    Ela vai comprar-lhes umas meias.

Some irregular preterits

7-31 As actividades dos jogadores de futebol. Use the cues to tell what the soccer players of your college team did yesterday. Pause the recording at the beep to answer at your own pace.

MODELO: estar no ginásio duas horas

    Estiveram no ginásio duas horas.

7-32 Mas hoje não. Use the cues to explain that today's soccer game was very different from what it normally is. Pause the recording at the beep to answer at your own pace.

MODELO: O treinador dá sempre instruções antes do jogo.

Mas hoje não deu.

Pronúncia

O acento gráfico: palavras oxítonas

A few Portuguese words are stressed on the last syllable. (This is called oxytone stress.) Some of these words need an accent mark to show that their last vowel is open, as opposed to similar words with an unstressed vowel in the same position. Compare and echo the pronunciation of these pairs of words. **Repita as seguintes palavras.**

dá/da   dê/de   nós/nos   está/esta

Some oxytone words are written with an accent mark to indicate that the stress falls on the last syllable, as opposed to the next-to-last syllable, which is the normal tendency in Portuguese. **Repita as seguintes palavras.**

além   alguém   também   mantém   avós   café

The imperfect

7-33 Um sonho de sempre. Read the statements in your workbook and then listen as Eusébio describes his life as a young boy and his dream to become a top soccer player. Then indicate whether the statements are true or false by checking **sim** or **não**.

	SIM	NÃO
1. Eusébio passou a infância em Lourenço Marques.	_____	_____
2. Ele jogava futebol no parque com os amigos.	_____	_____
3. O sonho (*dream*) de Eusébio era ser como Pelé.	_____	_____
4. Ele jogou para o Benfica durante dezasseis anos.	_____	_____
5. Ele gosta de futebol porque é um jogo de elite.	_____	_____
6. Eusébio nunca jogou no estádio de Wembley.	_____	_____

7-34 Quando eu era criança. Looking back on your own childhood, say whether or not you used to do the following things. Pause the recording at the beep to answer at your own pace.

MODELO: ir a pé para a escola

Ia a pé para a escola. ou *Não ia a pé para a escola.*

7-35 A rotina da nova treinadora. Ms. Lourdes Campos is a new swimming coach in a local college. Her routine has not changed much with the new job. As you hear what she customarily does at present, say that she used to do the same things before. Pause the recording at the beep to answer at your own pace.

MODELO: A treinadora acorda cedo.

Antes, ela também acordava cedo.

7-36 Vamos recordar com o Joaquim e o Mário. Joaquim and Mário used to be very active as athletes when they were students at the Universidade de Aveiro. Tell what they used to do, using the cues you hear. Pause the recording at the beep to answer at your own pace.

MODELO: correr na praia nos fins-de-semana
> *Eles corriam na praia nos fins-de-semana.*

The preterit and the imperfect

7-37 Recordações de uma mãe orgulhosa. Listen to this imaginary interview with Fernanda Ribeiro's mother and then number the sentences below in the order in which the events and situations took place.

_____ Representou a Europa na Taça do Mundo, onde ganhou a medalha de prata.

_____ Praticava atletismo no clube de Valongo e no Kolossal.

_____ Ganhou os 3.000 metros do Campeonato do Mundo em Paris.

_____ Medalha de bronze nos Jogos Olímpicos de Sydney.

_____ Em 1982, ganhou o título regional e nacional na categoria de juniores.

_____ Bateu o record mundial dos 5.000 metros.

_____ Fernanda Ribeiro nasceu em Penafiel.

_____ Ganhou os 3.000 metros no Campeonato da Europa de Juniores.

_____ Medalha de ouro e de prata no Campeonato de Europa em Helsínquia.

_____ Com 11 anos ganhou o segundo lugar da meia-maratona da Nazaré.

_____ Medalha de ouro dos 10.000 metros nos Jogos Olímpicos de Atlanta em 1996.

_____ Tinha como treinador João Campos.

7-38 As dificuldades da Mariana. Listen as Mariana's sister describes why Mariana had a hard time getting to their basketball training session on time. Then fill the chart, categorizing the events described as completed actions, habitual actions, or background description. Listen to the description as many times as necessary and do not worry if you don't understand every word.

ACÇÃO TERMINADA	ACÇÃO HABITUAL	DESCRIÇÃO
Ela saiu para o treino.	Ela ia de autocarro (*bus*).	Chovia muito.

7-39 O tempo e o feriado com ponte (*long holiday weekend*). Listen to the dialogue and complete the sentences with the appropriate information and verb tenses.

1. A Anita não aproveitou o feriado porque _____

   _____.

2. Em Lisboa, pelo contrário, o tempo _____.

3. A Fátima ouviu a previsão do Instituto Nacional de Meteorologia para a grande Lisboa e assim tinha a

   certeza que _____

   _____.

4. Na Figueira da Foz o tempo estava tão (*so*) mau que a Anita e os amigos _____

   _____.

5. No caminho de regresso a Lisboa eles _____

   _____.

Pronúncia

O acento gráfico: o acento grave e a crase (*crasis*)

The grave accent (**acento grave**) is used only when there is a contraction of the preposition **a** with the feminine form of the definite article (**a** and **as**) or with the demonstratives **aquele, aquela, aqueles,** and **aquelas.** (You have learned and practiced these contractions in **Lições 1** and **5.**) Such a contraction is known as crasis and is indicated by a grave accent mark. The accent mark also indicates that now the vowel **a** is open.

The contraction of the preposition **a** with **a** and **as** or with **aquele** and its inflections is quite common. The use of the grave accent mark can radically alter the meaning of a sentence. Compare the pronunciation and the meanings of the following paired expressions and sentences. **Repita as seguintes frases.**

Levar a mãe.	*To take one's mother (somewhere).*
Levar à mãe.	*To take (something) to one's mother.*
Lavar a mão.	*To wash one's hand.*
Lavar à mão.	*To wash by hand.*
Eu digo-te a hora da aula.	*I'll tell you the time of the class.*
Eu digo-te à hora da aula.	*I will tell you (something) when it is time for the class.*
Eles compraram aquela loja.	*They bought that store.*
Eles compraram àquela loja.	*They bought (something) from that store.*

Mais um passo: *Há/Faz* meaning *ago*

7-40 No vale do Douro. While visiting Porto, you decide to go on a boat ride up the Douro River to see the wine-growing terraces along the valley. Assuming that it is now ten in the morning, as you hear the names of your fellow passengers, look at the time each person arrived at the dock and say how long ago they arrived. Pause the recording at the beep to answer at your own pace.

MODELO: You hear: Jaime

You see: Jaime/9:40

You say: O *Jaime chegou há vinte minutos.* ou

Faz vinte minutos que o Jaime chegou.

1. Elisa/9:50
2. Armando e Carolina/9:58
3. Ivo/9:55
4. os irmãos Castro/9:45
5. Gina/9:35

ENCONTROS

7-41 O dia da viagem. Margarida and Alexandre are flying to Funchal to spend two weeks with their relatives on the island of Madeira. Listen to the description of their preparations for the trip, to their conversation at the airport, and to the statements that follow it. Indicate whether each statement is true or false by marking the appropriate response. Don't worry if you don't understand every word.

VERDADEIRO	FALSO
1. _____	_____
2. _____	_____
3. _____	_____
4. _____	_____
5. _____	_____
6. _____	_____
7. _____	_____
8. _____	_____

7-42 O jogo de futebol. Your friends Jorge and Arnaldo went to an important soccer game yesterday. Listen to the story and complete the paragraph based on what you hear.

Ontem à tarde estava (1) _____ e o Jorge (2) _____ ir ver o jogo de futebol no (3) _____ , mas não (4) _____ dinheiro para comprar o bilhete. Por isso, ele (5) _____ na televisão. Entretanto, o Arnaldo ligou para o Jorge porque um amigo lhe (6) _____ dois bilhetes para o jogo e ele queria convidar o Jorge para o acompanhar. O Jorge ficou muito feliz e (7) _____ rapidamente de casa para (8) _____ cedo ao estádio.

VÍDEO

Vocabulário útil

aposentado/a	retired	o/a pro	professional (athlete)
o clima	climate	a rapariga	girl
a Fórmula Um	Formula One	recomeçar	to take up again
o/a piloto	race car driver	...vezes por semana	...times per week

7-43 Desportos. Primeiro passo. Tomás is talking about the sports he practices. Answer the questions below with complete sentences in Portuguese.

1. Qual é o desporto preferido do Tomás?

   O desporto prefrido do Tomás é o futebol

2. Quantas vezes é que ele joga por semana?

   Ele joga quatro vezes por semana

3. Com quem joga nos fins-de-semana?

   Nos fin-de-semana ele joga com os amigos

4. Que desporto pratica no Verão?

   No verão, ele costuma jogar ténis

5. Com quem treina voleibol e quantas vezes por semana?

   _____

Segundo passo. E você? Now answer the following questions about yourself.

1. Quais são os seus desportos preferidos?

   _____

2. Com que frequência (how often), com quem e onde pratica este(s) desporto(s)?

   _____

   _____

   _____

7-44 Atletas e desportos. Primeiro passo. Márcio names three athletes he admires and gives some additional information about them. Complete the following table.

ATLETA	DESPORTO	DESCRIÇÃO
1. Luís Figo		
2.		
3. Ayrton Senna		

Segundo passo. E você? Which athlete or athletes do you most admire and why?

_____

_____

_____

7-45 Estações e clima. Primeiro passo. Both Filipa and Márcio can define their favorite climate in only one word. Answer the questions below.

1. Qual é a palavra que define o clima ideal para a Filipa? _____ Tropical _____

2. Qual é a palavra que define o clima ideal para o Márcio? _____ Angola _____

Segundo passo. E você? Answer the following questions.

1. Qual é a sua estação preferida e o seu clima ideal?

_____

2. Escolha um país ou cidade onde gostava de morar por causa do tempo e explique porquê.

_____

_____

Lição 8 ◆ Festas e tradições

PRÁTICA

À PRIMEIRA VISTA

8-1 **Associações.** Associe as descrições da coluna da esquerda com os feriados da coluna da direita.

1. Um dia muito especial para os casais românticos.

2. Uma festa muito importante em Nova Orleães e no Rio de Janeiro.

3. Celebração relacionada com três santos (Santo António, São João e São Pedro).

4. As famílias portuguesas preparam uma grande ceia e trocam presentes.

5. As pessoas costumam dar ovos de chocolate como presente.

6. As crianças americanas vão às casas dos vizinhos e pedem doces.

a. _____ Páscoa

b. _____ Véspera de Natal

c. _____ Santos Populares

d. _____ Dia das Bruxas

e. _____ Carnaval

f. _____ Dia dos Namorados

8-2 Palavras cruzadas. Complete as seguintes frases e resolva as palavras cruzadas. A coluna vertical vai revelar o nome de um feriado.

1. Os países celebram a sua liberdade e soberania no Dia da _____.

2. Os católicos festejam o nascimento do Menino Jesus no _____.

3. Na quarta quinta-feira de Novembro celebra-se o Dia de Acção de _____ nos Estados Unidos.

4. As pessoas fantasiam-se, dançam e divertem-se muito. É o _____.

5. O primeiro dia do ano é o Dia de Ano _____.

6. Os moradores de Lisboa saem para as ruas na noite de 12 de Junho para festejar Sto António,
   o _____ padroeiro da cidade.

8-3 As festas tradicionais dos Estados Unidos. Responda às perguntas de um estudante moçambicano sobre os feriados e tradições nos Estados Unidos, completando o diálogo seguinte.

DANIEL: Em Moçambique nós não celebramos o Dia de Acção de Graças. Podes explicar como é esse feriado e quando é que vocês o celebram?

EU: _____

_____

DANIEL: Este feriado é mesmo muito importante para as famílias americanas, não é? Mas com certeza que aqui vocês também celebram o dia dos anos, não é? Quando é o dia dos teus anos? O que é que as pessoas te costumam dar de presente?

EU: _____

_____

DANIEL: Fixe! E como são as festas aqui? De que tipo de festas gostas?

EU: _____

_____

DANIEL: Então, avisa-me quando fores à próxima festa para eu ir contigo!

8-4 Um convite. Você convida os seus amigos Guilherme e Álvaro para uma festa. O Guilherme aceita o convite e quer saber o que pode levar para a festa. O Álvaro diz que não pode ir e explica porquê. Primeiro, lê informações sobre a festa. Depois, escreva as respostas dos seus colegas.

1. Motivo da festa: _____

   Dia: _____ Hora: _____ Local: _____

2. Guilherme (aceitando): _____

   (oferecendo para trazer alguma coisa e ajudar) _____

3. Álvaro (não aceitando o convite): _____

   (razão) _____

ESTRUTURAS

Síntese gramatical

1. **Comparisons of inequality**

   mais + *adjective/noun* + **(do) que**

   menos + *adjective/noun* + **(do) que**

melhor	*better*	**pior**	*worse*
menor/mais pequeno	*smaller*	**maior**	*bigger*

2. **Comparisons of equality**

tão + *adjective/adverb* + **como**	*as... + as*
tanto/a + *noun* + **como**	*as much... + as*
tantos/as + *noun* + **como**	*as many... + as*
tanto como	*as much as*

3. **The superlative**

   definite article + (*noun*) + **mais/menos** + *adjective* + **de**

   A festa mais popular do Brasil.

   adjective + **íssimo**

   pequeno + **íssimo** = **pequeníssimo**

   normal + **íssimo** = **normalíssimo**

4. **Pronouns after prepositions**

PREPOSITION	PRONOUNS AFTER PREPOSITION
para *(for, to)*	**para mim/para ti/para si**/para você, ele, ela/**para nós**/para vocês/para eles, elas
sem *(without)*	**sem mim/sem ti/sem si**/sem você, ele, ela/**sem nós**/sem vocês/sem eles, elas
com *(with)*	**comigo/contigo/consigo**/com você, ele, ela/**connosco/convosco**/com eles, elas
de *(from, of)*	**de mim/de ti/de si**/de você, **dele, dela**/de nós/de vocês/**deles, delas**
por *(by, for, through)*	**por mim/por ti/por si**/por você, ele, ela/**por nós**/por vocês/por eles, elas

5. **Reflexive verbs and pronouns**

eu	**levanto-me**
tu	**levantas-te**
você, o sr./a sra., ele/ela	**levanta-se**
nós	**levantamo-nos**
vocês, os srs./as sras., eles/elas	**levantam-se**

Estou a sentir-me bem.
Vou-me levantar cedo amanhã.
Gostamos de nos divertir durante o carnaval.

Comparisons of inequality

8-5 Outras pessoas e eu. Compare-se com outras pessoas, completando as afirmações seguintes. Use **mais** ou **menos** e identifique a(s) outra(s) pessoa(s).

MODELO: Sou _____ atlético/a do que _____.

   Sou _mais_ atlético do que _o meu irmão_.

1. Faço _____ desporto do que _____.

2. Vou a _____ festas que _____.

3. Sou _____ optimista do que _____.

4. Celebro _____ feriados que _____.

5. Compro presentes _____ caros do que _____.

6. Como _____ fruta e verduras do que _____.

8-6 Mais de ou menos de? Complete as frases correctamente com **mais de** ou **menos de**.

1. As Festas do Espírito Santo nos Açores duram (*lasts*) _____ uma semana.

2. Há _____ cinco feriados federais nos Estados Unidos.

3. São Tomé e Príncipe tem _____ um milhão de habitantes.

4. Eu ganho (*earn*) _____ mil dólares por mês.

5. Eu peso (*weigh*) _____ 65 quilos.

8-7 As coisas mais importantes na vida. Compare seis pares de itens da lista abaixo em relação à importância que eles têm na sua vida. Use **mais** e **menos** alternadamente.

MODELO: as notas/as festas

As notas são mais importantes do que as festas. ou

As festas são menos importantes que as notas.

o dinheiro	os carros	a televisão	o trabalho
a roupa	as aulas	o/a namorado/a	os amigos
as tradições	a música	o computador	o cinema
os desportos	a comida	a família	os feriados

1. _____

2. _____

3. _____

4. _____

5. _____

6. _____

8-8 A minha família, os meus amigos e eu. Compare-se com a sua família e amigos. Use **mais/menos, maior/menor/mais pequeno, melhor/pior** e as palavras da lista abaixo ou outras.

festas	feriados	roupa	carros	CDs	amigos
comprar	dançar	celebrar	ter	dormir	ir

MODELO: *Eu danço melhor do que a Irene.*

Tenho menos roupa preta do que a minha irmã.

1. _____

2. _____

3. _____

4. _____

5. _____

8-9 Maior, melhor. Escreva duas frases completas comparando os itens de cada série. Use **maior/menor** (ou **mais pequeno**) ou **melhor/pior** de acordo com as indicações.

MODELO: Timor-Leste, Cabo Verde, Guiné-Bissau (maior/menor/mais pequeno)

Timor-Leste é maior do que Cabo Verde.

Cabo Verde é mais pequeno que a Guiné-Bissau.

1. Brasil, Angola, Moçambique, São Tomé e Príncipe (maior/menor/mais pequeno)

_____

_____

2. Super-Homem, James Bond, Homem Aranha (*Spiderman*) (melhor/pior)

_____

_____

3. Rio Amazonas, Rio Delaware, Rio Tejo (maior/menor/mais pequeno)

_____

_____

4. o Verão, o Inverno, a Primavera, o Outono (melhor/pior)

_____

_____

Comparisons of equality

8-10 Tudo igual. Complete as seguintes afirmações.

MODELO: O ténis é tão _____ como _____ .
            O ténis é tão difícil como o golfe.

1. A música cabo-verdiana é tão _____ como _____ .

2. O Natal é tão _____ como _____ .

3. Há tantas _____ em Portugal como _____ .

4. Eu gosto tanto do _____ como _____ .

5. As crianças recebem tantos _____ no Natal como _____ .

8-11 Comparações. Complete as afirmações usando **tão, tanto/a** ou **tantos/as** para se comparar com atletas, artistas e outras pessoas famosas.

MODELO: ser divertido/a
            Não sou tão divertido como Will Smith.
            ter amigos
            Tenho tantos amigos como o presidente.

1. ser interessante

_____

2. jogar futebol bem

_____

3. ter dinheiro

_____

4. ser alto/a

_____

5. ter habilidade para cantar

_____

6. receber convites para festas

_____

Nome: _____ **Data:** _____

8-12 Opiniões sobre as celebrações e as festas. Responda às seguintes perguntas com frases completas.

1. Na sua opinião, que festa é tão divertida como o carnaval?

_____

2. Que festa é mais cara, uma festa de casamento ou de baptizado?

_____

3. Na sua opinião, que reunião de família neste país é tão importante como a do Natal?

_____

4. O que é mais importante para um casal: celebrar o casamento de forma cara e elegante ou fazer o primeiro pagamento para comprar uma casa?

_____

5. Em que festas é que você se diverte tanto como na véspera do Ano Novo?

_____

The superlative

8-13 As minhas preferências. Complete as frases seguintes declarando as suas preferências.

1. O meu melhor amigo é _____.

2. O melhor programa de televisão é _____, e o pior é _____.

3. A maior festa popular do Brasil é o _____ e nos Estados Unidos é _____.

4. Para mim, o feriado mais interessante deste ano foi _____.

5. A celebração mais aborrecida que há na minha família é _____.

8-14 A festa de São João. Complete o seguinte parágrafo sobre os festejos do dia de São João na cidade do Porto. Use cada palavra da lista abaixo só uma vez.

animadíssimos	mais características	divertidíssimos	os melhores
famosíssimas	maior	estreitíssimas	variadíssimas

São (1) _____ as celebrações do dia de São João na cidade do Porto. A festa dura toda a noite,

com os foliões (2) _____ a passearem pelas ruas, armados com os (3) _____

martelos (*hammers*) de plástico. Comer sardinhas assadas e caldo verde e comprar vasos de manjerico

(*small-leaf basil*) são as outras tradições (4) _____ do São João portuense. As ruas

(5) _____ que descem da Estação de São Bento até ao Cais da Ribeira (na margem do

Rio Douro) enchem-se de pessoas e de balões iluminados, confeccionados com papéis de

(6) _____ cores. É nessa área que se encontram (7) _____ bares e

restaurantes do Porto, mas na noite de São João as pessoas preferem provar as comidas simples servidas

nas barracas improvisadas e ficar ao ar livre para poder admirar o fogo de artifício (*fireworks*), que é mais

uma atracção indispensável da (8) _____ festa do ano na velha cidade do Porto.

8-15 A Isabel, o Sérgio e o Sr. Nunes. Usando superlativos, compare a idade, altura e peso de cada pessoa de acordo com o quadro abaixo.

	SÉRGIO	SR. NUNES	ISABEL
idade	22 anos	57 anos	19 anos
altura	1,85 m	1,72 m	1,55 m
peso	82 kg	68 kg	51 kg

MODELO: Isabel/idade

A Isabel é a mais jovem dos três.

1. Sr. Nunes/idade

_____

2. Sérgio/altura

_____

3. Isabel/altura

_____

4. Sérgio/peso

_____

5. Isabel/peso

_____

Pronouns after prepositions

8-16 Com quem? Preencha os espaços em branco com as expressões da lista abaixo. Não repita nenhuma expressão.

dela   connosco   sem mim   para si   contigo   comigo   para mim   de mim   com ele

1. Vou levar o Jorge. Ele vai _____.

2. A Mariazinha disse que me ama e que não pode viver _____.

3. Nós vamos primeiro e o Fernando, depois, encontra-se _____.

4. Tu e eu temos que mudar os planos. Não posso ir _____ amanhã.

5. O Sr. é muito gentil. Obrigada pelas flores que mandou _____.

6. Dizes que o Miguel chegou de viagem há uma semana e tu ainda não falaste _____?

7. Nós queremo-nos bem: a Mariana gosta _____ e eu gosto _____.

8. Sra. D. Teresa, estas revistas são para a senhora. Comprei-as especialmente _____.

Nome: _____ Data: _____

8-17 Antes do feriado. O seu irmão mais novo está muito animado antes de um feriado importante para a sua família. Responda às perguntas que ele faz. Use pronomes apropriados nas respostas.

MODELO: Compraste um presente para a mãe?

Sim, comprei um presente para ela./Não, ainda não comprei um presente para ela.

1. Posso ir comprar presentes contigo?

_____

2. Nós vamos a casa da avó?

_____

3. Tens um presente para mim?

_____

4. Vamos festejar com a tia Alice e o tio Ricardo?

_____

5. A prima Luisinha vai brincar comigo?

_____

Reflexive verbs and pronouns

8-18 A Maria Isabel e eu. Complete o parágrafo abaixo com os verbos mais apropriados da lista.

divertir-se	preocupar-se (*to worry*)	sentar-se	vestir-se
lembrar-se	sentir-se	levantar-se	chamar-se

A minha colega de quarto (1) _____ Maria Isabel. Ela está sempre muito ocupada porque

trabalha, estuda e também quer (2) _____. Ela sabe que eu (3) _____ com ela. Os

pais dela também (4) _____ com ela e querem sempre saber como ela (5) _____.

Ela (6) _____ muito cedo todos os dias, por volta das seis da manhã. Ela não é como eu,

eu (7) _____ muito mais tarde. Nós nunca (8) _____ à mesma hora, nem nos

feriados. Ela mal (*barely*) tem tempo para (9) _____ antes de ir trabalhar, porque ela

(10) _____ de manhã cedo para estudar um pouco antes de sair de casa. A Maria Isabel e eu

gostamos das mesmas festas e (11) _____ muito. Quando estamos numa discoteca ou numa

festa de anos, nós não (12) _____ das nossas preocupações.

8-19 Planos para o feriado. Responda às seguintes perguntas sobre as suas expectativas para o próximo feriado que vai celebrar.

1. A que horas se vai levantar no dia do feriado?

   _____

2. Vai vestir-se elegantemente nesse dia?

   _____

3. Acha que se vai divertir?

   _____

4. Como se vai sentir no fim do dia?

   _____

5. A que horas se vai deitar?

   _____

ENCONTROS

Para ler

8-20 As festas. Na tabela abaixo, indique o carácter de cada uma das ocasiões festivas que se celebram em Portugal: feriado religioso, feriado não religioso ou celebração pessoal.

	RELIGIOSO	NÃO RELIGIOSO	PESSOAL
1. Ano Novo			
2. Natal			
3. Dia de Portugal			
4. Páscoa			
5. Aniversário de casamento			
6. Dia da Mãe			
7. Dia dos Namorados			
8. Dia dos anos			
9. Dia de Santo António			
10. Restauração da Independência			
11. Dia de Todos os Santos			
12. Dia da Liberdade			

8-21 Os feriados oficiais. Leia o texto sobre os feriados em Portugal, nos PALOP e em Timor-Leste e siga as instruções abaixo.

Portugal tem muitos feriados nacionais, vários dos quais são de natureza religiosa, e também um grande número de feriados locais e regionais. Os feriados são dias de descanso, mas também convites para aprender um pouco sobre a herança histórica, religiosa e cultural do país. Quem não gosta de um feriado numa quinta-feira? É uma prática muito comum para os portugueses juntar o feriado da quinta-feira com a sexta-feira, criando assim uma "ponte"[1] que resulta num fim-de-semana prolongado. As famílias aproveitam para viajar e os estudantes fazem excursões a lugares turísticos e de lazer.

Alguns feriados têm data fixa (por exemplo, o Dia do Trabalhador a 1 de Maio) e outros são móveis (por exemplo, a terça-feira de Carnaval). Esta última categoria inclui também outros feriados religiosos, tais como a Páscoa, celebrada no primeiro domingo a seguir à primeira lua cheia[2] que se verifica a partir de 21 de Março. Por motivos óbvios, os feriados de origem histórica normalmente têm uma data fixa que se refere a um acontecimento importante no passado comum da nação. Por exemplo, no dia 5 de Outubro os portugueses celebram o aniversário da proclamação da República Portuguesa em 1910 e a 25 de Abril, o Dia da Liberdade, comemoram a Revolução dos Cravos[3] que pôs fim ao regime ditatorial em 1974. Os vários feriados regionais e locais podem ter data móvel ou fixa, como a Segunda-Feira do Espírito Santo (uma festa móvel) que é, ao mesmo tempo, o Dia dos Açores, o feriado oficial dessa Região Autónoma, ou o Dia de Santo António, celebrado sempre em 13 de Junho em Lisboa e noutras localidades. O dia 13 de Junho é o aniversário da morte, em 1231, de Santo António de Pádua, também conhecido como Santo António de Lisboa. Nascido[4] em Lisboa em 1195, este santo chamava-se Fernando de Bulhões antes de ingressar na Ordem dos Franciscanos e adoptar o nome de António.

Todos os países africanos de língua oficial portuguesa e Timor-Leste celebram um Dia da Independência: Moçambique a 25 de Junho, a Guiné-Bissau a 24 de Setembro, Cabo Verde a 5 de Julho, etc. Há também outros feriados nacionais com origem na luta contra o colonialismo, como o Dia dos Mártires da Repressão Colonial (Angola, 4 de Janeiro), o Dia dos Heróis Nacionais em Cabo Verde, que comemora o aniversário da morte de Amílcar Cabral a 20 de Janeiro, ou o feriado com o mesmo nome em Timor-Leste, que coincide com o aniversário da invasão do país pela Indonésia em 1975. Os feriados católicos mais comuns—Natal, Sexta-Feira Santa, Dia de Todos os Santos—são feriados oficiais em alguns países (Cabo Verde, São Tomé e Príncipe), mas não em outros (Moçambique), reflectindo a influência marxista na história pós-independência dos PALOP. O dia 25 de Dezembro é feriado oficial em Moçambique, mas chama-se o Dia da Família e não o Natal. Nos últimos anos, os cerca de 20% de moçambicanos que professam a religião islâmica intensificaram protestos contra a alegada discriminação da comunidade muçulmana pelo estado moçambicano, que reconhece um feriado religioso cristão (25 de Dezembro), mas não concede um feriado a uma data sagrada para o Islão. Em Timor-Leste, há feriados nacionais ligados ao islamismo, como o Idul Fitri, o dia que marca o fim do Ramadão, e o Idul Adha, o dia de sacrifício para os muçulmanos.

1. *bridge*   2. *full moon*   3. *carnations*   4. *born*

Indique:

1. dois feriados portugueses de natureza histórica com as respectivas datas

_____

2. o significado da palavra "ponte" em relação a um feriado

_____

3. dois feriados oficiais cabo-verdianos com as respectivas datas

_____

4. três feriados oficiais timorenses

_____

8-22 Verdadeiro ou falso? Marque as afirmações verdadeiras com um V e as falsas com um F. Corrija as afirmações falsas.

1. _____ Os feriados religiosos são sempre festas móveis.

   _____

2. _____ O dia 5 de Outubro em Portugal é um feriado religioso.

   _____

3. _____ Nos países de língua portuguesa existem feriados religiosos relacionados com o catolicismo e o islamismo.

   _____

4. _____ O Dia dos Açores é um feriado religioso.

   _____

5. _____ Santo António nasceu em Pádua e ingressou na Ordem dos Dominicanos.

   _____

6. _____ Amílcar Cabral foi um herói da independência moçambicana.

   _____

7. _____ O Dia dos Heróis Nacionais em Timor-Leste comemora a independência do país.

   _____

8. _____ Em Moçambique há um feriado nacional de origem cristã, mas não de origem islâmica.

   _____

8-23 Tradições de família. Descreva duas tradições da sua família para cada uma das celebrações abaixo.

1. O Ano Novo _____

   _____

2. O Dia da Independência _____

   _____

3. O Dia de Acção de Graças _____

   _____

Para escrever

8-24 Comparação. Escreva dois parágrafos comparando dois feriados. Siga os passos seguintes antes de começar a escrever.

1. Escolha os feriados.
2. Faça uma lista das semelhanças e diferenças.
3. Decida se quer apresentar todas as diferenças e semelhanças de um feriado e, em seguida, todas as diferenças e semelhanças do outro, ou se quer comparar uma ideia de cada vez.

_____

_____

_____

_____

_____

_____

_____

_____

_____

_____

_____

_____

_____

_____

_____

_____

_____

_____

HORIZONTES

8-25 O Centro e o Norte de Portugal. Indique se as afirmações são verdadeiras (V) ou falsas (F) de acordo com o texto em **Horizontes** nas páginas 324-325 do seu livro.

1. _____ A região Centro de Portugal é muito diversificada em termos geográficos e económicos.

2. _____ A maior parte da população da região Centro concentra-se na Beira Litoral.

3. _____ A Universidade de Coimbra tem menos de cem anos.

4. _____ Há muitas montanhas e serras na região Centro.

5. _____ A Serra da Estrela é hoje um parque nacional.

6. _____ A montanha mais alta da Serra da Estrela tem mais de 2.000 metros.

7. _____ A base económica da região Centro é a indústria pesada.

8. _____ Na região Centro é importante a produção de lacticínios.

9. _____ O Norte é uma região mais pequena do que o Centro.

10. _____ A cidade do Porto é tão grande como a cidade de Lisboa.

11. _____ O Porto fica longe do mar.

12. _____ Vários arquitectos estrangeiros realizaram obras no Porto.

13. _____ O vinho do Porto é um produto consumido exclusivamente em Portugal.

14. _____ As cidades de Trás-os-Montes rivalizam com Lisboa e o Porto em termos de população.

15. _____ Azeite e água mineral são duas das exportações de Trás-os-Montes.

LABORATÓRIO

À PRIMEIRA VISTA

8-26 As festas tradicionais. Listen to the following descriptions and circle the holiday that is being described.

1. a) a Véspera de Natal   b) o Carnaval   c) o Dia da Independência
2. a) o Dia da Mãe   b) o Dia das Bruxas   c) a Semana Santa
3. a) o Natal   b) o Ano Novo   c) o Dia de Santo António
4. a) o Dia dos Namorados   b) a Páscoa   c) o Dia de Acção de Graças

8-27 Celebrações. Identify who in the chart celebrates the holidays you will hear named and describe briefly how each one is celebrated. Pause the recording at the beep to work at your own pace.

MODELO: You hear: 0. O Dia das Bruxas

You write: *as crianças / Recebem muitos doces.*

	DIA	QUEM CELEBRA?	COMO CELEBRAM?
0.		as crianças	Recebem muitos doces.
1.			
2.			
3.			
4.			
5.			
6.			

8-28 Uma festa lisboeta. First, read the incomplete text. Then listen as Daniel and Melissa discuss their recent trips abroad and, finally, fill in the necessary information based on what you have heard.

O Daniel e a Melissa foram a (1) _____ no ano passado. Ele visitou a cidade do

(2) _____ , onde o pai dele tocou violino na (3) _____ , e ela esteve em Lisboa

durante as Festas dos (4) _____ . A Melissa ficou com a família da Helena, a sua amiga

portuguesa, durante duas semanas. No dia 12 de Junho, que é a véspera do Dia de (5) _____ ,

ela assistiu ao desfile das Marchas Populares na (6) _____ . Os grupos que participam

no desfile representam (7) _____ de Lisboa. A Marcha da Mouraria venceu a competição,

mas a Melissa gostou mais da Marcha do Castelo que tinha por tema (8) _____ . Depois

das Marchas, a Melissa e os amigos portugueses foram ao bairro de (9) _____ , onde

comeram (10) _____ e ouviram um concerto de (11) _____ . O Daniel

ficou com pena porque a família dele não pôde ficar no Porto para a noite de (12) _____ ,

mas ele ouviu dizer que era uma festa tão divertida como a de Santo António em Lisboa!

ESTRUTURAS

Comparisons of inequality

8-29 A Cristina e o Rodrigo. You will hear statements comparing Cristina and Rodrigo as they appear in the drawings. For each statement that is true, check **sim**; for each statement that is false, check **não**.

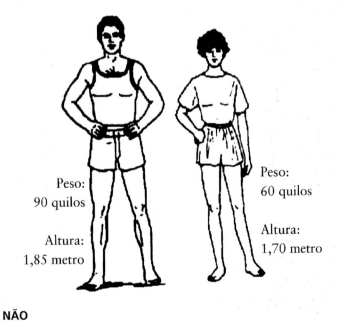

Peso:
90 quilos

Altura:
1,85 metro

Peso:
60 quilos

Altura:
1,70 metro

	SIM	NÃO
1.	_____	_____
2.	_____	_____
3.	_____	_____
4.	_____	_____
5.	_____	_____
6.	_____	_____

8-30 Dois jogadores. You will hear a comparison of two basketball players who are playing for the Angolan national team at the African Championship in Senegal. Based on what you hear, complete the chart and the sentences that follow it.

JOGADOR	IDADE	EXPERIÊNCIA	PESO	ALTURA

1. O André tem _____ anos e o Roberto tem _____ anos. O André é muito alto. Ele

   é _____ do que o Roberto.

2. O André tem _____ experiência _____ o Roberto.

3. O André é _____ ágil _____ o Roberto.

4. O Roberto pesa _____ o André.

8-31 Como é que eles são? The chart below contains information about two students. Respond in complete sentences to the questions you will hear, using this information to compare the students. Pause the recording at the beep to answer at your own pace.

MODELO: Quem é mais baixo?

   A Márcia é mais baixa do que o Rafael.

MÁRCIA MORAES	RAFAEL PEREIRA
20 anos	22 anos
1,65 m	1,82 m
muitíssimo inteligente	inteligente
alegre	sério

Comparisons of equality

8-32 Dois rapazes bem diferentes. Look at the drawing and listen to the statements comparing the two students shown. For each statement that it is true, check **sim**; for each statement that is false, check **não**.

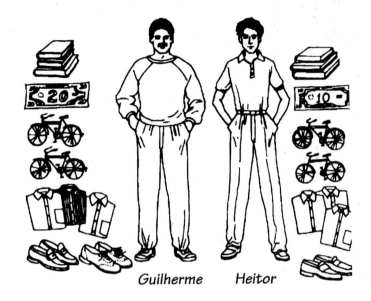

Guilherme   Heitor

	SIM	NÃO
1.	_____	_____
2.	_____	_____
3.	_____	_____
4.	_____	_____
5.	_____	_____
6.	_____	_____
7.	_____	_____
8.	_____	_____

8-33 Mais comparações. Answer the questions in the recording by comparing the people in the drawing. Pause the recording at the beep to answer at your own pace.

MODELO: Quem é tão alto como o Artur?

O Carlos é tão alto como o Artur.

8-34 Quem tem o quê? Answer the questions in the recording by comparing these people's possessions, based on the information in the chart. Pause the recording at the beep to answer at your own pace.

MODELO: Quem tem tantos televisores como o Sr. José?

A Mariana tem tantos televisores como o Sr. José.

	SR. JOSÉ	D. INÊS	MARIANA
casas	1	2	1
carros	1	2	2
televisores	2	5	2
euros (€)	40.000	3.000.000	40.000

The superlative

8-35 Uma pesquisa. As you hear the results of a survey of students' opinions of one another, check off the results in the chart below. Listen to the recording as many times as necessary.

	O MAIS				O MENOS
	SIMPÁTICO	POPULAR	GIRO	ESTUDIOSO	ARROGANTE
Vítor					
Aurélio					
Ângelo					
Sérgio					

8-36 As Festas do Divino Espírito Santo. First, read the incomplete text below. Then, listen as Ana Mendes talks about the **Festas do Divino Espírito Santo** in the Azores and describes what she and her family did during the festival of the Holy Ghost. Finally, complete the sentences with the superlatives Ana uses to describe various aspects of the feast.

1. As Festas do Divino Espírito Santo são _____.

2. Em Rabo de Peixe há _____ ornamentações no período das festas.

3. Uma tradição única de Rabo de Peixe são as _____ danças de pescadores.

4. Um elemento _____ das festas são as Sopas do Espírito Santo.

5. As sopas são um prato pesado, mas _____.

6. As Grandes Festas do Espírito Santo em Fall River contam com a participação de _____ imigrantes açorianos.

7. As celebrações de Fall River são provavelmente _____ festa açoriana fora dos Açores.

8-37 Não estou de acordo. You disagree with your friend's opinions about various people you both know. Correct your friend, using names provided below. Pause the recording at the beep to answer at your own pace.

MODELO: You hear: O João é o mais alto da turma.

You see: Henrique

You say: *Não, o Henrique é o mais alto da turma.*

1. Ana

2. Patrícia e Sara

3. António

4. Carlos

5. Pedro e Letícia

8-38 Importantíssimos. Express your agreement with the following statements using the **-íssimo** forms of the adjectives you hear. Pause the recording at the beep to answer at your own pace.

MODELO: Tiger Woods é elegante.

Sim, ele é elegantíssimo.

Pronouns after prepositions

8-39 Quem vai com quem? Patrícia is on the phone with her friend Lucas, making plans to go to a soccer game. Listen to Patrícia's side of the conversation and fill out the chart indicating with whom the following people are going. Listen to the recording as many times as necessary.

	PATRÍCIA	LUCAS	CARLOS E EDUARDO
1. Carla e Frederico			
2. Catarina e Amanda			
3. Irene			

Reflexive verbs and pronouns

8-40 De manhã. Looking at the times given, tell when each person gets up. Pause the recording at the beep to answer at your own pace.

MODELO: You hear: João

You see: João/7:00

You say: *O João levanta-se às sete.*

1. Alice/7:30
2. Filipe e Pedro/8:00
3. eu/9:00
4. o meu pai/6:00
5. nós (nos feriados)/10:30

8-41 O meu irmão e eu. A friend is telling you what he does at a summer resort. Tell him that you and your brother do the same thing. Pause the recording at the beep to answer at your own pace.

MODELO: Eu levanto-me às sete.

Nós também nos levantamos às sete.

8-42 O ballet à noite. Listen to Rita talk about her plans to see a ballet performance tonight. Then, complete the following statements according to what you have heard.

1. Hoje à noite, a Rita quer _____ com os amigos.

2. Antes do ballet, ela _____ para descansar um pouco.

3. Ela fica a imaginar como as pessoas _____ para ir ao espectáculo.

4. Ela _____ sempre com roupa prática e simples.

5. A Rita gosta de _____ bem com a roupa que usa.

Nome: _____   Data: _____

ENCONTROS

8-43 Planos mudados. First, read the statements in your workbook. Then listen to Cristiana and Bruno making plans to go out. The first part of their conversation takes place the day before their date and the second just before they're supposed to get together. Listen to the recording as many times as necessary and mark the statements as true or false.

	SIM	NÃO
1. O Bruno e a Cristiana fazem planos para se encontrar amanhã.	_____	_____
2. A Cristiana vai chamá-lo às oito da noite.	_____	_____
3. O Bruno vai buscá-la depois de tomar banho e de se organizar.	_____	_____
4. A Cristiana não se está a sentir bem para sair.	_____	_____
5. Ela não se quer levantar da cama para se encontrar com o Bruno.	_____	_____
6. O Bruno não lhe desculpa.	_____	_____
7. O Bruno vai telefonar-lhe no dia seguinte.	_____	_____
8. A Cristiana está zangada com o Bruno.	_____	_____
9. A Cristiana e o Bruno vão encontrar-se no dia marcado.	_____	_____

VÍDEO

Vocabulário útil

a bisavó	great-grandmother	uma série de	a bunch, a few
a Consoada	Christmas dinner	típico/a	traditional
juntar-se	to gather	tomar uma decisão	to make a decision
nascer	to be born	a vila	small town

8-44 Feriados preferidos. Responda às perguntas sobre os feriados preferidos da Alexandra e do Jorge. Depois explique de que feriado você mais gosta e porquê.

1. Alexandra

   a. Qual é o feriado de que a Alexandra mais gosta? _____

   b. Porque é que ela gosta deste feriado? _____

   _____

2. Jorge

   a. Qual é o feriado favorito do Jorge? _____

   b. O que é que o pai do Jorge tem a ver com este feriado? _____

   _____

3. você

   a. Qual é o seu feriado preferido? _____

   b. Porque é esse o feriado que prefere? _____

   _____

8-45 O Natal do Tomás. O Tomás fala sobre como celebrou o Natal. Escolha as respostas correctas.

1. O Tomás passou o Natal...
   a. com os pais e o irmão.
   b. sozinho.
   c. com a família extensa.
   d. com a família mais próxima.

2. Com quem é que o Tomás *não* passou a noite da Consoada?
   a. os primos
   b. os avós
   c. os tios
   d. os sobrinhos
   e. a bisavó

3. A família juntou-se...
   a. na casa do Tomás.
   b. na casa dos avós.
   c. não sabemos onde.
   d. na casa da bisavó.

4. Que actividade em particular menciona o Tomás?
   a. o jantar típico
   b. a troca de presentes
   c. as conversas com a família
   d. a contribuição dos avós

8-46 Uma tradição são-tomense. O Adolónimo fala sobre uma tradição especial da família dele. Responda às perguntas abaixo.

1. Como se chamava a tradição? _____

2. Qual era o dia da festa? _____

3. O que se fazia neste dia? _____

   _____

4. Porque é que o Adolónimo já não celebra mais esta tradição? _____

   _____

Lição 9 ◆ O trabalho e os negócios

À PRIMEIRA VISTA

9-1 Associações. Associe cada profissão com o respectivo local de trabalho.

1. porteiro   _____ um laboratório

2. cientista   _____ um carro

3. enfermeiro   _____ um banco

4. motorista   _____ uma casa

5. contabilista   _____ um hospital

6. empregada doméstica   _____ um hotel

9-2 Quem é? Escreva os nomes das profissões descritas abaixo.

1. Ajuda as pessoas com problemas psicológicos e de relacionamento humano.

_____

2. Defende as pessoas com problemas legais perante um juiz.

_____

3. Serve comida num restaurante.

_____

4. Representa personagens em filmes ou na televisão.

_____

5. Trabalha na escola ou na universidade e tem muitos alunos.

_____

9-3 De que profissional preciso? Decida de que profissional vai precisar nas seguintes situações.

SITUAÇÃO	PROFISSÃO
1. Você olha pela janela e vê um homem a ser assaltado na rua.	
2. Há muita água no chão da sua casa de banho.	
3. O seu cabelo está muito comprido e não tem bom aspecto.	
4. Você está no estrangeiro e não compreende a língua que as pessoas falam.	
5. Está num supermercado e quer pagar as compras.	
6. Está a sentir-se muito mal e não sabe o que tem.	

9-4 Entrevista sobre o seu trabalho. O repórter de um jornal local quer entrevistar vários estudantes que trabalham e pediu para você responder a estas perguntas por escrito. Se trabalha, escreva sobre o seu trabalho real; se não trabalha, escreva sobre um trabalho que teve no passado ou um trabalho imaginário.

JORNALISTA: Onde trabalha?

VOCÊ: _____

JORNALISTA: A que horas chega ao trabalho?

VOCÊ: _____

JORNALISTA: A que horas sai do trabalho?

VOCÊ: _____

JORNALISTA: Quantas pessoas trabalham consigo?

VOCÊ: _____

JORNALISTA: O que faz no seu trabalho?

VOCÊ: _____

_____

ESTRUTURAS

Síntese gramatical

1. *Se* **as impersonal subject**

   você/ele/ela verb form + **se** + *singular noun (adverb, infinitive, etc.)*

Fala-se português no Brasil.	*Portuguese is spoken in Brazil.*
Não se aceita dinheiro estrangeiro.	*Foreign money is not accepted.*

   você/ele/ela verb form + **se** + *plural noun*

Procura-se empregados com experiência.	*Experienced employees are sought.*

   vocês/eles/elas verb form + **se** + *plural noun*

Vendem-se carros.	*Cars for sale.*
Para quem **se mandam** os convites?	*To whom should the invitations be sent?*

2. **More on the preterit and the imperfect**

   Verbs with different meanings in English when the Portuguese preterit is used: **saber, querer, conhecer, poder**

   Expressing intentions in the past: imperfect of **ir** + *infinitive*

Nós íamos sair, mas já era tarde.	*We were going to go out, but it was already too late.*

   Imperfect progressive: imperfect of **estar** + **a** + *infinitive*

A secretária **estava a falar** com um cliente.	*The secretary was talking to a client.*

3. **More on interrogative pronouns**

   a, com, de, para + *interrogative pronouns*

Para quem é este pacote?	*Who is this package for?*
Este catálogo veio **de que** abastecedor?	*This catalogue has come from which supplier?*

   que...? (generic *what...?*), **qual...?** (*which one?*), and **quais...?** (*which ones?*)

Que nome devo apresentar?	*What name should I announce?*
Quais são as ofertas mais favoráveis?	*Which are the most favorable offers?*

4. **Commands**

	VOCÊ O/A SENHOR/A	VOCÊS OS/AS SENHORES/AS	
FALAR:	fal~~e~~ fale	fal**em**	*speak*
COMER:	com~~e~~ coma	com**am**	*eat*
SAIR:	sai~~e~~ saia	sai**am**	*leave, go out*

DAR:	**dê, dêem**	ESTAR:	**esteja, estejam**	IR:	**vá, vão**
QUERER:	**queira, queiram**	SABER:	**saiba, saibam**	SER:	**seja, sejam**

Se as impersonal subject

9-5 Associações. Combine os inícios das frases à esquerda com os objectos mais apropriados à direita.

1. _____ Procura-se...   a. comer muito bem neste restaurante.

2. _____ Nessas lojas não se fala...   b. roupa formal para uma entrevista.

3. _____ Aqui alugam-se...   c. recepcionista com inglês.

4. _____ Veste-se...   d. bicicletas.

5. _____ Pode-se...   e. português.

9-6 O que se faz aqui? Escreva o que normalmente se faz nestes lugares.

MODELO: uma livraria

Compra-se livros numa livraria.

1. um restaurante _____

2. um escritório de advogados _____

3. um jornal _____

4. uma loja de roupa _____

5. o cinema _____

6. a praia _____

Nome: _____ Data: _____

9-7 Os anúncios. Você é um estagiário no jornal *Público*. Escreva um título para cada um destes anúncios usando **se**.

MODELO:

> **Aluga-se moradia com 3 quartos,**
> **2 casas de banho, garagem, terraço,**
> **ar condicionado**
> **€ 1.700**
>
> Rua Dr. Alberto Macedo, 473, São Pedro do Sul
> Tel: 91-2520743

Aluga-se casa.

1.
> # LIQUIDADORA
> Vende pelos preços mais baixos
> equipamento, raquetes e bolas de ténis
> Rua de São Francisco, 792, tel. 21-541-5831

_____

2.
> APARTCO LDA., vende escritório
> 52 m, alcatifado, dividido em dois espaços
> € 90.000 (negociável)
> Benfica, junto C. Comercial Colombo
> Telem. 93-2357538

_____

3.
> ## Técnicos reparam
> Frigoríficos, congeladores, microondas
> Máquinas de lavar louça e de lavar roupa
> Máquinas de secar
> Tel. 23-4379221

_____

4.
> ## Vendo Computador
> Compatível IBM
> Pentium IV, 30 GB
> Muitos extras
> 917387401 (depois das 20h)

_____

5.
> ## Lavamos tapetes e carpetes
> Trabalho garantido
> Tel: 292 391 453

_____

9-8 Em minha casa. Você descreve os hábitos da sua família a um amigo. Escreva um parágrafo usando a forma impessoal de seis das expressões na lista abaixo e/ou outras.

ligar a televisão	comer em restaurantes	ir ao supermercado
chamar o médico	lavar o carro	limpar a casa
comprar o jornal	ver um filme	ir ao correio
jantar	celebrar (datas especiais)	lavar a roupa

MODELO: *Em minha casa almoça-se às...*

_____

_____

_____

_____

_____

_____

_____

_____

_____

More on the preterit and the imperfect

9-9 Quando a Madalena estudava em Lisboa. Complete as frases com formas do imperfeito ou do pretérito dos verbos em parênteses.

1. Quando a Madalena estudava em Lisboa _____ (querer) visitar os Açores,

   mas nunca _____ (poder) ir.

2. A Madalena _____ (conhecer) o José Carlos em 2006. Eles _____ -se

   (conhecer) bem porque estudavam juntos na Universidade Nova de Lisboa e conversavam todos os

   dias.

3. A Madalena _____ (saber) do acidente do José Carlos quando um colega de curso

   lhe _____ (telefonar).

4. A Madalena _____ (saber) o endereço do hospital porque _____ (ter)

   vários amigos que _____ (trabalhar) lá.

9-10 Entrevista. Responda a estas perguntas com frases completas, usando o pretérito ou o imperfeito, conforme o caso.

1. Você conhecia o seu/a sua actual professor/a de Português no ano passado?

   _____

2. Quando e onde conheceu o seu melhor amigo/a sua melhor amiga?

   _____

3. Você sabia que Portugal exporta muita cortiça (*cork*)?

   _____

4. Quando é que soube que se fala português em Angola e Moçambique?

   _____

5. Queria falar com os seus pais no fim-de-semana passado?

   _____

6. Pôde falar com eles?

   _____

9-11 As coisas não deram certo. João Medina é um jovem arquitecto. Ontem, ele e os colegas do escritório estavam a acabar um projecto importante e iam fazer certas coisas, mas nem tudo deu certo. O que é que eles iam fazer?

MODELO: _____, mas o computador não estava a funcionar bem.
   Eles iam preparar a apresentação do projecto, mas o computador não estava a funcionar bem.

1. _____, mas não tinham os materiais necessários.

2. _____, mas a loja já estava fechada.

3. _____, mas o director não estava no escritório dele.

4. _____, mas o técnico não atendia o telefone.

5. _____, mas não conseguiram.

9-12 Um dia no escritório. Você trabalha num escritório. Descreva o que as pessoas estavam a fazer quando chegou ao trabalho ontem de manhã.

MODELO: o director de vendas / ler a lista de encomendas

O director de vendas estava a ler a lista de encomendas.

1. a D. Gabriela / preparar um relatório

   _____

2. o Alberto e a Rosa / falar com dois clientes

   _____

3. a secretária / preparar a reunião de amanhã

   _____

4. a Irene / beber um café no gabinete dela

   _____

5. o contabilista / fazer o balanço das contas

   _____

More on interrogative pronouns

9-13 Associações. Uma secretária está a treinar outra que acaba de ser contratada. Associe cada pergunta na coluna da esquerda com a resposta apropriada na coluna da direita.

1. De onde veio essa encomenda?   _____ Para a Dra. Fernanda Lemos.

2. Para quem é esta carta?   _____ Ao Dr. Santos Serra.

3. Com quem é a reunião de amanhã?   _____ Com as internacionais.

4. Para que serve este formulário?   _____ De Angola.

5. Devo apresentar-me a qual dos directores?   _____ Com o director geral.

6. Com que firmas vamos trabalhar?   _____ Ao departamento de finanças.

7. A que departamento me devo dirigir?   _____ Para fazer as encomendas.

8. Para onde mando as encomendas?   _____ Para casa dos clientes.

9-14 Que? Qual? Quais? Complete os diálogos com a interrogativa mais apropriada.

1. _____ é o maior produtor de café no mundo?

   É o Brasil.

2. _____ são os outros países que produzem café?

   Colômbia, Angola, São Tomé, Timor-Leste, entre outros.

3. _____ mensagem deixou a Dra. Adriana?

   Que precisa de dois meses de férias.

4. _____ resposta devemos dar?

   Vamos pensar bem antes de responder.

5. _____ destas firmas já contactou?

   Todas.

6. _____ é o horário de trabalho?

   Todos os dias das 9.00 às 18.00 com uma hora de intervalo para o almoço.

7. _____ é a carta que procura?

   É a carta com o pedido de novo equipamento.

8. _____ são os melhores produtos?

   São os da Optimus & Cia. e da Benebene Lda.

9-15 Qual é a pergunta? Você está a entrevistar um novo engenheiro de informática para a sua empresa. Escreva as perguntas para as respostas do candidato.

1. _____?

   Actualmente trabalho na Informasil, uma companhia algarvia especializada em informática.

2. _____?

   Nos últimos 10 anos trabalhei com duas companhias de informática e uma de telecomunicações.

3. _____?

   As minhas referências são dos directores das duas companhias de informática onde trabalhei.

4. _____?

   Além de português, falo espanhol, inglês e japonês.

5. _____?

   O salário que pretendo ganhar corresponde ao anúncio deste emprego.

6. _____?

   Em caso de acidente, pode mandar um aviso para a minha esposa.

7. _____?

   As minhas principais preocupações em relação a este emprego são o trânsito e o horário, porque tenho que ir buscar o meu filho à escola antes de voltar para casa.

Commands

9-16 Qual faz sentido? Leia as seguintes situações e circule a ordem mais lógica para cada uma delas.

1. Você é um/a arquitecto/a que tem que mandar um projecto para a casa de um cliente. Está a falar com o desenhista (*draftsman*) que está a fazer o projecto. Você diz:
   a) Termine hoje.　　　　b) Compre a casa.　　　　c) Não venha amanhã.

2. O Nicolau está a visitar o Alentejo num dia de muito calor e está com sede. Ele vai a um snack bar e pede:
   a) Dê-me uma camisa.　　　　b) Dê-me uma água mineral.　　c) Dê-me dinheiro.

3. Os filhos do seu irmão estão na sala de jantar da sua casa, onde você tem louça e copos muito caros. As crianças estão a correr em volta da mesa e você diz-lhes:
   a) Comam o gelado aqui.　　　b) Fechem a porta.　　　　c) Não brinquem aqui.

4. Você vai entrevistar uma pessoa que quer trabalhar na sua companhia. Cumprimenta o candidato e diz:
   a) Abra a janela.　　　　b) Sente-se, por favor.　　　c) Não trabalhe mais.

5. O seu professor de Literatura dá trabalho de casa todos os dias. Ao terminar a aula, ele diz:
   a) Façam o trabalho.　　　b) Não falem.　　　　c) Troquem os livros.

9-17 Não corram em casa. Você está a cuidar dos filhos dos seus vizinhos e diz para eles não fazerem estas coisas.

MODELO: As crianças abrem o frigorífico.
　　　　　Não abram o frigorífico.

1. As crianças dão banho ao cão (*dog*).

   _____

2. As crianças saem para a rua.

   _____

3. As crianças deitam-se no sofá.

   _____

4. As crianças brincam com o computador.

   _____

5. As crianças escrevem nas paredes.

   _____

9-18 Recomendações do/a médico/a. Você é médico/a e está a falar com um doente (*patient*) que teve um ataque de coração. Escreva as suas recomendações para o doente de acordo com o modelo.

MODELO: caminhar/fazer exercício
     Caminhe e faça exercício.

1. dormir/oito horas

 _____

2. comer/fruta e verduras/ao almoço

 _____

3. seguir/a dieta/todos os dias

 _____

4. não comer/hambúrgueres

 _____

5. brincar/com os seus netos

 _____

6. não trabalhar/mais de seis horas

 _____

9-19 Que fazer? Durante uma reunião, a sua assistente faz as seguintes perguntas. Responda afirmativamente de acordo com o modelo.

MODELO: Trago o contrato?
    Traga, sim.

1. Fecho a porta?

 _____

2. Fico aqui?

 _____

3. Trago o meu computador portátil?

 _____

4. Sirvo café agora?

 _____

5. Leio as minhas notas?

 _____

9-20 Por favor... Enquanto você e a sua família estão de férias, alguém vai tomar conta da sua casa. A sua mãe pede para você escrever uma nota com as seguintes instruções para a pessoa que vai tomar conta da casa: (a) abrir as janelas de manhã; (b) guardar o jornal; (c) levar o cão para dar um passeio; (d) buscar o correio; (e) fechar as portas e janelas à noite.

1. _____

2. _____

3. _____

4. _____

5. _____

ENCONTROS

Para ler

9-21 À procura de trabalho. Imagine que está a concorrer ao seu emprego ideal. Que tipos de informação vai colocar no seu CV? Organize os itens abaixo por ordem de importância (sendo 1 o mais importante). No último espaço escreva uma informação adicional que vai incluir.

_____ nacionalidade   _____ e-mail

_____ nome   _____ atestado de saúde

_____ educação   _____ profissão / ocupação

_____ idade   _____ passatempo preferido

_____ sexo   _____

-22 Os anúncios. Leia os anúncios e siga as instruções abaixo.

Secretária executiva bilingue

Importante empresa de construção civil procura secretária executiva bilingue (português-inglês), com experiência mínima de 4 anos e com conhecimentos de processador de texto. Indispensável ter excelente relacionamento pessoal e boa apresentação.

As pessoas interessadas devem enviar Curriculum Vitae, foto recente e pretensão salarial para
Escritório de Recrutamento, Construitudo
Rua Camões, 45, 4900-360 Viana do Castelo

A. Preencha os espaços, baseando-se nas informações dadas no anúncio.

1. Posto de trabalho:

_____

2. Experiência:

_____

3. Qualidades importantes:

_____

4. Informação que se deve mandar por correio:

_____

5. Deve-se enviar esta informação para:

_____

B. Indique se cada afirmação abaixo sobre o seguinte anúncio é verdadeira (V) ou falsa (F). Corrija as afirmações falsas.

Procura-se
Jovens dinâmicos de ambos os sexos

Requisitos:
- Facilidade de expressão
- Aptidão para vendas
- Boa apresentação
- Disposto a treinamento profissional
- Trabalho não requer tempo inteiro

Os interessados devem ligar para 284 602 553
Falar com Director de Recursos Humanos
das 9 às 13hrs e das 14 às 18hrs

---

1. _____ Os empregos são só para homens.

_____

2. _____ As pessoas interessadas devem expressar-se bem.

_____

3. _____ É necessário trabalhar em tempo inteiro.

_____

4. _____ Vestir-se bem não é importante para este emprego.

_____

5. _____ As pessoas contratadas vão ser treinadas.

_____

6. _____ Os interessados podem telefonar a qualquer hora.

_____

C. Complete as informações abaixo com base no anúncio seguinte.

Loja especializada em computadores e comunicações procura

VENDEDORA

Solteira, menos de 45 anos, com experiência em programação, boa apresentação e dinamismo, interessada em começar uma carreira em vendas de computadores e em viajar para o estrangeiro. Prefere-se candidata com conhecimento de línguas.
Enviar curriculum vitae com fotografia para

Recrutamento Compumax, C.C. Vasco da Gama, Loja 2035
Av. D. João II, Lote 1.705.02, 1900-01 Lisboa

1. Emprego oferecido: _____

2. Idade limite: _____

3. Estado civil: _____

4. Requisitos: _____

_____

5. Qualificações preferidas: _____

6. Documentos requeridos: _____

7. Enviar as informações acima para: _____

Para escrever

9-23 A minha profissão ideal. Pense no que seria o seu trabalho ideal e escreva o anúncio para este emprego. Use como modelo os anúncios da actividade 9-22. Não se esqueça de incluir as seguintes informações: requisitos, qualidades, habilitações, descrição do trabalho, endereço, telefone, etc.

9-24 Procura-se. Você é um/a executivo/a que precisa de um/a secretário/a. Faça uma lista dos requisitos do trabalho. Considere aspectos como: experiência, línguas faladas, uso de computador, palavras dactilografadas por minuto, personalidade, etc.

1. _____   4. _____
2. _____   5. _____
3. _____   6. _____

9-25 Um anúncio. Você decide colocar um anúncio no jornal para a vaga referida na actividade 9-24. Escreva o anúncio listando os requisitos identificados acima e identificando as responsabilidades do emprego, as condições, os contactos, etc.

HORIZONTES

9-26 A Madeira. Indique se as afirmações que se seguem são verdadeiras (V) ou falsas (F), de acordo com o texto em **Horizontes**, nas páginas 358-359 do seu livro.

1. _____ A Madeira e os Açores são dois arquipélagos que ficam no Oceano Pacífico.

2. _____ Embora integradas na República Portuguesa, as duas regiões têm total autonomia política.

3. _____ As ilhas foram colonizadas com população portuguesa, francesa e belga.

4. _____ Quando os navegadores portugueses chegaram à ilha da Madeira, não encontraram vegetação.

5. _____ As plantações de cana-de-açúcar no Brasil foram o resultado da experiência das plantações na Madeira.

6. _____ O turismo é o sector mais importante da economia da Madeira e Porto Santo.

7. _____ Os hotéis do Funchal, capital da Madeira, são excelentes mas não têm piscina porque o mar está muito perto.

8. _____ A Madeira é uma ilha de grande beleza com as encostas cheias de flores.

9-27 Os Açores. Preencha os espaços com a informação correcta, com base no texto sobre os Açores nas páginas 358-359 do seu livro.

A capital do arquipélago dos Açores é (1) _____ na ilha de (2) _____.

Devido à sua situação geográfica, as ilhas têm um clima (3) _____ e o solo é húmido e fértil.

Estas ilhas são, na realidade, o topo de uma cadeia de (4) _____ que sobe acima do nível

das águas do (5) _____. A base da economia dos Açores é a (6) _____,

mas a pesca também é importante. Os Açores compartilham com os Estados Unidos a tradição da

caça à (7) _____. No século XIX, barcos americanos iam caçar baleias perto dos Açores. Muitos

pescadores açorianos acabaram por imigrar para os Estados Unidos, fundando comunidades portuguesas

em (8) _____ e (9) _____. No século XX, outros açorianos imigraram

para a Califórnia e estabeleceram quintas onde criavam gado e desenvolveram a produção de

(10) _____.

LABORATÓRIO

A PRIMEIRA VISTA

9-28 Procura-se um profissional. As you listen to these descriptions of various situations, circle the name of the professional best prepared to solve each problem.

piloto	arquitecto	astronauta
canalizador	intérprete	enfermeiro
psicóloga	telefonista	recepcionista
engenheiro	médica	secretário
advogada	pescador	actriz
contabilista	caixa	mecânico

9-29 O meu trabalho. You will hear several people talking about their jobs. Identify their professions by writing the corresponding number next to the appropriate profession.

_____ veterinário/a   _____ actor/actriz

_____ caixa   _____ piloto

_____ cozinheiro/a   _____ enfermeiro/a

9-30 As profissões. Listen to the following job descriptions and write the names of the professions that best match them. Pause the recording at the beep to write at your own pace.

1. _____

2. _____

3. _____

4. _____

ESTRUTURAS

Se as impersonal subject

9-31 À procura de trabalho. Read the statements in your workbook before listening to this telephone conversation. Then, indicate whether each statement below is true or false by checking **verdadeiro** or **falso**.

	VERDADEIRO	FALSO
1. Precisa-se de um director na companhia Cepeda.	_____	_____
2. O anúncio da companhia está no jornal.	_____	_____
3. É necessário ter experiência.	_____	_____
4. Rui Chaves tem experiência de vendas.	_____	_____
5. Ele deve falar com o gerente de vendas.	_____	_____

9-32 Onde? Certain activities normally occur in specific places. As you listen to the description of each activity, write its number in the space provided next to the correct response.

_____ banco

_____ loja

_____ biblioteca

_____ cozinha

_____ café

_____ campo

9-33 O que se faz? Looking at the clues in your workbook, say what is done with the following things. Pause the recording at the beep to answer at your own pace.

MODELO: You see: vender

You hear: apartamentos

You say: *Vende-se apartamentos.* ou

Vendem-se apartamentos.

1. alugar
2. comprar
3. reparar (*to repair*)
4. servir
5. fazer
6. conhecer
7. vender

More on the preterit and the imperfect

9-34 O novo chefe. First, read the incomplete statements in your workbook. Then, listen to a conversation between two coworkers, Laurindo and Bento. Finally, fill in the missing words to complete the sentences in your workbook.

1. O Bento _____ o novo director ontem.

2. O Bento disse que o novo chefe era simpático e que _____ muito de negócios.

3. O Laurindo _____ ir à reunião, mas não _____.

4. A reunião _____ muito breve.

5. O director de vendas já _____ o Dr. Veloso antes de trabalhar nessa companhia.

6. O Dr. Veloso _____ algumas palavras na reunião.

9-35 Que aconteceu no banco? There has been a robbery at the bank and Ms. Alda Caetano, one of the bank officers, is reconstructing the scene for the police. She is telling them what various people were doing at the time of the robbery. Match each person with the appropriate action, according to the information you hear. Don't worry if you don't understand every word. You may have to listen to the passage more than once.

1. _____ D. Alda Caetano

2. _____ a secretária da D. Alda

3. _____ D. Angelina

4. _____ Dr. Martins

5. _____ Alex

a. estava a cambiar um cheque

b. estava a ler alguns documentos

c. estava a procurar uma informação no computador

d. estava a fazer pagamentos

e. estava a falar com o director

9-36 No escritório. Using the cues you hear, tell what various employees were doing at the office when the president of the company paid them an unannounced visit. Pause the recording at the beep to answer at your own pace.

MODELO: a recepcionista/atender o telefone
> *A recepcionista estava a atender o telefone.*

More on interrogative pronouns

9-37 Planeando uma semana de trabalho. Mr. Castro, director of a large paper-goods factory, is talking to his secretary, planning his work week. Listen to the dialogue and then complete the questions with an appropriate interrogative expression.

1. _____ vem o carregamento de madeira?   a. Para que

2. _____ dia estava marcada a chegada do carregamento?   b. Com quem

3. _____ vai a D. Lúcia mandar um fax urgente?   c. De onde

4. _____ vai a D. Lúcia falar na companhia Madeiril?   d. Em que

5. _____ é o Dr. Elísio Vandúnem?   e. Para onde

6. _____ dia vai o Dr. Elísio Vandúnem visitar a fábrica?   f. De onde

9-38 Não posso acreditar! You are discussing the worrisome state of your company's finances with a partner. He utters incomplete sentences because he is very worried and nervous. You are also upset and keep interrupting him with questions because you cannot believe what you are hearing. Use interrogatives for your questions. Pause the recording at the beep to answer at your own pace.

MODELO: Eu não sei...

O que é que não sabes?

9-39 Preparando um questionário. You work in marketing for Air Luso, a new Portuguese airline, and you have to draft a set of questions for a promotional contest. The prize is a flight to Rio de Janeiro. A colleague is assisting you and suggests important aspects of the airline and services. Listen to your colleague's suggestions and write the respective questions. Pause the recording at the beep to write at your own pace.

1. _____?

2. _____?

3. _____?

4. _____?

5. _____?

6. _____?

Commands

9-40 Uma entrevista de trabalho. An acquaintance is advising you what you should and shouldn't do during an upcoming job interview. If the advice is appropriate, check **sim**; if it is not, check **não**.

	SIM	NÃO
1.	_____	_____
2.	_____	_____
3.	_____	_____
4.	_____	_____
5.	_____	_____
6.	_____	_____

9-41 No gabinete do gerente. Read the statements below before listening to Ricardo Peixoto's conversation with the manager of a company. Then, indicate whether each statement is true or false by checking **sim** or **não**.

	SIM	NÃO
1. O gerente pensa que o Ricardo quer ser agente de vendas.	_____	_____
2. O Ricardo concorreu para a vaga de programador de computadores.	_____	_____
3. O Ricardo tem pouca experiência, mas quer aprender.	_____	_____
4. O chefe do escritório não acha o Ricardo competente para o trabalho.	_____	_____
5. O gerente vai falar sobre as condições de trabalho.	_____	_____

9-42 Num restaurante. You own a small restaurant and are training a young man to assist the waiter and help out in the kitchen. Listen to the cues and tell the new employee what to do. Pause the recording at the beep to answer at your own pace.

MODELO: limpar as mesas rapidamente
Limpe as mesas rapidamente.

9-43 Um dia negativo. Answer in the negative the questions your assistants at the office are asking. Pause the recording at the beep to answer at your own pace.

MODELO: Vamos fechar as janelas?
Não, não fechem.

9-44 Um empregado atencioso. You are talking to a very attentive waiter at an elegant restaurant. Answer his first three questions affirmatively and the last three negatively. Say a polite please when replying in the affirmative and thanks whenever you reply negatively. Pause the recording at the beep to answer at your own pace.

MODELO: Trago a ementa?
Traga, sim, por favor.
Trago a lista dos vinhos?
Não, obrigado/a, não traga.

ENCONTROS

9-45 Os meus pais. Listen as Marília describes herself, her family, and their preferences. Then, complete the chart based on the information you hear.

PESSOA	PROFISSÃO	PREFERÊNCIAS

9-46 Um casal jovem. Anita and Rogério are young professionals. Listen to what happened to them last weekend and complete the chart based on what you heard. You may need to listen to the recording more than once.

	PROFISSÃO	PROBLEMA	SOLUÇÃO
Anita			
Rogério			

VÍDEO

Vocabulário útil

acabar	*to finish*	dificultar	*to make difficult*
o/a aderente	*customer*	as habilitações	*preparation, background*
a animação	*animation, mobilization*	o mercado de trabalho	*job market*
a crise	*crisis*	as obras públicas	*public works*
o curso	*studies, degree, course*	a recusa	*rejection, refusal*
desempenhar	*to perform*	saturado/a	*saturated*
desenhar	*to design*		

9-47 Associações. A Manuela, a Helena, o Márcio e o Jorge falam do seu trabalho. Identifique as palavras ou frases da coluna da direita que se referem às pessoas da coluna da esquerda.

1. _____ Manuela
2. _____ Helena
3. _____ Márcio
4. _____ Jorge

a. trabalho chato
b. design editorial
c. novos aderentes
d. suplemento que se chama *Actual*
e. Escola dos Mestres
f. engenharia civil
g. TV Cabo
h. construção de obras públicas
i. professora

9-48 Descrições. Veja outra vez o segmento em que a Manuela, a Helena, o Márcio e o Jorge falam do seu trabalho e complete as afirmações abaixo.

1. A Manuela desempenha as funções de _____
   numa empresa de construção de obras públicas.

2. Neste momento, a Helena é professora de _____.

3. O trabalho que o Márcio teve na TV Cabo consistia em _____.

4. Em preparação para o seu trabalho, o Jorge _____
   de design gráfico.

9-49 O mercado de trabalho em Portugal. Responda às perguntas abaixo com frases completas, de acordo com as afirmações da Manuela e do Márcio.

1. Qual é a opinião da Manuela sobre o mercado de trabalho em Portugal? Quais são os grupos mais afectados?

   _____

   _____

   _____

2. Como está o mercado de trabalho em Portugal de acordo com o Márcio? Ele acha que ser angolano o afectou de alguma forma no mercado de trabalho?

   _____

   _____

   _____

3. E o que é que você acha do mercado de trabalho no seu país? Em pelo menos três frases completas, comente as suas experiências e percepções nessa área.

   _____

   _____

   _____

   _____

   _____

   _____

Lição 10 ◆ A comida

PRÁTICA

À PRIMEIRA VISTA

10-1 Associações. Relacione as descrições na coluna da esquerda com as palavras na coluna da direita.

1. _____ Usa-se para fazer arroz de marisco.		a. espinafres
2. _____ O Popeye é forte porque come esta verdura.		b. pimenta
3. _____ É desta fruta que se faz vinho.		c. manteiga
4. _____ É algo que se põe na mesa junto com o sal.		d. uvas
5. _____ É branca e serve para fazer pão e biscoitos.		e. camarões
6. _____ É amarela e tem bastante colesterol.		f. farinha

10-2 Os ingredientes. Que ingredientes usa para preparar os seguintes pratos ou sobremesas? Responda o mais detalhadamente possível.

1. salada de frutas

_____

2. sopa de legumes

_____

3. o seu prato de massa preferido

_____

4. a sua sandes preferida

_____

5. bolo de chocolate

_____

6. gelado de morango

_____

10-3 Os utensílios. Combine os utensílios com as comidas e bebidas. Em alguns casos, as combinações vão ser múltiplas.

1. _____ bife
2. _____ gelado
3. _____ vinho
4. _____ água
5. _____ chá
6. _____ sopa

a. um prato
b. uma faca
c. um copo
d. uma colher
e. uma chávena
f. uma taça

10-4 Um piquenique muito divertido. Você e alguns colegas estão a organizar um piquenique para o próximo fim-de-semana. Escreva frases completas para explicar como cada um de vocês vai contribuir. Use as palavras da lista abaixo e/ou outras.

hambúrgueres	cozinhar	salada	gelado	pão
cerveja	biscoitos	preparar	comprar	fruta
sumo	procurar	frango assado	música	levar

MODELO: *O Mário vai preparar uma sobremesa deliciosa.*

1. _____
2. _____
3. _____
4. _____
5. _____
6. _____

10-5 As suas preferências. O seu novo amigo angolano quer saber quais são os seus hábitos e preferências em relação à comida. Responda com o maior número possível de detalhes.

1. Que gostas de beber nas festas?

_____

2. Que legumes e verduras compras regularmente?

_____

3. O que preferes comer quando comes fora?

_____

4. Que condimentos usas mais frequentemente?

_____

5. O que é que tu e a tua família comem no Dia de Acção de Graças?

_____

ESTRUTURAS

Síntese gramatical

1. **The present subjunctive**

	FALAR	COMER	ASSISTIR	DIZER	FICAR
eu	fale	coma	assista	diga	fique
tu	fales	comas	assistas	digas	fiques
você, o sr./a sra., ele/ela	fale	coma	assista	diga	fique
nós	falemos	comamos	assistamos	digamos	fiquemos
vocês, os srs./as sras., eles/elas	falem	comam	assistam	digam	fiquem

DAR: dê   ESTAR: esteja   HAVER: haja   IR: vá

QUERER: queira   SABER: saiba   SER: seja

2. **More on commands**

Pedrinho, **fala** mais alto!   *Pedrinho, speak louder!*

Não **sejas** tímido; não **fales** tão baxinho!   *Don't be shy, don't speak so low!*

The present subjunctive

10-6 Para completar. Escolha a opção certa para completar cada frase.

1. O Gabriel prefere que tu...
   a) comes num restaurante.
   b) vás ao supermercado.
   c) compras o peixe.

2. A professora quer que os estudantes...
   a) escutam a música.
   b) praticam os diálogos.
   c) façam os trabalhos para casa.

3. Oxalá este prato...
   a) tem pouco colesterol.
   b) tenha poucas calorias.
   c) não é muito salgado.

4. Vocês não querem que eu...
   a) compre a sobremesa?
   b) vou à padaria?
   c) tiro a carne do forno?

5. A mãe quer que nós...
   a) voltamos cedo para casa.
   b) lavamos a louça.
   c) limpemos a cozinha.

6. É muito importante que vocês...
   a) almocem todos os dias.
   b) não comem muitos doces.
   c) bebem sumos de fruta.

The subjunctive used to express wishes and hope

10-7 Cuidar do cão. Você está a cuidar do Max, o cão (*dog*) dos seus vizinhos enquanto eles estão a viajar. O que é que eles querem que faça com o Max?

MODELO: comprar comida para o Max

Eles querem que eu compre comida para o Max.

1. dar comida ao Max duas vezes por dia

_____

2. brincar com ele todos os dias

_____

3. levar o cão à rua

_____

4. pôr água fresca para o Max todas as manhãs

_____

5. dar-lhe banho no fim-de-semana

_____

6. comprar-lhe biscoitos de cão

_____

10-8 Eles não sabem cozinhar. A Júlia e o irmão dela, o Sérgio, estão a falar sobre o jantar que o Sérgio e a Sofia, a esposa dele, vão oferecer esta noite a um casal de amigos. Complete a conversa entre o Sérgio e a Júlia com formas apropriadas dos verbos entre parênteses.

JÚLIA: Estás a dizer-me que é a primeira vez que vocês vão fazer caril de camarão? E com convidados!

Espero que não (1) _____ (haver) problemas.

SÉRGIO: Eu também espero que tudo (2) _____ (correr) bem, mas tu sabes que a Sofia não

(3) _____ (cozinhar) muito bem e eu menos ainda!

JÚLIA: A mãe diz que vocês (4) _____ (pôr) muita cebola e alho em todos os pratos. Com

certeza que ela vai chegar mais cedo para ajudar a Sofia.

SÉRGIO: É importante que ela (5) _____ (chegar) cedo. A Sofia quer que os Mascarenhas

(6) _____ (comer) um bom caril de camarão.

JÚLIA: Sérgio, não te preocupes, mas é preciso que (7) _____ (pedir) à mãe que ela

(8) _____ (ajudar) a Sofia. A mãe vai adorar sentir-se útil.

SÉRGIO: Tens razão, é bom que a mãe se (9) _____ (sentir) útil.

JÚLIA: Telefona para ela agora mesmo e tenho a certeza que vai estar aqui dentro de quinze minutos.

SÉRGIO: Telefono já!

10-9 Notas para os jogadores. Você é o treinador de uma equipa de futebol e escreve notas para cinco dos seus jogadores a explicar o que quer que cada um deles faça.

MODELO: quero/praticar

Quero que pratiques duas horas esta tarde.

1. espero/dormir

_____

2. prefiro/comer

_____

3. preciso/vir

_____

4. quero/trazer

_____

5. oxalá/jogar

_____

10-10 Esperamos que eles gostem. Você e alguns colegas estão a preparar um almoço para o Clube de Português. Complete as seguintes frases sobre as suas expectativas e desejos em relação aos convidados para o almoço.

MODELO: *Esperamos que eles gostem da comida.*

1. Desejamos _____.

2. Sabemos _____.

3. Preferimos _____.

4. Pedimos _____.

5. Achamos _____.

6. Não queremos _____.

10-11 A disciplina é importante. Você trabalha como conselheiro/a (*advisor*) numa residência da sua universidade. Escreva quais são as actividades que você permite e as que proíbe aos estudantes residentes. Indique as condições, horários, lugares, etc., relevantes para as actividades. Use as expressões abaixo e/ou as suas próprias ideias.

comer	fumar (*to smoke*)	tomar bebidas alcoólicas	convidar pessoas
fazer barulho	organizar festas	ver televisão	encomendar pizza

MODELO: tomar banho

Permito que tomem banho entre as seis horas da manhã e as dez horas da noite.

ouvir música

Proíbo que ouçam música muito alto nos quartos.

1. _____

2. _____

3. _____

4. _____

5. _____

6. _____

The subjunctive with verbs and expressions of doubt

10-12 Não, não acredito. Diga que você não acredita nos seguintes estereótipos culturais.

MODELO: Todos os brasileiros jogam futebol muito bem.

Não acredito que todos os brasileiros joguem futebol muito bem.

1. Todos os portugueses gostam de bacalhau.

_____

2. Todas as crianças americanas querem comer hambúrgueres todos os dias.

_____

3. Todos os mexicanos bebem tequila e sabem fazer tortilhas.

_____

4. Todos os açorianos são leiteiros ou pescadores.

_____

5. Todos os portugueses sabem cantar fado.

_____

10-13 A minha opinião. Dê a sua opinião sobre os seguintes tópicos. Comece cada frase com uma das expressões seguintes: **(não) acredito que, (não) acho que, duvido que, é possível que, talvez.**

MODELO: É importante comer legumes todos os dias.

Acho que é importante comer legumes todos os dias.

Não acho que seja importante comer legumes todos os dias.

1. As comidas rápidas têm muita gordura saturada.

_____

2. É importante ensinar às crianças uma dieta saudável.

_____

3. É necessário financiar projectos de investigação sobre a obesidade.

_____

4. As pessoas gordas precisam de fazer dieta para emagrecer.

_____

5. Os vegetarianos são mais saudáveis do que as pessoas que comem carne.

_____

6. Os americanos sabem muito sobre as propriedades dos alimentos.

_____

10-14 Uma luandense fala da sua cidade. Tatiana, uma estudante angolana que está a estudar na sua universidade, faz uma apresentação sobre a cidade dela. Complete a apresentação da Tatiana com as formas apropriadas (indicativo ou conjuntivo) dos verbos entre parênteses.

Chamo-me Tatiana de Freitas e vivo em Luanda, a capital de Angola. As pessoas que visitam Luanda acham que a minha cidade (1) _____ (ser) interessantíssima, mas os que nunca lá estiveram duvidam que (2) _____ (haver) razões para a visitar. Por isso quero dar-lhes algumas informações sobre a cidade de Luanda.

Recomendo que um turista que quer conhecer Luanda (3) _____ (começar) por explorar a baixa (center) histórica da cidade, que fica perto do porto e tem ruas estreitas com edifícios da época colonial. Espero que (4) _____ (ver) as Igrejas de Jesus, de Nossa Senhora dos Remédios e de Nossa Senhora do Carmo, todas elas barrocas, do século XVII. No entanto, é improvável que vocês (5) _____ (encontrar) um monumento mais interessante, do ponto de vista histórico, do que a igreja de Nossa Senhora do Cabo, a mais antiga de Angola, que foi fundada em 1575. Entre outros edifícios mais recentes da época colonial, os mais importantes talvez (6) _____ (ser) o da Alfândega e o do Banco Nacional Angolano, com a sua belíssima fachada recentemente restaurada. Não deixem de andar pela Marginal, à beira-mar; acredito que um simples passeio na Marginal (7) _____ (poder) ser a atracção mais inesquecível da cidade de Luanda. É importante, também, que vocês (8) _____ (visitar) o Museu Nacional da Escravatura. O museu está instalado numa capela do século XVII onde os escravos eram baptizados antes de embarcar nos navios negreiros que os levavam a outras colónias.

É óbvio que qualquer visita a Luanda (9) _____ (ter) que incluir várias refeições deliciosas nos diversos restaurantes da cidade. Não acredito que se (10) _____ (poder) considerar completa a experiência sem comer o funge, acompanhamento típico de vários pratos angolanos, que é um puré de farinha de milho ou de mandioca. Recomendo também que vocês (11) _____ (provar) a muamba de galinha ou de peixe e o feijão de óleo de palma com peixe grelhado. É certo que Luanda, por ser uma cidade do litoral, (12) _____ (oferecer) ao visitante uma grande variedade de pratos de peixe e marisco, fresquíssimos e a preços bem acessíveis.

More on commands

10-15 As ordens dos pais. Os pais vão sair esta noite e estão a dizer aos filhos o que eles devem fazer. Escreva as ordens que os pais estão a dar.

MODELO: Verónica: fazer os trabalhos da escola para amanhã

Faz os trabalhos da escola para amanhã!

os gémeos: não brincar na rua

Não brinquem na rua!

1. Verónica:

   arrumar a cozinha _____

   não passar horas ao telefone _____

2. João:

   servir o jantar _____

   não sair depois do jantar _____

3. os gémeos:

   beber leite ao jantar _____

   não ver televisão _____

4. todos:

   comer os legumes _____

   não ficar acordados (*awake*) até tarde _____

10-16 Sugestões. Você aconselha alguns parentes e amigos sobre o que devem fazer nas seguintes situações. Escreva uma sugestão afirmativa e uma negativa para cada situação.

MODELO: Sara quer aprender a fazer bacalhau à minhota.

Procura uma receita na Internet!

Não ponhas sal no bacalhau!

1. O Pedro tirou uma nota muito baixa no teste.

   _____

   _____

2. O seu irmão convidou o chefe para um jantar na casa dele.

   _____

   _____

3. O Vítor e o David querem impressionar as namoradas.

   _____

   _____

4. A sua prima está muito gorda.

   _____

   _____

5. A Raquel e a Mila vão jantar num restaurante português pela primeira vez.

   _____

   _____

ENCONTROS

Para ler

10-17 Uma dieta saudável. Você segue uma dieta e um estilo de vida muito saudáveis. O seu irmão, pelo contrário, come muito mal, mas quer mudar os hábitos e pede o seu conselho. Indique-lhe um exemplo de cada um dos seguintes grupos de alimentos e diga como o seu irmão deve preparar esse alimento e quanto deve comer.

MODELO: gorduras

Azeite é uma gordura saudável. Usa-o para temperar salada ou para fritar peixe. Mas não deves usar muito, porque tem muitas calorias. Não uses gorduras saturadas, como manteiga e banha.

1. lacticínios

_____

_____

2. pão e cereais

_____

_____

3. fruta

_____

_____

4. legumes e verduras

_____

_____

5. carne e peixe

_____

_____

10-18 Uma gastronomia global. Leia o artigo e siga as instruções abaixo.

Uma gastronomia global

O livro de cozinha intitulado *Cuisines of Portuguese Encounters*, de Cherie Y. Hamilton, é uma mina de ouro para os cozinheiros interessados em explorar a diversidade global das tradições culinárias do mundo de língua portuguesa. É também uma fonte riquíssima de informações históricas e culturais sobre vários alimentos característicos destas tradições. Sabia, por exemplo, que o amendoim,[1] originário da América do Sul, chegou a África em navios comerciais portugueses? Foram os escravos africanos, transportados em navios negreiros[2] para a América do Norte, que levaram o amendoim para o Sul dos Estados Unidos. Um vestígio desta importação é a palavra *goober*, nome alternativo do amendoim em inglês, que deriva de *nguba*, o nome do amendoim em kimbundo, uma língua da família bantu falada em Angola.

Uma boa maneira de começar a explorar este livro é experimentar as três receitas bem diferentes de feijoada que Cherie Hamilton nos oferece. É claro que vai encontrar no livro uma deliciosa feijoada à brasileira, o prato nacional do Brasil. Mas não deixe de provar a saborosíssima feijoada à timorense; caso não seja possível encontrar no seu supermercado local as folhas de papaia, um dos ingredientes da receita, a autora recomenda que as substitua por couve.[3] A couve não é, no entanto, cozida e servida separadamente, como no Brasil, mas antes misturada com o feijão e as carnes. A feijoada

---

moçambicana também combina todos os ingredientes na mesma panela, mas inclui mais legumes, especificamente tomate, cenoura e nabiças.[4] Muitas das receitas do livro relacionam-se com festas e tradições locais de vários países e regiões do mundo lusófono. Por exemplo, o atum de São João é um prato madeirense tradicionalmente servido no Dia de São João, a 24 de Junho. O peixe é marinado durante dois dias com sal, alho e orégãos, depois cozido com feijão verde e cebola, e finalmente servido com todos os acompanhamentos, que também incluem batata, batata doce, milho e um molho de azeite e vinagre. Outro prato festivo é a torta da Semana Santa, um prato típico do estado do Espírito Santo, no Brasil, também conhecido como torta capixaba. Tradicionalmente servida durante o jantar na Sexta-Feira Santa, hoje em dia é comum servi-la também no sábado e no domingo de Páscoa. Os ingredientes deste prato complicado e delicioso incluem bacalhau, camarão, lagosta, ostras,[5] amêijoas, cebola, tomate e palmito.[6] Outra receita tradicional interessantíssima—e bem mais simples—é a canja de galinha, chamada a "sopa da noite do guarda-cabeça", que se costuma servir, em Cabo Verde, à mulher parturiente na noite depois de dar à luz.[7] A autora diz-nos que esta tradição cabo-verdiana pode remontar aos primeiros portugueses que se estabeleceram nas ilhas, muitos dos quais eram judeus ou chamados cristãos-novos (judeus conversos).

Qualquer roteiro gastronómico inspirado neste livro fascinante deve terminar certamente com uma das fabulosas sobremesas que Cherie Hamilton apresenta ao leitor: bolo de banana de Timor-Leste, os indispensáveis pastéis de nata portugueses, biscoitos de laranja de São Tomé e Príncipe, ou os beijinhos de ananás (doces de ananás e coco ralado) da ilha de Santo Antão em Cabo Verde. E, para servir com o café depois do jantar, vai bem um cálice[8] de licor de cacau são-tomense. Bom apetite!

1. *peanut*   2. *slave ships*   3. *collard greens or kale*   4. *turnip greens*

5. *oysters*   6. *hearts of palm*   7. *give birth*   8. *liqueur glass*

A. Marque as seguintes afirmações como verdadeiras (V) ou falsas (F) de acordo com o artigo e corrija as afirmações falsas.

1. _____ O livro de cozinha discutido no artigo concentra-se na gastronomia brasileira.

   _____

2. _____ Os escravos africanos levaram o amendoim para a América do Sul.

   _____

3. _____ *Goober, nguba* e amendoim são três palavras que significam a mesma coisa.

   _____

4. _____ Em vez de folhas de papaia, é possível usar couve na feijoada de Timor-Leste.

   _____

5. _____ Feijão, carne, cenoura, tomate e nabiças cozem-se na mesma panela na versão moçambicana

   da feijoada.

   _____

6. _____ O atum de São João é um prato rápido de preparar.

   _____

7. _____ Entre os ingredientes da torta capixaba encontram-se vários tipos de carne.

_____

8. _____ É possível que a canja de galinha cabo-verdiana tenha raízes judaicas.

_____

9. _____ Laranja, ananás e banana são três frutas tropicais usadas nas sobremesas que o artigo

menciona.

_____

10. _____ O artigo menciona receitas de entradas, sopas, pratos principais e sobremesas.

_____

B. Procure as seguintes informações no artigo:

1. Três ingredientes que aparecem nas receitas cabo-verdianas:

_____

2. Um ingrediente comum do atum de São João e da torta capixaba:

_____

3. Duas receitas timorenses:

_____

4. Duas diferenças entre a feijoada brasileira e a moçambicana:

_____

_____

5. Um bolo fácil de encontrar em Portugal:

_____

6. Uma bebida alcoólica de São Tomé e Príncipe:

_____

10-19 Nós somos o que comemos. O seu irmão, o mesmo que lhe pediu conselhos sobre uma dieta saudável na actividade 10-17, agora está a estudar em Portugal. Ele consultou uma médica portuguesa, especialista em alimentação, e escreveu uma carta a contar as recomendações que ela lhe fez. Diga quais são as recomendações, aproveitando o vocabulário e as informações do artigo sobre a gastronomia lusófona nas páginas 237-238 acima. Use verbos e expressões como **recomendar, aconselhar, querer, é importante, é desejável**, etc. Varie os verbos e expressões.

MODELO: *A médica recomenda que eu coma pratos de peixe, como atum e bacalhau, porque são saudáveis e não engordam.*

1. _____

2. _____

3. _____

4. _____

5. _____

Para escrever

10-20 A minha receita preferida. Um/a amigo/a pediu-lhe uma receita de um país de língua portuguesa. Escreva a receita (ingredientes e modo de preparar) para uma entrada, uma sopa, um prato principal ou uma sobremesa. Use o imperativo (**acrescente** o refogado, **sirva** a carne, **coza** os ingredientes), o infinitivo (**refogar** o arroz, **fritar** a couve), ou o **se** impessoal (**ferve-se** a água, **pica-se** a cebola).

_____

_____

_____

_____

_____

_____

_____

_____

_____

_____

_____

_____

_____

_____

_____

_____

_____

_____

_____

10-21 Conselhos. O seu amigo Ricardo gosta muito de uma colega e quer convidá-la para jantar com ele. Ele pede-lhe que o ajude a fazer planos para uma noite perfeita. Escreva uma carta ao Ricardo aconselhando-o sobre o que deve fazer.

a) Aconselhe o Ricardo a convidar a colega para ir a casa dele e diga-lhe que cozinhe para ela.

b) Recomende que ele use a sua receita preferida (da actividade 10-20).

c) Diga o que você espera que ele faça (ou não faça) antes, durante e depois do jantar.

d) Fale sobre o que você espera que aconteça e sobre o que duvida que aconteça.

_____

_____

_____

_____

_____

_____

_____

_____

_____

_____

_____

_____

_____

_____

_____

_____

_____

_____

_____

HORIZONTES

10-22 Angola. Indique se as seguintes afirmações são verdadeiras (V) ou falsas (F) de acordo com as informações no texto sobre Angola em **Horizontes** nas páginas 395-396 do seu livro.

1. _____ Os povos khoisan eliminaram os povos bantu do futuro território angolano.

2. _____ A colonização portuguesa de Angola começou no século XVI e durou até ao século XX.

3. _____ A guerra contra o domínio colonial começou no início dos anos sessenta do século XX.

4. _____ Entre 1975 e 2002, Angola passou por um período de desenvolvimento económico notável.

5. _____ Os Estados Unidos, a União Soviética e Cuba desempenharam um papel na guerra civil angolana.

6. _____ O potencial económico de Angola deve-se sobretudo às frutas tropicais e ao cacau.

7. _____ Na África subsariana, só a Nigéria ultrapassa Angola em produção de petróleo.

8. _____ A exploração dos diamantes contribuiu para a continuação da guerra civil em Angola.

9. _____ Os kimbundu são o maior grupo étnico de Angola.

10. _____ Waldemar Bastos é um músico angolano com reconhecimento internacional.

10-23 Mais sobre Angola. Procure no texto as seguintes informações sobre o maior país africano de língua oficial portuguesa:

1. o nome da capital de Angola: _____

2. a data da independência de Angola: _____

3. três recursos naturais importantes: _____

4. o nome do maior grupo étnico do país: _____

5. três nomes de escritores angolanos: _____

LABORATÓRIO

À PRIMEIRA VISTA

10-24 No supermercado. Look at the drawings and listen as this shopper in a supermarket reads her shopping list. If the item depicted is on the list, put a check mark in the space provided next to it.

10-25 Vamos às compras. You and a friend are having company for dinner tomorrow night. Read the statements below before listening to your friend's suggestions. Then indicate whether each statement below is true or false by marking the appropriate response.

	SIM	NÃO
1. A sua amiga pensa servir bacalhau à Gomes de Sá.	_____	_____
2. Vocês precisam de comprar bacalhau.	_____	_____
3. Vocês vão servir vinho branco e tinto.	_____	_____
4. Vocês precisam de alho, cebolas, legumes e chocolate.	_____	_____
5. A sua amiga vai fazer a sopa e o bacalhau.	_____	_____

10-26 Um jantar especial. Júlio and Irene Mendonça are having guests for dinner. Read the statements in your workbook before you hear a brief description of their preparations for the dinner party. Then indicate whether each statement below is true or false by marking the appropriate response. Don't worry if you don't understand every word.

	SIM	NÃO
1. O Júlio Mendonça gosta de cozinhar.	_____	_____
2. Amanhã o casal vai receber quatro pessoas para o jantar.	_____	_____
3. Eles vão preparar peixe grelhado para o jantar.	_____	_____
4. A sobremesa vai ser uma mousse de manga.	_____	_____
5. Os Mendonça não servem bebidas alcoólicas.	_____	_____

10-27 O que é? You are helping to set the table for a formal meal. Look at the drawing below and listen to the directions on what to do. For each item you are to place on the table, you will hear a number followed by the item's name in Portuguese. Find each object mentioned in the drawing and then write its corresponding number in the space provided.

ESTRUTURAS

The present subjunctive

10-28 Um convite para jantar. Listen to Paula's conversation with her mother about tonight's dinner party. Then indicate whether the statements in your workbook are true or false by checking **sim** or **não**.

	SIM	NÃO
1. O casal Pereira vai jantar na casa dos pais da Paula.	_____	_____
2. A mãe da Paula está muito ocupada.	_____	_____
3. A mãe quer que a Paula prepare o jantar e limpe a casa.	_____	_____
4. A Paula vai fazer compras no supermercado.	_____	_____
5. A mãe precisa de manteiga, camarão e gelado para o jantar.	_____	_____
6. Ela também precisa de alface para a salada.	_____	_____

The subjunctive used to express wishes and hope

10-29 O Louis e a torta de maçã. Louis is an American graduate student who is living in Angola. He wants to make a **torta de maçã** (*apple pie*) for his Angolan friends. Some of them have promised to bring the necessary ingredients. Listen to the cues and say what Louis wants each person named to bring. Pause the recording at the beep to answer at your own pace.

MODELO: Clarice/farinha

Ele quer que a Clarice traga farinha.

10-30 A colaboração é importante. Your friends are going to help you with a fund-raising campaign. Say what you expect each person named to do, according to the cues. Pause the recording at the beep to answer at your own pace.

MODELO: Lídia/telefonar às pessoas da lista

Espero que a Lídia telefone às pessoas da lista.

10-31 Os amigos aconselham o Frederico. Frederico has just had stomach surgery and is on a strict diet. At the restaurant, you try to dissuade him from his eating and drinking plans. Give your opinion about Frederico's plans, using the cues provided. Pause the recording at the beep to answer at your own pace.

MODELO: You hear: Vou comer camarão./Espero que...

You say: *Espero que não comas camarão.*

The subjunctive with verbs and expressions of doubt

10-32 A Marta e o Alberto conversam. Listen to this conversation between two friends and to the incomplete statements that follow. Circle the answer that best completes each statement. Don't worry if you don't understand every word.

1. a) num restaurante   b) na casa do Alberto   c) um café da universidade

2. a) comida guineense   b) comida angolana   c) comida cabo-verdiana

3. a) um prato de peixe   b) um prato de carne e legumes   c) um prato português

4. a) camarão e cachupa   b) camarão e atum   c) camarão e bife de vaca

10-33 Num restaurante. Ana Cecília and Melissa are in a restaurant. Listen to the brief introduction, to their conversation, and to the statements that follow. Indicate whether each statement is true or false by checking **sim** or **não**.

	SIM	NÃO
1.	_____	_____
2.	_____	_____
3.	_____	_____
4.	_____	_____
5.	_____	_____

10-34 Sempre há dúvidas. Your friend Fernando is bragging about what he plans to do while traveling. Express your doubts about each of his claims. Pause the recording at the beep to answer at your own pace.

MODELO: Vou a Paris todos os anos.
    Duvido que vás a Paris todos os anos.

More on commands

10-35 Bons conselhos. A friend of yours is suffering from stress-related ailments and is going to a resort for some relaxation and healthy meals. Using **tu** commands, advise her to do these things in order to get better. Pause the recording at the beep to answer at your own pace.

MODELO: deitar-se cedo
    Deita-te cedo.

10-36 Na cozinha. You are in charge of the kitchen at the university cafeteria. Tell the inexperienced student workers under your supervision not to do these things. Pause the recording at the beep to answer at your own pace.

MODELO: A Alice está a servir café agora.
    Não sirvas café agora!

10-37 Come mais legumes! You're chatting with a friend who has terrible eating habits and a sedentary lifestyle. You would like her to change. Tell her what you think she should and shouldn't do, according to the cues you hear. Pause the recording at the beep to answer at your own pace.

MODELO: comer mais fruta e verduras
    Come mais fruta e verduras.
    não ver tanta televisão todos os dias
    Não vejas tanta televisão todos os dias.

ENCONTROS

10-38 O jantar desta noite. Listen as your friend's mother talks about her neighbors, the Soares family. Then, indicate whether the statements that follow are true or false.

	SIM	NÃO
1.	_____	_____
2.	_____	_____
3.	_____	_____
4.	_____	_____
5.	_____	_____

10-39 A festa dos anos da Sílvia. Sílvia's grandmother is planning a dinner party to celebrate Sílvia's birthday. Listen to their conversation and then complete these statements based on what you heard.

1. A avó da Sílvia vai fazer _____.

2. Ela quer que a Sílvia _____.

3. A Sílvia não acha que o Mário e a Patrícia _____.

4. A avó da Sílvia pensa que o Carlos _____.

VÍDEO

Vocabulário útil

acompanhar	*to accompany, to serve with*	a mandioca	*manioc, cassava*
a batata do reino	*white potato*	o óleo	*oil*
o cozido à portuguesa	*cooked meat and vegetable dish*	petiscar	*to snack*
o lanche	*snack*		

10-40 Pratos preferidos. As seguintes pessoas falam sobre os seus pratos preferidos. Relacione os nomes na coluna da direita com a informação na coluna da esquerda.

1. _____ Alexandra

2. _____ Manuela

3. _____ Adolónimo

a. legumes
b. Benguela
c. vários tipos de carne
d. massas
e. comidas que engordam
f. feijão de óleo de palma
g. molhos
h. cozido à portuguesa
i. comida italiana

10-41 As refeições. A Alexandra, o Adolónimo e a Manuela falam sobre as refeições que fazem por dia. Responda às perguntas abaixo com frases completas em português.

1. Quantas refeições come a Alexandra? Quais são?

   _____

   _____

2. Quantas refeições por dia faz o Adolónimo? Ele come entre as refeições?

   _____

   _____

3. Quais são as refeições que a Manuela faz? O que é que ela come a meio da manhã?

   _____

   _____

4. E você? Com quem se parece mais em relação às refeições, com a Alexandra, o Adolónimo ou a Manuela? Explique porquê.

   _____

   _____

   _____

10-42 Uma refeição típica. Primeiro passo. O Adolónimo fala sobre uma refeição típica dele. Complete o parágrafo abaixo.

Compro ou (1) _____ ou (2) _____ e geralmente acompanho com (3) _____ e (4) _____ cozida ou (5) _____. Uso pouco (6) _____ que aqui usam.

Segundo passo. Descreva uma refeição típica sua (pequeno almoço, almoço ou jantar).

_____

_____

_____

_____

_____

Lição 11 ◆ A saúde e os médicos

PRÁTICA

À PRIMEIRA VISTA

11-1 O corpo humano. Você está a estudar para um teste de Anatomia e precisa de classificar as partes do corpo em três categorias: a cabeça, o tronco e os membros. Complete a tabela abaixo com as palavras da lista.

cintura	nariz	ombro	braço	pé
joelho	perna	pescoço	mão	costas
quadris	testa	cotovelo	boca	olho
orelha	dedo	cabelo	peito	rosto

CABEÇA	TRONCO	MEMBROS

11-2 O que é? A que partes do corpo se referem as seguintes descrições?

1. É o líquido vermelho essencial para viver. _____

2. Digere a comida. _____

3. Permite ouvir música. _____

4. Levam o sangue às partes do corpo. _____

5. Precisamos deles para respirar. _____

6. Segura a cabeça. _____

7. Liga a mão ao braço. _____

8. É uma articulação do braço. _____

9. É uma articulação da perna. _____

10. Podemos ver com estes órgãos. _____

11-3 No consultório médico. Complete a tabela com um sintoma e um remédio para cada doença.

DOENÇA	SINTOMA	REMÉDIO
laringite		
gripe		
indigestão		
anemia		
pressão alta		

Nome: _____   **Data:** _____

11-4 Receitas médicas. Leia sobre os problemas dos seguintes doentes. Depois, receite um remédio e recomende comportamentos apropriados para cada doente. Escreva as recomendações nos formulários abaixo. Use o imperativo e o conjuntivo (*subjunctive*) sempre que possível.

1. O doente tem uma infecção na garganta.

Dr. _____

Nome _____   Data _____

Endereço _____

Instruções:

Assinatura _____

2. A doente tem uma dor de cabeça muito forte e é alérgica à aspirina.

Dr. _____

Nome _____   Data _____

Endereço _____

Instruções:

Assinatura _____

3. O doente sofre de muito stress no trabalho. Não come e não dorme bem.

Dr. _____

Nome _____   Data _____

Endereço _____

Instruções:

Assinatura _____

4. A doente tem uma gripe e está a tossir muito.

```
┌─────────────────────────────────────────────────────────────────┐
│                                                                   │
│                                          Dr. _____  │
│                                                                   │
│    Nome _____  Data _____  │
│                                                                   │
│    Endereço _____ │
│                                                                   │
│    Instruções:                                                    │
│                                                                   │
│                              Assinatura _____  │
│                                                                   │
└─────────────────────────────────────────────────────────────────┘
```

11-5 Perguntas pessoais. Responda às seguintes perguntas sobre a sua saúde.

1. Como está de saúde?

   _____

2. Com que frequência vai ao médico?

   _____

3. Você fuma? Quer parar (*quit*) de fumar?

   _____

4. Tem alergias? Que tipo de alergia tem?

   _____

5. O que é que come para se manter saudável?

   _____

6. Que faz para estar em boas condições físicas?

   _____

ESTRUTURAS

Síntese gramatical

1. **The subjunctive with expressions of emotion**

   Espero que **te sintas** melhor.   *I hope you feel better.*

   Que pena que não **possam** ir!   *What a shame you/they can't go!*

2. **The equivalents of English** *let's*

   Vamos/Não vamos + infinitive

   nós form of subjunctive: **Falemos** agora.   *Let's talk now.*

3. *por* and *para*

	POR	**PARA**
MOVEMENT	through or by	toward
TIME	duration	deadline
ACTION	reason/motive	for whom

   POR

   por + o = pelo   por + a = pela   por + os = pelos   por + as = pelas

   - exchange/substitution: Paguei $10 **pelo** remédio.   *I paid $10 for the medicine.*
   - unit/rate: Caminho 4 km **por** hora.   *I walk 4 km per hour.*
   - instead of: Ele fez o trabalho **por** mim.   *He did the work instead of me.*
   - approximate time: Chegaram **pelas** seis da manhã.   *They arrived around six a.m.*

   PARA

   - judgment: **Para** mim, a aspirina é melhor.   *For me, aspirin is better.*
   - intention/purpose: Saí **para** comprar aspirina.   *I went out to buy aspirin.*

4. **Relative pronouns**

   que   persons or things

   quem   persons only, after a preposition

The subjunctive with expressions of emotion

11-6 Opiniões da mãe. Você está em casa da Estela e ouve a seguinte conversa entre a Estela e a mãe. Complete o diálogo usando formas apropriadas (conjuntivo, indicativo ou infinitivo) dos verbos na lista.

terminar   divertir-se   pensar   sair

estar   ter   ser   ir

ESTELA: Sabes, mãe, o José quer que eu (1) _____ à discoteca com ele no sábado.

MÃE: Alegra-me que tu (2) _____ com ele e não com o Roberto.

ESTELA: Porquê, mãe? O Roberto é um óptimo rapaz.

MÃE: Bom, eu sei que ele (3) _____ um rapaz sério e responsável, mas tu és mais velha do que ele.

ESTELA: Oh mãe, não (4) _____ antiquada (*old-fashioned*)! Além disso, neste momento, eu sinto-me muito feliz por (5) _____ solteira!

MÃE: É realmente melhor que (6) _____ os teus estudos antes de casar.

ESTELA: Claro, mãe, não te preocupes. Só espero que tu e o pai (7) _____ mais paciência e não (8) _____ tanto no meu futuro.

MÃE: Vamos tentar, filha! Espero que (9) _____ muito com o José no sábado!

11-7 Nas montanhas. Você convidou um/a amigo/a para passar uma semana nas montanhas consigo e com a sua família. Diga-lhe o que o seu pai gosta e não gosta que você e os seus amigos façam. Escreva frases completas de acordo com o modelo.

MODELO: não gostar/fumar
Ele não gosta que nós fumemos.

1. gostar/caminhar muito

   _____

2. recear/gastar muito/centro comercial

   _____

3. estar preocupado/ficar doentes

   _____

4. ficar feliz/comer comida saudável

   _____

5. detestar/jogar/computador

   _____

11-8 As emoções. A Sílvia está a falar sobre as emoções dos amigos e parentes dela. Combine os elementos das quatro colunas abaixo para escrever o que ela está a dizer.

MODELO: *A Júlia espera que tu faças ginástica.*

A	B	C	D
Júlia	preocupar-se	eu	ir ao médico
os meus pais	esperar	o tio José	sair do hospital
tu	alegrar-se	nós	comer bem
eu	lamentar	tu	fazer ginástica
a minha irmã	recear	a avó Margarida	partir uma perna
	ficar feliz	os (meus/teus, etc.) amigos	estar doente

1. _____
2. _____
3. _____
4. _____
5. _____

The equivalents of English *let's*

11-9 Os companheiros de casa. Você e mais dois amigos decidiram alugar um apartamento juntos. Agora estão a conversar para decidir como será o vosso dia-a-dia enquanto companheiros de casa. Decida o que vão fazer, escolhendo uma das opções em cada pergunta abaixo. Responda de acordo com o modelo.

MODELO: Vamos arrumar a casa juntos ou um de cada vez?

Arrumemos a casa juntos.

1. Vamos tomar o pequeno almoço em casa ou na pastelaria?

   _____

2. Vamos limpar o apartamento às sextas ou aos sábados?

   _____

3. Vamos lavar a roupa uma vez por semana ou de duas em duas semanas?

   _____

4. Vamos comer fora duas ou três vezes por semana?

   _____

5. Vamos levantar-nos às sete ou às oito da manhã?

   _____

6. Vamos jogar cartas na sala ou na cozinha?

   _____

11-10 Uma festa no apartamento. Use alguns dos verbos abaixo para dizer o que você e os seus companheiros de casa vão fazer em preparação para a primeira festa que vão organizar no novo apartamento.

MODELO: *limpar*

Limpemos a cozinha e as casas de banho.

limpar	deitar fora	fazer	pôr	alugar
comprar	trazer	enviar	arrumar	preparar

1. _____

2. _____

3. _____

4. _____

5. _____

Por and *para*

11-11 Mudar de hábitos. O Jorge decidiu levar uma vida mais natural e vai fazer muitas mudanças na sua dieta e na maneira de cuidar da saúde. Diga o que é que o Jorge vai mudar.

MODELO: remédios tradicionais/remédios naturais

O Jorge vai trocar remédios tradicionais por remédios naturais.

HÁBITOS ACTUAIS DO JORGE	HÁBITOS FUTUROS DO JORGE
pratos de carne	produtos de soja
café	chás de ervas naturais
batatas fritas	arroz e verduras
o médico da clínica universitária	um acupuncturista
fruta com pesticidas	fruta biológica (*organic*)

1. _____

2. _____

3. _____

4. _____

5. _____

11-12 Por ou para? A sua amiga Juliana conta o que fez quando ficou doente na semana passada. Complete a narração com **para, por** ou contracções de **por** com artigos (**pelo, pela, pelos, pelas**).

Na semana passada, (1) _____ me sentir muito mal, fui ao médico (2) _____ fazer uma consulta. Eu tinha dores de garganta e febre. O médico era espanhol, mas (3) _____ estrangeiro, falava português muito bem. Depois de me examinar, receitou um antibiótico (4) _____ a minha doença. Fui logo (5) _____ a farmácia comprar o antibiótico. Na farmácia, paguei €15 (6) _____ remédio. Depois de sair da farmácia, tomei um táxi (7) _____ ir (8) _____ casa. O táxi passou (9) _____ Praça do Comércio. Quando cheguei a casa, tomei o antibiótico e deitei-me no sofá (10) _____ descansar.

1-13 Uma viagem a Cabo Verde. A Sandra e o Lucas são estudantes de pós-graduação em Saúde Pública numa universidade de Londres, no Reino Unido. No mês passado os dois foram a um congresso científico em Cabo Verde. Complete as frases da Sandra com **para** ou **por** (ou **pelo, pela, pelo, pelas**).

1. O Lucas e eu saímos de Londres _____ oito da manhã.

2. O nosso voo (*flight*) passou _____ Lisboa.

3. A escala (*layover*) em Lisboa foi de cinco horas, e portanto saímos do aeroporto _____ conhecer um pouco da cidade.

4. O segundo voo era de Lisboa _____ a ilha de Santiago e a velocidade do avião era mais ou menos 850 km _____ hora.

5. Quando chegámos à Praia, fomos directamente _____ o hotel descansar, mas antes do jantar ainda passeámos um pouco _____ cidade.

6. No dia seguinte, fomos _____ um congresso de três dias sobre a saúde pública nos PALOP.

7. Quando o congresso acabou, fomos _____ a ilha de São Vicente.

8. Ficámos dois dias na cidade do Mindelo, onde passeámos _____ centro histórico e, no dia seguinte, fizemos uma longa caminhada _____ trilhos (*trails*) que ligam o interior da ilha às lindas praias do litoral, como a da Baía das Gatas.

9. No voo de regresso, passámos _____ ilha do Sal e _____ Lisboa e depois seguimos _____ Londres.

11-14 Informação pessoal. Responda às perguntas usando **por** e **para**.

1. Quantas vezes por ano vai ao médico?

   _____

2. Prefere fazer ginástica pela manhã ou pela tarde?

   _____

3. Quanto paga por uma consulta médica?

   _____

4. Para que vai à farmácia?

   _____

5. Normalmente, para quem são as receitas que leva para a farmácia?

   _____

Relative pronouns

11-15 Auto-retrato (*self-portrait*). Complete as seguintes informações sobre diversos aspectos da sua vida.

MODELO: *Sou uma pessoa que não vai muito ao médico.*

1. Sou de uma família que _____

2. Tenho amigos que _____

3. Tenho hábitos alimentares que _____

4. Respeito pessoas que _____

5. Acredito numa dieta que _____

6. Não gosto de médicos que _____

11-16 Depois da crise. Você está num hospital a recuperar depois de uma operação. Um amigo veio visitá-lo/la e você está a mostrar-lhe várias pessoas que conhece no hospital. Complete as frases abaixo com **que** ou **quem**.

1. Aquela senhora _____ está ali é a minha enfermeira.

2. O homem alto e louro _____ está a falar com a outra senhora é o meu médico.

3. Essas senhoras com _____ a enfermeira está a falar trabalham como voluntárias no hospital.

4. O outro médico _____ está ao lado da enfermeira é muito amigo do meu pai.

5. A enfermeira de _____ não gosto muito é aquela ali.

11-17 Álbum de família. Uma amiga portuguesa está a mostrar-lhe um álbum com fotografias da família. Escreva o que ela diz para descrever várias pessoas. Use **que** ou **quem** nas descrições, de acordo com o modelo.

MODELO: tio/vive em Aveiro
       Este é o meu tio que vive em Aveiro.
       prima/fui à praia no mês passado
       Esta é a minha prima com quem fui à praia no mês passado.

1. irmão/trabalha na Alemanha

_____

2. tia/gosto muito

_____

3. primos/fui a Paris no ano passado

_____

4. primo/vai estudar nos Estados Unidos este ano

_____

5. tias/comprei presentes na semana passada

_____

ENCONTROS

Para ler

1-18 A ementa mais saudável. Indique com um X qual dos dois alimentos é mais saudável.

1. _____ o pão branco   _____ o pão integral

2. _____ o peixe frito   _____ o peixe grelhado

3. _____ a mostarda   _____ a maionese

4. _____ um bolo   _____ uma laranja

5. _____ a manteiga   _____ o azeite

6. _____ o iogurte   _____ o gelado

11-19 Prevenção de ataques cardíacos. Leia o artigo e siga as indicações abaixo.

Previna ataques cardíacos

Para uma pessoa ter uma vida mais longa e melhor, deve diminuir ou eliminar certos vícios e consumir alimentos mais saudáveis.

O cigarro aumenta o ritmo cardíaco em vinte batidas por minuto. O risco continua presente para ex-fumadores durante os primeiros cinco anos. Por isso, evite fumar.

O colesterol, que se encontra nas gorduras de origem animal, como manteiga, natas e carne vermelha, é outro factor de risco para a saúde. Para reduzir o nível de colesterol é também desejável substituir os óleos comuns pelo azeite ou óleo de soja.

Comer peixe, verduras e fruta é o recomendado, porque não prejudicam as artérias. Não é bom consumir ovos em excesso, uma vez que a gema[1] tem um alto nível de colesterol. Felizmente, hoje em dia é possível combater o colesterol com medicamentos eficazes.

O aumento de peso[2] e falta de actividade física obrigam o coração a trabalhar mais. Para o coração, nada melhor do que praticar desporto e seguir uma dieta saudável.

Recomenda-se para as pessoas sedentárias que iniciem algum desporto com moderação. Iniciar a actividade desportiva com um jogo de ténis extenuante, por exemplo, pode ter efeitos perigosos e, às vezes, fatais.

O abuso do sal na comida, o álcool e o stress podem ser causadores de ataques cardíacos. Acostume-se a cozinhar ou comer com pouco sal. Notará que o seu peso vai baixar e que se sentirá melhor fisicamente. Não cometa excessos com a bebida, mas saiba que um copo de vinho ao jantar não faz mal à sua saúde.

Outro risco para o seu coração é o stress. Este pode ser provocado pelo excesso de trabalho, ou problemas em casa, no trabalho ou com os estudos. Aprenda a viver com calma e moderação e aprenda a descontrair-se. Ignore o que lhe causa ansiedade e, consequentemente, o stress. É muito importante ter em mente que a sua vida vale mais do que tudo.

1. *yolk*   2. *weight*

Verdadeiro ou falso? Indique quais das seguintes afirmações são verdadeiras (V) e quais falsas (F), de acordo com o artigo. Corrija as afirmações falsas abaixo.

1. _____ O ritmo do coração acelera quando a pessoa fuma.

_____

2. _____ As natas é um lacticínio que não contém colesterol.

_____

3. _____ Hoje em dia há remédios que podem controlar o colesterol.

_____

4. _____ A gema é a parte mais saudável do ovo.

_____

5. _____ A prática de desportos ajuda a evitar ataques de coração.

_____

6. _____ O sal em grandes quantidades tem efeitos positivos no corpo.

_____

11-20 Para completar. Usando a informação do artigo acima, marque a melhor opção para completar cada frase.

1. Se a pessoa fuma, o...
   a. risco de um ataque cardíaco é menor.
   b. coração bate mais rapidamente.
   c. risco de um ataque cardíaco é certo em cinco anos.

2. Entre os alimentos mais recomendados para quem quer baixar o colesterol está/estão...
   a. o peixe.
   b. os ovos.
   c. a carne de porco.

3. O exercício físico moderado é bom para...
   a. controlar o apetite.
   b. manter o coração saudável.
   c. aumentar o peso.

4. Para diminuir o stress é bom...
   a. comer mais sal e não fazer ginástica.
   b. evitar o trabalho.
   c. não dar muita importância aos problemas.

11-21 Você é o/a médico/a. O seu paciente queixa-se de cansaço, dores no peito, ritmo cardíaco acelerado e respiração difícil. Ele diz que fuma mais de vinte cigarros por dia e come ovos com bacon todos os dias ao pequeno almoço. Analise a situação e recomende o que ele deve fazer para melhorar a saúde. Use expressões como **É importante que...**, **Não é bom que...**, **Lamento que...**, **Espero que...**, etc.

_____

_____

_____

_____

_____

_____

_____

_____

_____

Para escrever

11-22 Preparação. Leia o texto sobre a importância de uma alimentação correcta para as crianças com excesso de peso e siga as indicações abaixo.

Crianças com excesso de peso

Uma criança obesa tem mais probabilidades de se tornar num adulto obeso. Sem ter que obrigar a criança a fazer dieta ou impor regras estritas, corrija a sua alimentação diminuindo o consumo de açúcar e de gordura.

- Em vez de comprar iogurtes com sabores ou com frutas, que contêm uma maior quantidade de açúcar, escolha os naturais e acrescente pedaços de fruta fresca da época.
- Não abuse dos fritos, tais como as batatas fritas. Acostume a criança a comer legumes e verduras.
- Se a criança adora gelado, em vez de usar o comprado, faça gelado em casa, utilizando leite ou sumo e fruta fresca. Assim poderá controlar melhor a qualidade do que a criança come.
- Se a criança não gosta de leite, incorpore-o em sopas, massas, purés ou em qualquer outro prato que permita acrescentar leite, para que este alimento não falte na sua dieta.

1. Indique o efeito da obesidade infantil.

   _____

2. Diga como se pode modificar a alimentação de uma criança obesa.

   _____

3. Indique como consumir de maneira saudável os seguintes alimentos:

   a. o leite_____

   b. os iogurtes _____

11-23 Mãos à obra. Você é nutricionista e trabalha para o Ministério da Saúde. Vai escrever uma palestra (*talk*) para um grupo de mães e pais sobre a importância de combater a obesidade infantil. Aproveite o artigo acima para escrever a palestra: a) releia o artigo; b) identifique a ideia principal e os sub-tópicos; c) resuma (*summarize*) a informação do artigo; d) acrescente mais dois sub-tópicos; e e) escreva a palestra. As expressões abaixo podem ser úteis.

Para evitar... (*to avoid*)   É importante/necessário que...

Certifique-se que... (*make sure that*)   Espero que...

_____

_____

_____

_____

_____

_____

_____

_____

_____

_____

_____

_____

_____

_____

Nome: _____ Data: _____

HORIZONTES

11-24 Cabo Verde. Indique se as afirmações abaixo são verdadeiras (V) ou falsas (F) de acordo com o texto nas páginas 429-430 do seu livro. Corrija as afirmações falsas.

1. _____ O arquipélago de Cabo Verde situa-se a mais de 300 km da costa africana.

   _____

2. _____ O grupo de Sotavento é maior do que o grupo de Barlavento.

   _____

3. _____ A maior concentração de imigrantes cabo-verdianos encontra-se no Brasil.

   _____

4. _____ Cabo Verde é independente há mais de trinta anos.

   _____

5. _____ Chove muito em Cabo Verde.

   _____

6. _____ Os emigrantes cabo-verdianos enviam muito dinheiro para o seu país de origem.

   _____

7. _____ O crioulo de Cabo Verde é uma mistura de português com línguas africanas.

   _____

8. _____ O crioulo é a língua oficial do país.

   _____

9. _____ A morna e a coladera são dois pratos tradicionais de Cabo Verde.

   _____

10. _____ A revista *Claridade* teve um papel importante na construção da literatura nacional.

   _____

11. _____ O romance *Chiquinho* foi escrito em crioulo.

   _____

12. _____ Cesária Évora é uma escritora cabo-verdiana famosa.

   _____

À PRIMEIRA VISTA

11-25 Qual é o problema? At the doctor's office you overhear three people describing their ailments. Identify the part of the body where each person's problem is probably located, by circling the appropriate letter.

1. a) a garganta   b) o ouvido   c) a mão
2. a) o estômago   b) os ossos   c) os olhos
3. a) os dentes   b) as veias   c) o joelho

11-26 A saúde da Isabel. While visiting the home of your friend Fernando, you witness his conversation with Isabel and Susana. Read the statements below and then listen to the conversation. Finally, indicate whether each statement below is true or false by marking the appropriate response. Don't worry if you don't understand every word.

	SIM	NÃO
1. A Isabel não se sente bem.	_____	_____
2. A Isabel faz exercício todos os dias.	_____	_____
3. O Fernando fuma muito.	_____	_____
4. O Fernando diz que a sua amiga deve comer comida mais saudável.	_____	_____
5. A Susana acha que a Isabel deve tomar vitaminas.	_____	_____

11-27 Para ter saúde. Indicate whether or not each of these activities is beneficial to your health by checking the appropriate column.

	BOM	MAU		BOM	MAU
1.	_____	_____	5.	_____	_____
2.	_____	_____	6.	_____	_____
3.	_____	_____	7.	_____	_____
4.	_____	_____	8.	_____	_____

11-28 Vitaminas. You overhear the following conversation between a customer and the pharmacist at the drugstore. Complete the sentences with the information you hear.

1. A senhora fala com _____.

2. Ela pede _____.

3. O farmacêutico recomenda _____.

4. Ela compra _____.

ESTRUTURAS

The subjunctive with expressions of emotion

11-29 De que é que a mãe da Sabrina gosta (ou não gosta)? Sabrina, who is spending a semester studying in Lisbon, has just received a letter from her mother. As Sabrina reads the letter out loud, match the appropriate items in both columns according to her family's concerns and emotions.

1. estão felizes _____
2. receia _____
3. está preocupada _____
4. lamentam _____
5. não gosta _____
6. acha óptimo _____
7. esperam _____

a. que a Sabrina não esteja para os anos da avó
b. que a Sabrina estude bastante e aproveite a viagem
c. que ela tenha muitos amigos
d. que os médicos receitem tantos remédios
e. que a Sabrina esteja muito bem
f. que a avó não viva muito mais tempo
g. que a Sabrina saia todas as noites
h. que a Sabrina goste do lugar onde está

11-30 Uma visita a um amigo. Maria Isabel is visiting a friend who twisted his ankle. Listen to their conversation and then complete the chart with Maria Isabel's reactions in the appropriate column.

A Maria Isabel está contente que...

_____

_____

A Maria Isabel lamenta que...

_____

_____

The equivalents of English *let's*

11-31 Vamos mudar! In the college cafeteria you overhear a conversation between Alice and Luciana. First, read the statements below; then listen to the conversation. Finally, indicate whether the statements are true or false by checking the appropriate column.

	SIM	NÃO
1. A Alice quer que a Luciana comece uma dieta nova.	_____	_____
2. A Luciana gosta muito de comer.	_____	_____
3. A Luciana quer fazer muita ginástica para emagrecer.	_____	_____
4. A Alice adora fazer ginástica.	_____	_____
5. As amigas têm opiniões diferentes.	_____	_____

Por and para

11-32 A Sofia e a Dulce vão à discoteca. Listen as Sofia and Dulce discuss their plans to go to a dance club. Then, indicate whether the statements that follow are true or false by marking the appropriate response. Don't worry if you don't understand every word.

	SIM	NÃO
1.	_____	_____
2.	_____	_____
3.	_____	_____
4.	_____	_____
5.	_____	_____

11-33 Um dia muito especial para a Ângela. Listen to this description of the events related to a special occasion involving Ângela. Then, complete the statements below based on the information you heard.

1. A Ângela está no hospital. Os familiares e amigos dão-lhe parabéns (*congratulate her*) _____ nascimento do bebé.

2. _____ a Ângela, o seu bebé é o mais lindo do mundo.

3. Todos levam muitos presentes _____ ela e _____ o bebé.

4. A sua amiga Clara chega ao hospital _____ três da tarde.

5. A Clara oferece um casaquinho azul muito giro _____ o bebé.

6. Dentro de poucos dias, a Ângela vai voltar _____ casa.

11-34 Presentes para todos. It is Christmas time at the hospital where you work and everyone is exchanging presents. Looking at the drawings, tell who will receive each present.

MODELO: Para quem é o rádio?

É para a Susana.

Susana

1.

Paulo

2.

Carla

3.

Renato

4.

Gilberto

5.

Mariana

6.

tu

11-35 Opiniões. You will hear the names of several people and their opinions on various topics. Combine both name and opinion in a sentence using **para**. Pause the recording at the beep to answer at your own pace.

MODELO: Alice/Esta é a melhor enfermeira do hospital.

Para a Alice, esta é a melhor enfermeira do hospital.

Relative pronouns

11-36 No hospital. Listen to these statements about some of the people who work at the hospital where you are visiting a sick friend. Combine the statements you hear with those that appear below, using **que**. Pause the recording at the beep to answer at your own pace.

MODELO: You see: A secretária é muito simpática.

You hear: A secretária trabalha na recepção do hospital.

You say: *A secretária que trabalha na recepção do hospital é muito simpática.*

1. O enfermeiro é muito competente.

2. O médico é excelente.

3. O psiquiatra é muito calmo.

4. A recepcionista é cabo-verdiana.

5. O médico mora perto da minha casa.

ENCONTROS

11-37 A doença do meu pai. Listen as a friend tells you about his father's struggle with cancer. Then, listen to the statements that follow and indicate whether each statement is true or false by checking **Sim** or **Não**.

	SIM	NÃO
1.	_____	_____
2.	_____	_____
3.	_____	_____
4.	_____	_____
5.	_____	_____

11-38 No consultório da Dra. Lídia Tavares. You have accompanied D. Maria Morais to the doctor's office. Listen to her conversation with Dr. Tavares and to the incomplete statements that follow. Circle the letter corresponding to the best way to complete each statement.

1. a) dor de ouvidos
   b) dores no pulmão
   c) dores de estômago
2. a) joelho
   b) peito
   c) garganta
3. a) um antibiótico
   b) vitaminas
   c) massagens
4. a) tome canja
   b) tome uma injecção
   c) tome muitos líquidos
5. a) ir trabalhar
   b) descansar
   c) fazer análises

11-39 Duas boas amigas. As you listen to this story about two friends, complete the chart below.

	MARINA	BÁRBARA
levanta-se		
dieta		
desportos		
interesses		

VÍDEO

Vocabulário útil

a análise	*medical test*	grave	*serious*
caseiro/a	*home, home-made*	a lista de espera	*waiting list*
a constipação	*cold*	preocupar-se	*to be concerned, to worry*
esquisito/a	*strange*	toda a gente	*everybody*
a flor de sabugueiro	*elderflower*		

11-40 A saúde. O Adolónimo e a Manuela falam sobre a sua atitude perante a saúde. Complete as afirmações abaixo à base dos comentários deles. Depois escreva duas frases sobre a sua própria atitude em relação à saúde.

1. O Adolónimo preocupa-se com a saúde, principalmente _____.

2. Ele vai ao médico quando _____.

3. Ele tem medo de _____.

4. A Manuela não se preocupa com a saúde por _____.

5. Ela vai fazer _____.

6. Eu _____

_____

_____.

11-41 A dieta. Primeiro passo. O que é que o Márcio diz sobre a dieta? Complete o parágrafo abaixo.

Bom, eu dieta não (1) _____. Nunca (2) _____ , porque, como eu (3)

_____ , gosto de (4) _____ e hei-de (5) _____ a comer. É verdade

que tenho mais uns (6) _____ a mais, não sei.

Segundo passo. E você? Alguma vez fez dieta? Porque sim ou porque não? Responda com frases completas.

_____

_____

_____

11-42 Remédios caseiros. O que é que a Manuela costuma fazer quando não se sente bem? E você?

1. Indique:

    a. Duas doenças ou sintomas que a Manuela combate com remédios caseiros:

    _____

    b. Dois remédios caseiros que ela costuma usar:

    _____

2. Você parece-se com a Manuela em relação ao uso de remédios caseiros? Porque sim ou porque não?

    _____

    _____

    _____

11-43 A saúde pública. Primeiro passo. O Adolónimo fala sobre o sistema de saúde em Portugal. Identifique um aspecto positivo e um aspecto negativo do sistema de acordo com a opinião dele.

1. Aspecto positivo: _____

2. Aspecto negativo: _____

    _____

Segundo passo. O que é que você acha do sistema de saúde do seu país? Identifique pelo menos um aspecto positivo e um aspecto negativo.

_____

_____

_____

_____

Lição 12 ◆ As férias e as viagens

PRÁTICA

À PRIMEIRA VISTA

12-1 Associações. Combine as palavras da esquerda com as definições da direita.

1. _____ o avião
2. _____ a sala de espera
3. _____ a mala
4. _____ o autocarro
5. _____ o barco

a. para guardar a roupa quando viajamos
b. para viajar por terra
c. para descansar ou ler antes da partida do avião
d. para viajar por mar
e. para viajar pelo ar

12-2 As definições e as viagens. Leia cada definição e identifique o objecto descrito.

1. Documento que a pessoa recebe no seu país para poder viajar
   ao estrangeiro (*abroad*).   _____

2. Cartão de que a pessoa precisa para embarcar num avião.   _____

3. Documentos que as pessoas compram num banco para usar
   como dinheiro, quando viajam.   _____

4. Lugar onde as pessoas que vêm de outros países declaram
   o que trazem na bagagem.   _____

5. Tipo de passagem de que a pessoa precisa para viajar e regressar
   ao local de partida.   _____

12-3 Uma viagem de carro. Complete o seguinte parágrafo sobre uma viagem de carro.

Fernando Telles tem que fazer uma viagem de negócios e decide ir de carro. No dia da viagem, ele põe a

bagagem no (1) _____. Depois, entra no carro, senta-se ao (2) _____ , põe o

(3) _____ e liga (*starts*) o (4) _____. Ele não pode ver muito bem

porque o (5) _____ está sujo. Então, limpa-o antes de ir para a estrada. Depois de sair da

cidade, o Fernando vai a um posto de gasolina para pôr (6) _____ no carro, ar nos

(7) _____ e comprar um café.

12-4 Preparação. A sua família vai fazer uma longa viagem de carro este Verão. Explique ao seu pai os cuidados que você teve com o carro para o preparar para a viagem.

MODELO: lavar/pára-brisas
Lavei o pára-brisas.

1. lavar/carro

_____

2. passar/aspirador/bancos

_____

3. limpar/porta-bagagens

_____

4. mudar/óleo

_____

5. pôr/ar/pneus

_____

6. encher/tanque/de gasolina

_____

12-5 No hotel. Leia as seguintes descrições e escreva as palavras ou expressões a que se referem.

1. Um quarto para uma só pessoa. _____
2. Lugar onde um cliente pode pedir informações quando chega ao hotel. _____
3. Objecto necessário para abrir a porta do quarto. _____
4. Lugar onde os hóspedes guardam objectos de valor. _____
5. Acção de pedir um quarto num hotel por telefone, fax ou Internet. _____

12-6 Correspondência. Você está a escrever a uma amiga, e fala-lhe sobre a Carolina e o namorado. Complete o parágrafo com as palavras apropriadas.

O namorado da Carolina está a estudar em Évora e os dois falam por (1) _____ frequentemente. Mas ontem a Carolina resolveu escrever uma (2) _____ muito longa ao namorado. Quando terminou, escreveu o endereço no (3) _____ e foi ao (4) _____ para comprar (5) _____. Mas depois, imagina, quando queria meter a carta na (6) _____, reparou que a tinha perdido e teve que voltar atrás para a procurar. Até agora ainda não a encontrou. Coitada da Carolina.

ESTRUTURAS

Síntese gramatical

1. Affirmative and negative expressions

AFFIRMATIVE		NEGATIVE	
tudo	*everything*	**nada**	*nothing*
algum/a	*some, any*	**nenhum/a**	*no, not any*
alguns/algumas	*several*	**nenhuns/nenhumas**	*no, not any, none*
alguém	*someone*	**ninguém**	*no one, nobody*
alguma pessoa	*someone*	**nenhuma pessoa**	*no one, nobody*
algo	*something*	**nada**	*nothing, anything*
alguma coisa	*something*	**nenhuma coisa**	*nothing, anything*
todo (-a, -os, -as)	*all, entire, whole*		
todos	*everybody, all*		
ou...ou	*either...or*	**nem...nem**	*neither...nor*
sempre	*always*	**nunca**	*never*
uma vez	*once*		
alguma vez	*sometime, ever*	**jamais**	*never, (not) ever*
algumas vezes	*sometimes*		
às vezes	*at times*		
também	*also, too*	**também não**	*not either, neither*

2. The indicative and the subjunctive in adjective clauses

Indicative (known antecedent)

Aqui há alguém que **fala** inglês.	*There's someone here who speaks English.*
Estou à procura do piloto que **vai** nesse voo.	*I'm looking for the pilot who goes on that flight.*

Subjunctive (non-existent or unknown antecedent)

Não há ninguém aqui que **fale** russo.	*There isn't anyone here who speaks Russian.*
Estou à procura de um piloto que **vá** nesse voo.	*I'm looking for a pilot who goes on that flight.*

3. The subjunctive in adverbial clauses (*a menos que, caso, desde que, embora, mesmo que, para que, por mais que, sem que*)

Vou viajar este ano, **desde que tenha** dinheiro suficiente.	*I am going to travel this year, as long as I have enough money.*

4. The past subjunctive

	VIAJAR	COMER	CONDUZIR	ESTAR
	(viaja~~ram~~)	(come~~ram~~)	(conduzi~~ram~~)	(estive~~ram~~)
eu	viajasse	comesse	conduzisse	estivesse
tu	viajasses	comesses	conduzisses	estivesses
você, o sr./a sra., ele/ela	viajasse	comesse	conduzisse	estivesse
nós	viajássemos	comêssemos	conduzíssemos	estivéssemos
vocês, os srs./as sras., eles/elas	viajassem	comessem	conduzissem	estivessem

Affirmative and negative expressions

12-7 Actividades. Use as expressões abaixo para dizer com que frequência faz as seguintes actividades.

algumas vezes   sempre   às vezes   nunca   todos os dias

MODELO: chegar atrasado/a ao aeroporto
Nunca chego atrasado ao aeroporto.

1. viajar de autocarro

_____

2. viajar sozinho/a

_____

3. visitar lugar históricos

_____

4. comer em restaurantes elegantes

_____

5. passar férias nas montanhas

_____

6. deitar-se às nove da noite

_____

12-8 Uma viagem horrível. Ao contrário das expectativas, as coisas correram muito mal durante a sua viagem mais recente. Descreva o que aconteceu, usando palavras e expressões negativas.

MODELO: Nós pensávamos que os voos chegavam sempre à hora.
Os voos nunca chegaram à hora.

1. Pensávamos que no aeroporto alguém ajudava os passageiros.

_____

2. Queríamos provar alguns pratos regionais.

_____

3. Também queríamos visitar os museus.

_____

4. Pensávamos que íamos ver muitos locais interessantes.

_____

5. Imaginávamos que tudo ia dar certo durante a viagem.

_____

12-9 O optimista e o pessimista. Você é optimista e vê sempre o lado positivo das coisas. Mas o seu amigo, ao contrário, é um pessimista terrível que contradiz tudo o que você diz. Escreva o que o seu amigo responde quando você lhe descreve o seu restaurante preferido.

MODELO: Neste restaurante todos os pratos são bastante baratos.

Nenhum prato é barato neste restaurante.

1. Come-se sempre bem aqui.

_____

2. Todos os empregados são muito amáveis.

_____

3. Eles também servem muito bem.

_____

4. Muitas pessoas famosas vêm a este restaurante.

_____

5. O restaurante está sempre cheio.

_____

12-10 A minha família. Responda às perguntas sobre a sua família.

MODELO: Você tem algum tio que fale chinês?

Não, não tenho nenhum tio que fale chinês.

Sim, tenho um tio que fala chinês.

1. Você tem alguma prima que estude espanhol?

_____

2. O seu pai ou a sua mãe são portugueses?

_____

3. Você tem alguém na família que viva em África?

_____

4. Há alguém na família que viaje todos os anos aos Açores?

_____

5. Você tem algum irmão que conheça Cabo Verde?

_____

The indicative and the subjunctive in adjective clauses

12-11 Um apartamento à beira-mar. O Sr. Reinaldo Silveira e a D. Lúcia Silveira estão à procura de um condomínio para a família. Eles têm dois filhos, uma menina de 2 anos e um menino de 4 anos, e uma empregada que mora com eles para tomar conta dos filhos. Os Silveira têm empregos com muito stress e precisam de uma casa agradável para se descontraírem. Escreva cinco frases descrevendo o tipo de apartamento que eles procuram. Depois, decida qual dos dois apartamentos do anúncio é melhor para eles.

MODELO: *Eles procuram um apartamento que tenha um parque para as crianças.*

1. _____

2. _____

3. _____

4. _____

5. _____

Qual dos apartamentos devem comprar? _____

12-12 A universidade. Complete as frases seguintes sobre a sua universidade, usando as expressões abaixo e/ou outras.

ter ar condicionado	publicar livros	dar dinheiro para a universidade
usar autocarro no campus	morar na universidade	ensinar línguas modernas
servir comida...	ser muito moderno	ser...

1. Não conheço muitos restaurantes no campus que _____.

2. O/A reitor/a da universidade procura alguém que _____.

3. Temos muitos professores que_____.

4. Conheço alguns estudantes que _____.

5. Não há muitos edifícios que _____.

6. Precisamos de professores que _____.

12-13 Um cruzeiro. Você fala com uma agente de viagens sobre um cruzeiro que deseja fazer. Usando as expressões da lista abaixo e/ou outras, escreva o que a agente lhe diz para o/a ajudar a tomar uma decisão.

sair de Lisboa	ter janela ou varanda
fazer escala em São Miguel	ser grande e moderno
passar pelas ilhas do Pico e das Flores	ter piscina e espectáculos à noite

1. Há muitos navios que _____.

2. Este é o navio que _____.

3. Os clientes procuram sempre cruzeiros que _____.

4. Eles desejam um camarote (*cabin*) que _____.

5. Eles preferem um cruzeiro que _____.

12-14 Uma vida nova. Você ganhou muito dinheiro na lotaria e o seu estilo de vida vai mudar! Usando o conjuntivo, descreva algumas das coisas que quer fazer.

MODELO: ficar num hotel que...
Quero ficar num hotel que tenha suíte presidencial.

1. comprar um carro que...

_____

2. construir uma casa que...

_____

3. conhecer pessoas que...

_____

4. comer em restaurantes que...

_____

5. viver num lugar que...

_____

6. visitar países que...

_____

The subjunctive in adverbial clauses

12-15 Hábitos de viagem. O seu amigo Joaquim explica o que costuma fazer quando viaja. Marque a forma verbal correcta em cada uma das afirmações abaixo.

1. Não gosto de sair de manhã cedo, a menos que não (tenho/tenha) outra possibilidade.
2. Prefiro sempre um lugar à janela, caso (haja/há) paisagens interessantes.
3. Gosto de viajar de carro, desde que não (é/seja) necessário conduzir muitas horas.
4. Por mais planos que (faço/faça), há sempre situações imprevistas.
5. Posso ficar em qualquer lugar, embora (prefira/prefiro) hotéis grandes e modernos.

12-16 A Adriana sonha com um carro. A Adriana Martinho deseja ter carro próprio e começa a imaginar que o pai lhe vai comprar um carro. Fazendo o papel do pai da Adriana nesta situação imaginária, explique porque lhe vai dar o carro. Comece cada frase com **Compro o carro para que...**

MODELO: chegar às aulas a horas

> *Compro o carro para que chegues às aulas a horas.*

1. poder procurar um emprego

_____

2. não me pedir sempre o meu

_____

3. não perder tempo à espera do autocarro

_____

4. poder levar os teus amigos à praia

_____

5. trazer as compras do supermercado

_____

12-17 Planos para a viagem. A Alice e o Joca vão-se casar e estão a fazer planos para a viagem de lua-de-mel. Complete as frases com formas apropriadas dos verbos da lista.

dar   atrasar-se   fazer   estar   haver

1. Eu vou marcar a passagem de avião, desde que tu _____ a reserva do hotel.
2. Não podemos partir sem que tu _____ o nosso itinerário aos teus pais.
3. Mesmo que o tempo não _____ muito bom, podemos divertir-nos a fazer compras e a dançar na discoteca.
4. A menos que o voo _____, vamos passar três horas no aeroporto de Miami.
5. Precisamos de comprar um seguro de viagem, caso _____ algum acidente.

12-18 Quando eu viajo. Complete as seguintes frases sobre os seus hábitos e opiniões sobre viagens.

1. Prefiro viajar de _____, desde que _____.

2. Gosto de viajar, embora _____.

3. Por mais que eu viaje, _____.

4. Para que uma viagem corra bem, é preciso _____.

5. Viajar com amigos é óptimo, a menos que _____.

The past subjunctive

12-19 Um agente de viagens bem estranho. Leia o seguinte relato e complete-o com os verbos da lista abaixo.

reservar   procurar   sentar   pagar   fazer   cancelar   marcar   ficar

No ano passado telefonei para uma agência de viagens para planear umas férias em Moçambique. Depois de falar com o agente, fui à agência buscar a passagem. Mas, quando vi o meu itinerário, notei que havia algumas coisas estranhas. No voo para Maputo, eu queria um lugar à janela, mas o agente insistiu que (1) _____ num lugar de coxia (*aisle seat*) na parte de trás do avião. Eu não quis e pedi que me (2) _____ um lugar à janela. Depois notei que o agente queria que eu (3) _____ uma semana inteira em Maputo. Eu expliquei-lhe que queria fazer ecoturismo no Parque Nacional da Gorongosa e pedi que me (4) _____ um quarto numa pousada ecológica e que (5) _____ também passeios de observação de pássaros e animais. O agente recomendou-me então que (6) _____ um safári fotográfico. Gostei da ideia, mas, quando ele me disse o preço e me pediu que (7) _____ em dinheiro, achei que havia algo suspeito. Pedi então que ele (8) _____ todas as reservas e decidi ir a outra agência de viagens.

12-20 Um ano em Angola. O seu amigo Daniel passou um ano a morar com uma família angolana enquanto esteve a estudar na Universidade Agostinho Neto, em Luanda. Complete as afirmações do Daniel sobre as suas experiências.

MODELO: Os meus amigos angolanos não queriam _____.
        Os meus amigos angolanos não queriam que eu voltasse aos Estados Unidos.

1. A minha família adoptiva angolana tratava-me como se _____.

2. Os professores recomendavam _____.

3. A minha família não permitia _____.

4. Eu queria que os meus amigos _____.

5. Depois de meio ano, eu falava português como se _____.

12-21 Reacções pessoais. Use as expressões abaixo para exprimir os seus desejos ou reacções às seguintes situações.

lamentei	queria	adorei	não acreditei	não queria
pedi	não permiti	gostei	recomendei	fiquei feliz

MODELO: No mês passado, o meu irmão comprou um carro novo.

Eu queria que o meu irmão comprasse um carro novo.

1. Os meus pais cancelaram a viagem da nossa família para o Havaí.

_____

2. A minha melhor amiga convidou-me para fazer um cruzeiro com ela.

_____

3. O meu primo ganhou cinco milhões de dólares na lotaria.

_____

4. O meu pai fez-me uma reserva num hotel de cinco estrelas.

_____

5. Os meus amigos tiveram um acidente de carro.

_____

6. O meu professor de Matemática disse que eu era um génio.

_____

ENCONTROS

Para ler

12-22 Muito que fazer. Você vai viajar de avião para o Brasil. Em que ordem faz as seguintes actividades? Coloque os números abaixo, começando com 1 (a primeira actividade) e terminando com 8 (a última). Depois, reescreva a lista por ordem cronológica.

_____ Procuro o meu lugar.   _____

_____ Vou para a sala de espera.   _____

_____ Faço o check-in.   _____

_____ Faço as malas.   _____

_____ Entro no avião.   _____

_____ Apanho um táxi para o aeroporto.   _____

_____ Compro a passagem para a viagem.   _____

_____ Peço uma revista ao comissário de bordo.   _____

12-23 Viajamos de carro. Leia as seguintes sugestões do Ministério dos Transportes e Comunicações de Moçambique para as pessoas que planeiam viajar de carro. Depois siga as indicações abaixo.

Viaje duas vezes por esta estrada

Quer sejam curtas ou longas, aproveite as suas férias ao máximo. Lembre-se de que a estrada que o trouxe até aqui é o seu caminho de regresso e que no fim dessa estrada há muita gente à sua espera. Durante a sua viagem, siga os nossos conselhos.

Para viagens curtas ou longas:
• Faça a manutenção do seu carro.
• Ponha sempre o cinto de segurança.
• Respeite os limites de velocidade.
• Mantenha-se a uma boa distância dos outros veículos.
• Não ultrapasse sem visibilidade.
• Ao menor sintoma de cansaço ou sono, não conduza.
• Use um capacete sempre que conduza uma motocicleta.

A vida é a mais bela viagem.

Programa de Redução de Acidentes no Trânsito
Ministério dos Transportes e Comunicações

Complete as frases com as formas verbais apropriadas.

1. É importante que um mecânico ou você _____ a manutenção do seu veículo.

2. Segundo os conselhos do governo, é importante que todos _____ o cinto de segurança.

3. Você deve _____ os limites de velocidade.

4. É perigoso que você _____ outro veículo se não há boa visibilidade.

5. O governo recomenda que os motoristas que se sintam cansados não _____.

6. É recomendável que uma pessoa _____ um capacete, caso viaje de motocicleta.

12-24 E você? Lembre-se da viagem mais recente que fez de carro, sozinho/a, com família ou com amigos. Para onde foi a viagem? Quanto tempo durou? Você e/ou outros motoristas seguiram os conselhos da lista acima? Quais? Quais não seguiram e porquê?

_____

_____

_____

_____

_____

_____

_____

_____

_____

Nome: _____   Data: _____

Para escrever

2-25 Trabalho e prazer. A D. Teresa Fernandes e o marido, o Sr. Ricardo Fernandes, estão num hotel em Lagos, no Algarve. Eles vieram de Braga, no Norte de Portugal, e a viagem combina trabalho com descanso. A D. Teresa tem uma reunião de negócios e o Sr. Fernandes vai participar num seminário. Depois de concluirem os trabalhos, vão ficar mais três dias em Lagos com os filhos Carlos e Luisinha, que vieram com eles. Leia o anúncio do hotel onde ficaram em Lagos e escreva seis frases explicando o que o Hotel Vila d'Oura lhes oferece para o trabalho, para lazer e, especialmente, para as crianças.

Hotel Vila d'Oura
★★★★★
Como ficar confortavelmente instalado no Algarve

Na sua próxima viagem, hospede-se no Hotel Vila d'Oura. Categoria 5 estrelas com preço de 3 estrelas!

O hotel dispõe de apartamentos de luxo com ar condicionado, TV cabo, Internet, sala de jogos para jovens e crianças, ginásio, sauna, piscina, mesas de bilhar e pingue-pongue, jardins e amplo parque de estacionamento.

Possuímos salas pequenas para reuniões, salas com computador e projector para 50 pessoas e salas para eventos especiais, como festas de casamento e outras comemorações com capacidade para 250 pessoas.

Hospede-se no Hotel Vila d'Oura para negócios ou lazer no Algarve!

Faça a felicidade dos seus filhos e aproveite a oportunidade de passar horas preciosas com eles.

Hotel Vila d'Oura, apenas a 15 minutos do centro de Lagos. Autocarro executivo especial do aeroporto de Faro para o hotel várias vezes ao dia.

**Rua Infante D. Henrique, 21
8600 Lagos, Portugal**

Tel: (351) 28-623-2929
Fax : (351) 28-623-2928

Para o trabalho

_____

_____

Para lazer

_____

_____

Para as crianças

_____

_____

12-26 As minhas melhores férias. Um seu amigo/Uma sua amiga vai ter férias em breve e precisa de recomendações. Escreva-lhe uma carta descrevendo a última viagem de férias que você fez. Explique quando e onde foi, com quem, como era o lugar onde ficou, como eram as pessoas, que lugares visitou, que meios de transporte usou, o que fez enquanto lá esteve e quanto tempo lá ficou. Explique também porque gostou da viagem e recomende ao amigo/à amiga que vá para o mesmo local. Aconselhe o que ele/ela deve fazer, onde ficar, que lugares visitar, o que fazer/não fazer, etc.

Querid _____ :

_____

_____

_____

_____

_____

_____

_____

_____

_____

_____

_____

_____

_____

_____

_____

_____

_____

_____

_____

_____

Um grande abraço,

_____

Nome: _____   Data: _____

HORIZONTES

12-27 Moçambique. Complete as frases de acordo com o texto em **Horizontes** nas páginas 464-465 do seu livro.

Moçambique fica na costa do (1) _____ e tem uma população aproximada de

(2) _____. A capital de Moçambique é (3) _____.

A língua oficial do país é (4) _____ , mas a população fala muitas outras línguas, a maioria delas pertencendo ao grupo bantu. Há mais falantes de português em (5) _____ do que no resto do país.

Nos fins do século XIX, Gungunhana foi o último (6) _____ de Gaza. Quando o império de Gaza foi destruído, Gungunhana foi levado como prisioneiro para os (7) _____.

Moçambique tornou-se independente em (8) _____. Depois da independência, o país sofreu uma (9) _____ que durou até 1992.

(10) _____ e (11) _____ são duas das espécies de animais selvagens que habitam os três (12) _____ principais de Moçambique.

A (13) _____ moçambicana é diversa, com pratos e ingredientes de origem africana, portuguesa e indiana.

Paulina Chiziane é uma (14) _____ moçambicana importante e Malangatana é o

(15) _____ mais famoso do país.

LABORATÓRIO

À PRIMEIRA VISTA

12-28 Adivinhe o que é. Listen to these descriptions and identify what mode of transportation is being described by writing the appropriate number in the space provided.

_____ o autocarro   _____ o carro

_____ o avião   _____ a motocicleta

_____ o barco   _____ o trem

_____ a bicicleta   _____ o camião (*truck*)

12-29 No aeroporto. At the airport you hear several departure announcements. Fill in each flight number, destination, and gate number. The information is given twice in each announcement. Don't worry if you don't understand every word. Pause the recording at the beep to write at your own pace.

	NÚMERO DO VOO	DESTINO	PORTA DE EMBARQUE
1.			
2.			
3.			
4.			
5.			

12-30 Onde preferem passar as férias? Listen as several students discuss where they would like to go on a vacation combining pleasure with learning. Complete the chart by filling in the place each one hopes to visit, leisure activities each hopes to participate in while there, and the academic discipline each hopes to learn more about. Pause the recording at the beep to write at your own pace.

	LUGAR	ACTIVIDADES	MATÉRIA
1.			
2.			
3.			
4.			
5.			

12-31 No aeroporto. First read the incomplete sentences below. Then listen to the conversation between a passenger and an airline employee at the ticket counter. Finally, complete the sentences based on what you hear. You may not understand every word.

1. Estas pessoas estão ao _____.

2. O passageiro prefere viajar num lugar _____.

3. A funcionária dá ao passageiro um lugar _____.

4. A bagagem do passageiro é _____.

5. A porta de embarque é _____.

2-32 Uma ligação para o Hotel Tivoli. Read the sentences below. Then listen to the telephone conversation between an employee of the Hotel Tivoli and a client. Finally, indicate whether each statement in your workbook is true or false by marking the appropriate response. Don't worry if you don't understand every word.

	SIM	NÃO
1. O Sr. Novais reservou um bilhete para o teatro.	_____	_____
2. O Sr. Novais precisa de um quarto para uma pessoa.	_____	_____
3. Ele precisa de um quarto para o fim-de-semana.	_____	_____
4. O hotel tem quartos disponíveis.	_____	_____
5. O Sr. Novais deve chegar ao hotel antes das seis da tarde.	_____	_____
6. O quarto custa €160.	_____	_____

12-33 Na recepção do hotel. While waiting for a friend in the lobby of a hotel in Coimbra, you overheard this conversation. Complete the summary by filling in the missing words based on what you hear. You may need to listen to the conversation more than once.

O Sr. João Carlos Cunha da Silva fez uma (1) _____ de um quarto (2) _____ neste hotel. O recepcionista do hotel primeiramente não encontra a reserva pelo nome. O Sr. Silva pede para procurar a reserva com (3) _____ da confirmação. Ele conhece bem o hotel porque ele e a esposa já (4) _____ ali no ano passado. O recepcionista encontra a reserva no nome de (5) _____ e dá um (6) _____ para o Sr. Silva preencher e assinar. Finalmente, o recepcionista pede ao porteiro para levar ao quarto (7) _____ do casal Silva.

12-34 A viagem da Irene. Irene is planning a trip to Madrid. First, read the statements below, and then listen to her conversation with Augusto. Finally, indicate whether each statement is true or false by checking **sim** or **não**. Don't worry if you don't understand every word.

	SIM	NÃO
1. A Irene tem que fazer as malas esta noite.	_____	_____
2. Ela precisa de levantar dinheiro.	_____	_____
3. A Irene trabalha na estação dos comboios.	_____	_____
4. Ela vai à estação com o irmão.	_____	_____
5. O irmão da Irene trabalha na estação.	_____	_____

12-35 O automóvel. You will hear a series of numbers, each followed by a word identifying a part of a car. Write the number next to the appropriate part of the car illustrated below.

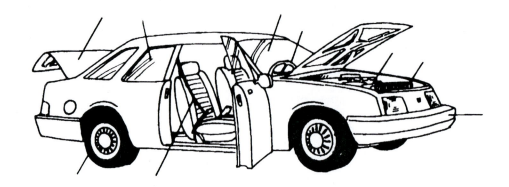

12-36 Um acidente. On the way to class, Artur meets his friend Pitó. Listen to their conversation and to the questions that follow, and circle the appropriate answer to each. Knowing these words may help you better understand the conversation: **engessado/a** (*in a cast*); **muleta** (*crutches*).

1. a) partiu um braço   b) partiu uma perna   c) partiu um dedo

2. a) um autocarro   b) um táxi   c) uma motocicleta

3. a) para o hospital   b) para casa   c) para o carro

4. a) de táxi   b) de ambulância   c) de comboio

5. a) o motor   b) o pára-brisas   c) uma porta

ESTRUTURAS

Affirmative and negative expressions

12-37 Meios de transporte. Listen as several people discuss various means of transportation. Then indicate with a check mark what means of transportation they use or would like to use and how often they travel.

	MEIO DE TRANSPORTE					FREQUÊNCIA		
	CARRO	AVIÃO	COMBOIO	METRO	AUTOCARRO	SEMPRE	NUNCA	ÀS VEZES
1.								
2.								
3.								
4.								
5.								

12-38 Uma viagem a Cabo Verde. Rogério has decided to spend his vacation with relatives in Cape Verde. Listen to his conversation with a travel agent and to the questions that follow. Then, circle the best answer to each question among the choices offered below.

1. a) uma viagem de autocarro   b) uma reserva para o dia 15   c) telefonar para Cabo Verde
2. a) que vá na quinta   b) que vá no voo mais caro   c) que viaje pela TAP
3. a) porque custa menos   b) para passar lá mais tempo   c) porque não pode viajar no dia 15
4. a) não há nenhum voo   b) custa mais   c) o avião está cheio
5. a) faz escala   b) é muito caro   c) sai muito tarde
6. a) com um cheque   b) com cartão de crédito   c) em dinheiro

12-39 Não quero fazer nada. You don't feel like doing anything today. Answer the questions you hear, using double negatives. Pause the recording at the beep to answer at your own pace.

MODELO: Vai telefonar a alguém?
         Não, não vou telefonar a ninguém.

12-40 Não estou de acordo. Using double negatives, contradict the statements you hear about Jorge. Pause the recording at the beep to answer at your own pace.

MODELO: O Jorge convida sempre os amigos.
         Não, o Jorge não os convida nunca.

Indicative and subjunctive in adjective clauses

12-41 Uma viagem. A travel agent is trying to sell you a travel package for a week in a Portuguese-speaking country. Read the incomplete sentences below before listening to her sales pitch and then complete them based on the information you hear. You may want to listen to the passage more than once.

1. O/A cliente (você) quer _____.
2. O país que a agente de viagens recomenda é _____.
3. A agente recomenda que você _____.
4. A agente sugere que você _____.
5. A agente também recomenda que _____.
6. Segundo a agente de viagens, a comida é _____.

12-42 Como é a Alice? Tell what Alice is like using the information you will hear. Begin each sentence with **A Alice é uma pessoa que...** Pause the recording at the beep to answer at your own pace.

MODELO: viaja muito
         A Alice é uma pessoa que viaja muito.

12-43 O carro do professor. One of your professors is looking for a new car. Use the information you hear to describe the kind of car he is looking for. Begin each sentence with **Ele procura um carro que...** Pause the recording at the beep to answer at your own pace.

MODELO: ser barato
         Ele procura um carro que seja barato.

The subjunctive in adverbial clauses

12-44 Antes da viagem. Listen to the conversation between Carlos and Raquel, and then complete the sentences below based on what you heard. Listen to the conversation as many times as necessary.

1. O Carlos não vai chegar a tempo, a menos que _____

2. O Carlos quer levar a informação necessária para que _____

3. Pode ser difícil fazer o check-in sem que o Carlos _____

4. A Raquel diz ao Carlos para lhe telefonar caso_____

12-45 Contra o perigo nas estradas. You will hear incomplete sentences regarding a new campaign against dangerous driving. Complete the sentences according to the information below. Pause the recording at the beep to answer at your own pace.

MODELO: You hear: As estradas vão continuar a ser perigosas...

You see: a menos que/nós/educar os motoristas

You say: *As estradas vão continuar a ser perigosas, a menos que nós eduquemos os motoristas.*

1. para que/os motoristas/compreender os perigos
2. desde que/ser bem organizada
3. mesmo que/haver pouco trânsito
4. sem que/todos/pôr o cinto de segurança
5. mesmo que/o carro/não ter problemas visíveis
6. por mais que/você/se sentir seguro

The past subjunctive

12-46 Nas ilhas dos Açores. First read the statements in your workbook. Then listen to this description of a trip to the Azores. Finally, indicate whether each statement is true or false by checking **sim** or **não**.

	SIM	NÃO
1. Estas pessoas estiveram nos Açores na semana passada.	_____	_____
2. Os amigos recomendaram-lhes que fossem primeiro a Ponta Delgada.	_____	_____
3. Eles queriam ficar mais tempo em Ponta Delgada.	_____	_____
4. O agente de viagens recomendou-lhes uma visita à baía de São Lourenço.	_____	_____
5. Cristóvão Colombo viveu na ilha de Santa Maria.	_____	_____

12-47 Mudanças. You are telling a Portuguese friend about a recent trip to Lisbon. It rained on two of the days you spent there and your tour guide recommended some changes in sightseeing and other plans. Answer your friend's questions about the guide's recommendations. Pause the recording at the beep to answer at your own pace.

MODELO: You hear: O guia recomendou que vocês fossem ao Parque Eduardo VII?

You see: o Museu de Arte Antiga

You say: *Não, ele recomendou que nós fôssemos ao Museu de Arte Antiga.*

1. num restaurante fechado
2. o Mosteiro dos Jerónimos
3. o Centro Comercial Vasco da Gama
4. um espectáculo no Casino Estoril
5. sentar-se num barzinho da marina de Cascais
6. o Cascais Shopping

12-48 Que pediu ela? Tell what your friend asked you to do, by changing the statements you hear to the past tense. Pause the recording at the beep to answer at your own pace.

MODELO: A minha amiga pede-me que saia cedo.

A minha amiga pediu-me que saísse cedo.

ENCONTROS

12-49 Férias no mar. Listen to this conversation between a travel agent and a client, and to the incomplete statements that follow. Circle the letter corresponding to the best way to complete each statement.

1. a) num barco	b) num balcão de companhia aérea	c) numa agência de viagens
2. a) uma viagem de barco	b) uma viagem de negócios	c) um cancelamento
3. a) viajar de comboio	b) estar na praia	c) ir de avião
4. a) gastar muito	b) tirar férias agora	c) ir a Miami
5. a) estudantes	b) pessoas casadas	c) crianças

12-50 Férias em Macau. Elvira and Manuel are planning a one-week vacation in Macau, a former Portuguese colony in China, and are asking their friend Artur for some advice. Listen to their conversation and then to the questions that follow and answer the questions in writing, in complete sentences, based on what you heard. Pause the recording at the beep to write at your own pace.

1. _____
2. _____
3. _____
4. _____
5. _____
6. _____
7. _____
8. _____

12-51 Na alfândega. Listen to this conversation between a customs official and an airline passenger at the airport. Then listen to the statements that follow and indicate whether each is true or false by checking **sim** or **não**.

	SIM	NÃO
1.	_____	_____
2.	_____	_____
3.	_____	_____
4.	_____	_____
5.	_____	_____

VÍDEO

Vocabulário útil

aliás	*in fact, actually*	ir ter com	*to go see/visit*
arranjar	*to find, to get*	o parque temático	*theme park*
deixar	*to leave, to allow*	pequenino/a	*very young, tiny*
o espaço de manobra	*room for maneuver*	planeado/a	*planned*
Está na altura de...	*It's time to...*	rígido/a	*rigid*
hospedado/a	*lodged, staying*	o sítio	*place*

12-52 As viagens. Primeiro passo. O Tomás e a Helena falam sobre as viagens. Responda às perguntas com frases completas.

1. Quem tem menos oportunidades de viajar?

_____

2. Quem tem alguém da família que vive no estrangeiro?

_____

3. Para que país costuma viajar o Tomás e com que frequência?

_____

4. O que é que ele gosta de fazer quando viaja?

_____

Segundo passo. Responda às perguntas sobre a suas próprias experiências de viagem.

1. Você viaja muito ou pouco? Porquê?

_____

_____

2. Que lugar ou lugares gostou mais de visitar e porquê?

_____

_____

12-53 A próxima viagem. Escute o que o Jorge e o Márcio dizem sobre a próxima viagem que vão fazer depois marque V ou F para indicar se as afirmações abaixo são verdadeiras ou falsas. Corrija as firmações falsas.

1. _____ A família do Jorge vai fazer férias num parque temático em Barcelona.

   _____

2. _____ Eles não vão à Disneylândia porque já lá foram no ano passado.

   _____

3. _____ O filho mais novo do Jorge tem 14 anos.

   _____

4. _____ O Márcio vai ter férias em Fevereiro.

   _____

5. _____ A próxima viagem do Márcio vai ser para Angola.

   _____

12-54 Fazer planos. Escute o que a Helena e o Tomás dizem sobre planos de viagem e preencha o quadro. Depois escute as respostas deles outra vez e complete as afirmações abaixo.

	FAZ PLANOS	NÃO FAZ PLANOS	RÍGIDOS	FLEXÍVEIS
HELENA				
TOMÁS				

1. A Helena gosta de fazer planos quando viaja, aliás, _____.

2. O Tomás não gosta que o plano _____, porque assim

   _____.

12-55 Quando é que ele fica aqui? Diga quando é que o Tomás fica hospedado nos locais indicados abaixo.

1. em hotéis:

   _____

2. num sítio barato:

   _____

3. em casa:

   _____

4. E você? Quando e onde fica hospedado/a quando viaja?

_____

_____

_____

_____

_____

Lição 13 ◆ O meio ambiente

PRÁTICA

À PRIMEIRA VISTA

13-1 Associações. Ligue a palavra ou expressão da coluna da direita com a da esquerda.

1. _____ recursos hídricos

2. _____ meio ambiente

3. _____ conservar o meio ambiente

4. _____ efeito de estufa

5. _____ desmatamento

6. _____ reflorestamento

7. _____ escassez

a. _____ consequência da poluição

b. _____ falta

c. _____ plantar árvores novamente

d. _____ preservar a natureza

e. _____ natureza

f. _____ água

g. _____ cortar árvores da floresta

13-2 Reciclagem. Marque a palavra ou frase que não pertence ao grupo.

1. poluição
   a) contaminação do ar
   b) substâncias tóxicas nos rios
   c) resíduos das fábricas
   d) plantar árvores

2. reciclagem
   a) reusar materiais plásticos
   b) eleição do presidente
   c) escrever na frente e no verso do papel
   d) separar vidros de metais, como o alumínio

3. meio ambiente
   a) ecossistema
   b) salário
   c) água doce
   d) recursos naturais

4. Floresta Amazónica
    a) cidades
    b) o pulmão do planeta
    c) a maior biodiversidade do mundo
    d) plantas importantes para a medicina
5. política do meio ambiente
    a) trabalho das ONGs
    b) acção dos governos
    c) contribuição de cada pessoa
    d) nadar no mar
6. degradação da natureza
    a) aerosol
    b) computadores
    c) queimadas
    d) banhos demorados
7. preocupações ambientais
    a) buraco na camada de ozono
    b) rios poluídos
    c) ar poluído
    d) doenças contagiosas
8. conservação do meio ambiente
    a) ecoturismo
    b) usar mais meios de transporte colectivo
    c) transformar florestas em parques nacionais
    d) usar meios de transporte individual

13-3 O mundo de amanhã. Escolha a melhor palavra ou expressão da lista para completar as frases abaixo. Há palavras na lista que não vai precisar de usar.

| satélites | cidades | energia eléctrica e solar | biodegradáveis | transportes colectivos |
| reciclar | meio ambiente | poluição | camada de ozono | lixo urbano |

1. Dentro de alguns anos, os automóveis funcionarão com _____.

2. Muitas cidades americanas usarão mais _____ e o uso excessivo de carros individuais será multado.

3. Todas as pessoas vão respeitar mais o _____ e aprenderão a _____.

4. Empresas públicas e privadas vão reciclar o _____.

5. A _____ dos rios e mares não provocará a extinção dos peixes, porque vamos cuidar do meio ambiente.

6. Todos os detergentes de cozinha serão _____.

3-4 O mundo de hoje. Viver no mundo de hoje tem muitas vantagens, mas também tem desvantagens. Dê a sua opinião sobre os assuntos seguintes.

1. As pessoas na Europa e na América Latina usam mais frequentemente os meios de transporte colectivo. Quais são as vantagens?

   _____

   _____

2. Com o rápido aumento da população ocorre o desmatamento das florestas. Quais são as consequências?

   _____

   _____

3. O que é que você, pessoalmente, pode fazer para diminuir a poluição do ar e da água?

   _____

   _____

4. Qual é a desvantagem de usar computadores para imprimir trabalhos?

   _____

   _____

5. O que se pode fazer para evitar a extinção de algumas espécies de animais?

   _____

   _____

ESTRUTURAS

Síntese gramatical

1. **The future tense**

	NADAR	CORRER	PARTIR
eu	nadarei	correrei	partirei
tu	nadarás	correrás	partirás
você, o sr./a sra., ele/ela	nadará	correrá	partirá
nós	nadaremos	correremos	partiremos
vocês, os srs./as sras., eles/elas	nadarão	correrão	partirão

VERBOS IRREGULARES

DIZER   direi, dirás, dirá, diremos, dirão
FAZER   farei, farás, fará, faremos, farão
TRAZER   trarei, trarás, trará, traremos, trarão

2. The future subjunctive

	NADAR	CORRER	PARTIR
eu	nadar	correr	partir
tu	nadar**es**	correr**es**	partir**es**
você, o sr./a sra., ele/ela	nadar	correr	partir
nós	nadar**mos**	correr**mos**	partir**mos**
vocês, os srs./as sras., eles/elas	nadar**em**	correr**em**	partir**em**

VERBOS IRREGULARES

ESTAR:	estiver, estiver**es**, estiver, estiver**mos**, estiver**em**
FAZER:	fizer, fizer**es**, fizer, fizer**mos**, fizer**em**
IR/SER:	for, for**es**, for, for**mos**, for**em**
TER:	tiver, tiver**es**, tiver, tiver**mos**, tiver**em**
etc.	

Quando as autoridades **reciclarem** o lixo urbano, as cidades serão mais limpas.
Vamos ter menos problemas ambientais **se deixarmos** de cortar as florestas.
Sempre que reusares materiais de plástico e de vidro, poluirás menos.

3. The conditional

	NADAR	CORRER	PARTIR
eu	nadar**ia**	correr**ia**	partir**ia**
tu	nadar**ias**	correr**ias**	partir**ias**
você, o sr./a sra., ele/ela	nadar**ia**	correr**ia**	partir**ia**
nós	nadar**íamos**	correr**íamos**	partir**íamos**
vocês, os srs./as sras., eles/elas	nadar**iam**	correr**iam**	partir**iam**

VERBOS IRREGULARES

DIZER	dir**ia**, dir**ias**, dir**ia**, dir**íamos**, dir**iam**
FAZER	far**ia**, far**ias**, far**ia**, far**íamos**, far**iam**
TRAZER	trar**ia**, trar**ias**, trar**ia**, trar**íamos**, trar**iam**

4. Reciprocal verbs and pronouns

SUBJECT PRONOUN	RECIPROCAL PRONOUN	
tu, você, ele/ela	se	*each other/one another*
nós	nos	*each other/one another*
vocês, eles/elas	se	*each other/one another*

Tu e ela **conhecem-se** há muito tempo, não é?
Nós **comunicamo-nos** por e-mail.
Pais e filhos devem **entender-se** bem.
Os países que **se respeitam** mantêm boas relações políticas.

The future tense

3-5 Que faremos? O meu companheiro de quarto e eu dividimos as tarefas da casa. Veja o que ele fará esta semana, o que eu farei por mim e o que nós os dois faremos em conjunto. Use formas apropriadas dos verbos entre parênteses.

1. Eu _____ (reciclar) os produtos orgânicos, usando-os no jardim.

2. O meu companheiro _____ (recolher) todas as latas e garrafas.

3. Nós _____ (usar) as folhas de papel dos dois lados para imprimir trabalhos.

4. Nós _____ (tomar) banhos mais rápidos.

5. Nós _____ (comprar) detergentes biodegradáveis.

6. Eu _____ (fazer) a minha parte e ele _____ (fazer) a dele.

13-6 Uma cartinha da avó. A sua amiga Kátia recebe uma carta da avó. A avó está preocupada porque a Kátia está a estudar em Nova Iorque, uma cidade grande e com alto nível de poluição. Complete a carta usando o tempo futuro dos verbos indicados abaixo. Alguns verbos vão ser usados mais de uma vez.

estar   conseguir   haver   viver   estudar   ser   ter   fazer   depender

---

Querida Kátia,

Muitas vezes me pergunto como tu (1) _____ dentro de alguns anos. Tudo

(2) _____, em grande parte, de ti mesma. Sei que (3) _____ na Universidade

de Nova Iorque nos próximos anos. Os teus pais dizem-me que essa universidade é excelente e que tu

(4) _____ um curso muito bom e importante, em Ciência Médica Ambiental. Nesse curso

de doutoramento (5) _____ aulas com professores famosos. O que me preocupa é que

Nova Iorque deve ser uma cidade muito agitada e poluída. Como é que as pessoas (6) _____

nessa cidade que é tão grande? Cada vez mais (7) _____ mais poluição, mais pessoas e mais

perigo. Eu conheço-te bem e sei que (8) _____ muito bom senso aí nos Estados Unidos.

Sei que (9) _____ tudo para melhorar a vida das pessoas, sobretudo com o diploma de

Doutora em Medicina Ambiental! Tenho a certeza de que (10) _____ um bom emprego e

(11) _____ feliz!

Muitas saudades para ti, minha querida neta. Mesmo longe, (12) _____ sempre ao teu
lado.

Beijinhos da avó Catarina

13-7 No ano 2050. Escreva cinco frases explicando como será a vida no ano 2050, na sua opinião. Use os verbos da lista ou outros que preferir.

poder	viver	destruir	tomar medidas	melhorar	usar	ser
proibir	limpar	faltar	poluir		saber	salvar	ter

MODELO: No ano 2050 poluiremos muito menos o meio ambiente.

1. _____

2. _____

3. _____

4. _____

5. _____

The future subjunctive

13-8 Sonhos. Kelly, uma jovem estudante americana, está a falar sobre os seus planos para o futuro. Complete as afirmações da Kelly com as formas apropriadas dos verbos entre parênteses.

Já estou quase a terminar os meus estudos. Quando eu (1) _____ (terminar),

quero trabalhar dois ou três anos em África. Ainda não sei exactamente como será, mas quando eu

(2) _____ (ir), vou visitar primeiro Angola e depois a Guiné-Bissau. O que sei também

é que não irei sozinha. Assim que o meu namorado angolano (3) _____ (acabar) o curso

de Mestrado em Engenharia aqui nos Estados Unidos, ele voltará para Angola. Ou melhor, depois que

nós os dois (4) _____ (terminar) a faculdade, vamos casar e iremos para Angola juntos.

Enquanto eu (5) _____ (estar) em África, trabalharei com uma ONG para promover o

desenvolvimento económico sustentável e o meu namorado trabalhará na construção de uma barragem

hidroeléctrica na Guiné-Bissau. Sempre que nós (6) _____ (ter) oportunidade, iremos

viajar para conhecer outros países africanos, especialmente Cabo Verde e São Tomé e Príncipe. Quando eu

(7) _____ (poder) realizar estes meus sonhos serei muito feliz!

13-9 Condições para casar e trabalhar em África. A Kelly continua a pensar no seu casamento com o Eduardo, um jovem angolano que está a estudar nos Estados Unidos. Escreva cinco frases formulando os planos dela.

MODELO: *Viajaremos para Angola assim que terminarmos os estudos.*
Enquanto trabalhar como voluntária não poderei viajar muito.

CONJUNÇÕES	CONDIÇÕES
quando	terminar os estudos
logo que	(não) falar português muito bem
depois que	assumir responsabilidades
enquanto	estar a trabalhar numa ONG
assim que	o Eduardo receber o seu diploma
	(não) ganhar dinheiro suficiente
	conseguir um emprego pago
	viver na Guiné-Bissau

1. _____

2. _____

3. _____

4. _____

5. _____

13-10 Temas controversos. Pense numa consequência que cada um dos problemas seguintes poderá trazer para a humanidade. Use o futuro do conjuntivo nas frases.

MODELO: emissões de dióxido de carbono
Enquanto as emissões de dióxido de carbono continuarem a aumentar, será muito difícil controlar o efeito de estufa.

1. o aquecimento da Terra

_____

_____

2. o desmatamento das florestas

_____

_____

3. os milhões de habitantes no planeta

_____

_____

4. a escassez de recursos hídricos

_____

_____

5. os alimentos geneticamente modificados

_____

_____

The conditional

13-11 O que é que você faria? Escolha a acção apropriada para cada situação.

1. Está sozinho/a em casa, ouve um barulho e vê que alguém está a tentar abrir uma janela.

2. Amanhã é o dia em que a sua universidade celebra o Dia da Terra.

3. Quer fazer turismo ecológico em Moçambique.

4. O seu vizinho quer cortar uma árvore de 300 anos do quintal da casa dele.

5. O seu vizinho trabalha na mesma rua onde você trabalha.

_____ Consultaria uma agência de viagens.

_____ Avisaria o Departamento de Urbanismo da cidade.

_____ Daria uma boleia (*ride*) ao vizinho.

_____ Telefonaria para a polícia.

_____ Assistiria às conferências sobre ecologia.

13-12 Um comité. Você faz parte da comissão ambiental da sua universidade. O que é que os estudantes poderiam fazer para contribuir para a preservação do ambiente?

MODELO: latas e garrafas de refrigerante

Os estudantes poderiam/Nós poderíamos reciclar latas e garrafas de refrigerante.

1. os papéis _____

2. as luzes do corredor _____

3. os computadores velhos _____

4. o elevador _____

5. a comida que sobra das festas _____

6. o ar condicionado _____

13-13 O grande prémio da lotaria. Imagine que ganhou cem milhões de dólares na lotaria. Você decide guardar metade do dinheiro e usar a outra metade para ajudar a proteger o ambiente. Como é que gastaria o dinheiro destinado ao meio ambiente? Escreva uma lista de coisas que faria nas seguintes áreas.

MODELO: efeito de estufa

Daria dinheiro para estudos científicos sobre as emissões de dióxido de carbono.

os países em desenvolvimento

1. _____

2. _____

os mares e os rios

3. _____

4. _____

os animais em extinção

5. _____

6. _____

3-14 Quais seriam as nossas obrigações? A Maria Luísa está doente e não pode ir às aulas durante uma semana. Como bons amigos, vocês disseram-lhe que fariam várias coisas para a ajudar. Complete as promessas com formas apropriadas dos verbos abaixo.

fazer	deitar	reciclar	ir	comprar	dar	visitar	tomar	conduzir

Dissemos à Maria Luísa que...

1. ...nós _____ notas por ela durante as aulas.

2. ...nós a _____ todos os dias.

3. ...o Pedro e a Sílvia _____ comida para ela na terça-feira.

4. ...eu _____ o lixo fora e _____ os jornais.

5. ...todos os amigos lhe _____ muito apoio.

Reciprocal verbs and pronouns

13-15 Relações pessoais. Descreva como você e os seus amigos se relacionam uns com os outros. Escolha um verbo da lista que melhor complete cada afirmação.

amar-se	detestar-se	beijar-se	encontrar-se	comunicar-se	respeitar-se
ver-se	criticar-se	insultar-se	telefonar-se	visitar-se	compreender-se

MODELO: O meu irmão Álvaro vive em Portugal. Eu vivo em Nova Iorque.
Nós comunicamo-nos frequentemente por e-mail.

1. Tu e o Tiago falam pelo telefone todos os dias. Vocês _____ diariamente.

2. A Lúcia e o Filipe vão casar. Eles _____ muito.

3. O Diogo e o Marcelo são irmãos gémeos, mas brigam muito. Eles _____
   e _____ frequentemente, por isso não _____ muito.

4. As mulheres portuguesas _____ sempre quando _____.

5. A Carla e a Mónica são colegas de quarto. Elas _____ muito bem.

6. Eu estudo com a Mónica. Nós _____ todas as terças e quintas.

13-16 História de amor. Você está a pensar no seu/na sua namorado/a (real ou imaginário/a). Descreva cinco acções que aconteceram entre vocês ou que caracterizam a vossa relação. Use os verbos abaixo e/ou outros.

conhecer-se	beijar-se	abraçar-se	querer-se bem	comunicar-se
telefonar-se	zangar-se	respeitar-se	ver-se	encontrar-se

MODELO: *O José e eu conhecemo-nos em Denver.*

1. _____

2. _____

3. _____

4. _____

5. _____

ENCONTROS

Para ler

13-17 O Arquipélago dos Bijagós. Você está a fazer pesquisa sobre as questões ambientais nos países africanos de língua oficial portuguesa e encontrou o seguinte artigo sobre a Reserva da Biosfera de Bijagós, na Guiné-Bissau. Leia o artigo e siga as instruções abaixo.

Arquipélago dos Bijagós: um património ecológico da humanidade

O Programa Regional de Conservação da Zona Costeira e Marinha da África Ocidental da UNESCO apresenta uma exposição que dá a conhecer o Arquipélago dos Bijagós, na Guiné-Bissau, e a sua Reserva da Biosfera que integra dois Parques Nacionais, criados em 2000 para uma maior protecção da enorme biodiversidade deste ecossistema único.

O Arquipélago dos Bijagós, o único arquipélago junto da costa ocidental africana, engloba oitenta e oito ilhas numa superfície de 10 000 km^2. Apenas vinte delas estão ocupadas de forma permanente, enquanto algumas das restantes ilhas são exploradas em certas épocas do ano e outras são consideradas sagradas pelo povo dos Bijagós. A população do arquipélago é de cerca de 30 mil habitantes, a maioria dos quais pertence à etnia[1] que dá o nome às ilhas. Os bijagós são um povo com características de organização social muito particulares. Diferentemente de outras etnias guineenses, a sociedade bijagó não reconhece uma hierarquia vertical, em que toda a comunidade seja encabeçada por um rei ou régulo, e organiza-se horizontalmente, com uma distribuição da autoridade determinada por faixa etária.[2]

A Reserva da Biosfera do Arquipélago Bolama-Bijagós existe desde 1996. Entre os seus objectivos encontram-se a conservação da diversidade biológica e a valorização da gestão tradicional dos recursos e da cultura bijagó. A reserva abriga um grande número e variedade de espécies animais, entre os quais mamíferos,[3] aves, répteis e peixes. O arquipélago é considerado o lugar mais importante para a reprodução da tartaruga-verde (*Chelonia mydas*) na costa atlântica da África. Encontram-se também nos Bijagós outras espécies protegidas e/ou raras, tais como crocodilos, hipopótamos, manatins e golfinhos. A grande riqueza ecológica do arquipélago e a fragilidade do equilíbrio em que vivem as suas populações humana e animal pedem um reforço[4] urgente das iniciativas de protecção ambiental empreendidas nos últimos anos pelas organizações internacionais.

1. *ethnic group*   2. *age group*   3. *mammals*   4. *reinforcement*

A. Indique:

1. número e nomes dos arquipélagos existentes junto da costa ocidental da África

   _____

2. data da criação da Reserva da Biosfera no Arquipélago dos Bijagós

   _____

3. dois objectivos da Reserva

   _____

4. número de pessoas que vivem nas ilhas

   _____

5. forma de organização social dos bijagós

   _____

6. três das espécies animais que habitam o arquipélago

B. Complete as seguintes afirmações:

1. A biodiversidade do Arquipélago dos Bijagós é_____

_____.

2. Mais de sessenta ilhas do arquipélago_____

_____.

3. A organização social dos bijagós_____

_____.

4. A Reserva da Biosfera abriga_____

_____.

Para escrever

13-18 Presidente da Câmara. Imagine que está a concorrer às eleições para presidente da câmara municipal da sua cidade natal. Primeiro, faça uma lista das suas prioridades nas áreas da protecção do ambiente, turismo ecológico e desenvolvimento sustentável. Em seguida, escreva um breve discurso para explicar o seu programa eleitoral nessas áreas. O discurso deve explicar também como você espera que os cidadãos e cidadãs da sua cidade o/a ajudem a atingir os seus objectivos.

Prioridades:

1. _____

2. _____

3. _____

Senhoras e senhores:

_____

_____

_____

_____

_____

_____

_____

_____

_____

_____

_____

_____

_____

_____

_____

HORIZONTES

13-19 Guiné-Bissau e São Tomé e Príncipe. Indique se as afirmações seguintes são verdadeiras ou falsas, marcando V ou F nos espaços abaixo, de acordo com as informações em **Horizontes** nas páginas 494-496 do seu livro. Corrija as afirmações falsas.

1. _____ A Guiné-Bissau tornou-se independente em 1970.

_____

2. _____ A Guiné Portuguesa teve um papel muito importante no tráfico de escravos.

_____

3. _____ O Partido Africano para a Independência da Guiné e Cabo Verde conquistou a independência da Guiné-Bissau de forma pacífica.

_____

4. _____ Actualmente, a Guiné-Bissau tem um sistema político de partido único.

_____

5. _____ Flora Gomes escreveu muitos romances em crioulo da Guiné-Bissau.

_____

6. _____ Os habitantes da Guiné-Bissau falam vários idiomas.

_____

7. _____ A Guiné-Bissau é o maior produtor de castanha de caju do mundo.

_____

8. _____ As ilhas de São Tomé e Príncipe fazem parte da Guiné-Bissau.

_____

9. _____ Actualmente, cacau é o produto mais importante de São Tomé e Príncipe.

_____

10. _____ Os sul-africanos gostam de fazer turismo em São Tomé e Príncipe.

_____

11. _____ Francisco José Tenreiro foi um importante dramaturgo são-tomense do século XIX.

_____

12. _____ A hibridez de elementos artísticos europeus e africanos é uma característica do tchiloli.

_____

LABORATÓRIO

A PRIMEIRA VISTA

13-20 Em defesa do ambiente. First, read the statements below. Then listen to the conversation between Luís, who wants to become a member (**sócio**) of Quercus, an important environmental organization in Portugal, and a representative of the organization. Finally, indicate whether the statements are true or false by marking **sim** or **não**.

	SIM	NÃO
1. O Luís conhece bem os projectos da Quercus.	_____	_____
2. A Quercus depende do governo português.	_____	_____
3. A Quercus defende o uso da energia nuclear.	_____	_____
4. A organização combate o uso de venenos contra animais.	_____	_____
5. O Luís pede para trabalhar na Quercus como voluntário.	_____	_____

13-21 O nosso planeta. Read the statements below before listening to this conversation. Then, indicate whether the statements that follow are part of Naide's or Rui's ideas by checking the appropriate column.

	NAIDE	RUI
1. Os estudantes deveriam fazer alguma coisa para melhorar o meio ambiente.	_____	_____
2. A associação de estudantes vai colaborar com o projecto de reciclagem.	_____	_____
3. É necessário organizar e transportar o lixo reciclável.	_____	_____
4. Vai haver muita coisa para reciclar na cantina.	_____	_____
5. Os cartazes vão ser colocados na cantina.	_____	_____

13-22 O clima. Listen to this conversation between Mário and Filipe. Then answer the questions that follow by choosing the best response from the three choices given for each. You may need to listen to the conversation more than once.

1. a) a poluição do ar   b) as mudanças climáticas   c) a previsão do tempo
2. a) na Itália   b) na China   c) no Japão
3. a) mudanças na história   b) fim das secas   c) extinção dos animais
4. a) as mudanças são mínimas   b) as mudanças são normais   c) as mudanças são grandes
5. a) a actividade humana   b) o crescimento do Sol   c) a composição do gelo

13-23 Uma entrevista. Listen to this conversation between an American student in Portugal and her biology teacher. Then, listen to the incomplete statements that follow and complete the sentences according to what you have heard. Listen to the recording as many times as needed.

1. _____
2. _____
3. _____
4. _____
5. _____
6. _____

13-24 Vocabulário da ecologia. Circle the words or expressions related to environment that were mentioned in the conversation you just heard in activity 13-23. You may want to listen to the dialogue one more time.

natureza	televisão	reciclar	desenvolvimento sustentável
computadores	economizar água	áreas verdes	tomar medidas
poluir	mares e rios	actividades prejudiciais	educação
União Europeia	centrais nucleares	carvão	espécies protegidas
responsabilidade	combater	petróleo	incêndios

ESTRUTURAS

The future tense

13-25 Sintra. You have joined a group of tourists who are visiting Lisbon. Tomorrow, their program includes a day-long tour of nearby Sintra and its parks and palaces. Listen as your tour guide explains the day's activities. Then indicate whether each statement that follows is true or false by checking **sim** or **não**. Knowledge of the following vocabulary will help you understand the tour guide's explanations:

a vila	*town*	**mouro/a**	*Moorish*	**o azulejo**	*decorative tile*
a chaminé	*chimney*	**recheado/a**	*filled*		

	SIM	NÃO
1.	_____	_____
2.	_____	_____
3.	_____	_____
4.	_____	_____
5.	_____	_____
6.	_____	_____
7.	_____	_____

3-26 Algumas mudanças. You will hear some statements describing plans for future changes in your university's recycling program. Restate each plan using the simple future tense. Pause the recording at the beep to answer at your own pace.

MODELO: Vamos reusar as folhas de papel para imprimir a primeira versão dos trabalhos.

Reusaremos as folhas de papel para imprimir a primeira versão dos trabalhos.

1. _____

2. _____

3. _____

4. _____

5. _____

6. _____

The future subjunctive

13-27 O futuro. You will hear several statements referring to events that have not yet happened. In the appropriate column or columns, transcribe the verbs you will hear in each of the statements. Pause the recording at the beep to write at your own pace.

MODELO: O Luís e a Catarina viajarão de navio assim que terminarem o semestre.

indicativo: viajarão   conjuntivo: terminarem

	INDICATIVO	CONJUNTIVO
1.	_____	_____
2.	_____	_____
3.	_____	_____
4.	_____	_____
5.	_____	_____
6.	_____	_____
7.	_____	_____
8.	_____	_____
9.	_____	_____
10.	_____	_____
11.	_____	_____
12.	_____	_____

13-28 Quando vão fazer isso? Tell what Augusto and Suzette Vieira plan to do as soon as certain events happen. Pause the recording at the beep to answer at your own pace.

MODELO: You see: O Augusto e a Suzette vão a Portugal...

You hear: ter dinheiro

You say: *O Augusto e a Suzette vão a Portugal quando tiverem dinheiro.*

1. O Augusto e a Suzette vão viajar...
2. Eles vão comprar uma televisão nova...
3. Eles precisarão de roupa nova...
4. A Suzette pedirá um aumento de salário...
5. Ela vai ligar para o Augusto...
6. Eles vão ficar felizes...
7. O Augusto descansará mais...

13-29 Se tiverem tempo... Say what the following people will do when, if, as soon as, or while they have the time, according to the model. Pause the recording at the beep to answer at your own pace.

MODELO: You see: nós/logo que

You hear: visitar os tios

You say: *Vamos visitar os tios logo que tivermos tempo.*

1. tu/se
2. nós/quando
3. o Ricardo/assim que
4. eu/enquanto
5. vocês/logo que

The conditional

13-30 As ideias da Cecília e do Paulo. Listen to Cecília and Paulo as they discuss what they would do if they had a lot of money. Then indicate whether the statements below are part of Cecília's or Paulo's plans—or both or neither of them—by checking the appropriate column(s) or leaving them blank. Listen to the recording as many times as needed.

	CECÍLIA	PAULO
1. Compraria um carro desportivo caríssimo.	_____	_____
2. Teria uma casa grande.	_____	_____
3. Moraria num apartamento com varanda e vista para o mar.	_____	_____
4. Viajaria a muitos lugares.	_____	_____
5. Ajudaria financeiramente as organizações não-governamentais.	_____	_____
6. Trabalharia no Greenpeace.	_____	_____
7. Daria presentes à família.	_____	_____
8. Investiria na bolsa.	_____	_____

Nome: _____   Data: _____

13-31 O Carlos faria isso. Carlos is always very busy, but you know he would do more things if he had the time. Say that he would do the following things, according to the model. Pause the recording at the beep to answer at your own pace.

MODELO: trabalhar como voluntário limpando as praias
Trabalharia como voluntário limpando as praias.

13-32 Como seria a nossa vida? First, read the sentence fragments in your workbook. Then listen to the following incomplete statements and circle the letter corresponding to the most logical way to complete them among the options given below.

1. a. poderíamos chegar mais rapidamente a todos os lugares.
   b. comeríamos melhor.
   c. usaríamos mais os computadores.

2. a. dormiríamos muito mal.
   b. teríamos mais horas de lazer.
   c. estaríamos mais cansados.

3. a. teríamos mais trânsito nas ruas.
   b. haveria mais lixo.
   c. respiraríamos um ar mais puro.

4. a. todos seríamos mais felizes.
   b. comunicaríamos por telepatia.
   c. viajaríamos ao espaço.

Reciprocal verbs and pronouns

13-33 Um encontro entre dois amigos de infância. You will hear six statements describing Júlio's activities yesterday. After listening to each statement, determine whether or not the actions described in the statement are reciprocal. Check **sim** if the actions are reciprocal and **não** if they are not.

	SIM	NÃO
1.	_____	_____
2.	_____	_____
3.	_____	_____
4.	_____	_____
5.	_____	_____
6.	_____	_____
7.	_____	_____

13-34 Um casal de namorados. Listen as Glória talks about Eduardo, how they met, and their relationship. Then, complete the following sentences based on what you heard. Don't worry if you do not understand every word.

1. O Eduardo e a Glória _____ há três anos durante um feriado religioso.

2. Durante aquelas férias eles _____ todos os dias.

3. Quando eles voltaram para as suas respectivas universidades, eles _____ por e-mail
   e _____ quase todos os dias.

4. Quando o Eduardo e a Glória _____ outra vez no dia da formatura da Glória,
   eles _____ e _____.

5. Foi também nesse dia que os pais da Glória e o Eduardo _____ e eles logo
   _____ muito bem.

6. A Glória e o Eduardo _____ exactamente um ano mais tarde.

ENCONTROS

13-35 O Parque Nacional do Arquipélago de Bazaruto. Primeiro passo. Read the statements below before listening to a description of the Bazaruto National Park in Mozambique and to a conversation between Sara and Francisco who are planning to visit the archipelago. Finally, mark the statements **sim** or **não** according to the information you have heard.

	SIM	NÃO
1. A Sara e o Francisco vão passar um fim-de-semana no Bazaruto.	_____	_____
2. Eles pagarão muito dinheiro por essa viagem.	_____	_____
3. Eles poderão ver tartarugas (*turtles*) e crocodilos na ilha.	_____	_____
4. A Sara engana-se quando pensa que poderá dançar nas discotecas.	_____	_____
5. A Sara vai preferir o resort Bazaruto Lodge.	_____	_____
6. A Sara e o Francisco já estão bem informados sobre Bazaruto.	_____	_____
7. O governo limita o desenvolvimento turístico do arquipélago.	_____	_____
8. Os dugongos são mamíferos (*mammals*) marinhos muito raros.	_____	_____

Segundo passo. Now write complete sentences to answer the following questions, based on what you have learned about Bazaruto. You may want to listen to the description again.

1. Onde se situa o Parque Nacional de Bazaruto?

   _____

2. Quais são algumas espécies de animais que habitam as ilhas e os mares do arquipélago?

   _____

   _____

3. Quais são as políticas de preservação que protegem o ambiente do arquipélago?

   _____

   _____

4. Onde é que você acha que a Sara e o Francisco vão ficar hospedados na ilha de Bazaruto? Porquê?

   _____

   _____

5. O que vão poder fazer na ilha?

   _____

   _____

6. O que não vão poder fazer na ilha?

   _____

   _____

3-36 Chico Mendes e a luta pela preservação da Amazónia. You will hear a passage on Chico Mendes, the Brazilian activist whose efforts to protect the rain forest cost him his life. Before listening, review the vocabulary that will help you understand what you hear. After listening, circle the letter that corresponds to the best way to complete each of the statements in your workbook according to the information you heard. You may need to listen to the recording more than once.

o seringueiro	*rubber tapper*	**o castanheiro**	*gatherer of Brazil nuts*		
o/a grileiro/a	*squatter*	**o/a posseiro/a**	*land title holder*	**o/a fazendeiro/a**	*rancher*
desapropriar	*to expropriate*	**o/a caboclo/a**	*Westernized Brazilian Indian or mestizo*		

1. Chico Mendes nasceu...
   a) no estado do Acre.
   b) no estado do Amazonas.
   c) no estado do Pará.

2. A luta de Chico Mendes era...
   a) para proteger os povos da Amazónia.
   b) para proteger as árvores e os animais da Amazónia.
   c) para proteger a floresta amazónica, os povos e as terras.

3. Chico Mendes defendia...
   a) o uso da terra como os antepassados a usavam.
   b) novos investimentos na região.
   c) o desmatamento das florestas.

4. Chico Mendes protestava...
   a) abraçando as árvores.
   b) usando armas de fogo.
   c) plantando mais árvores.

5. Chico Mendes era...
   a) violento.
   b) fazendeiro.
   c) pacífico.

6. Chico Mendes recebeu...
   a) um prémio de uma organização não-governamental (ONG).
   b) um prémio da Organização das Nações Unidas (ONU).
   c) um prémio do Banco Interamericano de Desenvolvimento (BID).

7. Por causa dos seus protestos...
   a) o BID enviou muito dinheiro para a Amazónia.
   b) o BID suspendeu financiamentos para a construção da estrada na Amazónia.
   c) a ONU enviou dinheiro para a Amazónia.

8. Com a sua morte, os fazendeiros pensavam que...
   a) protegeriam o meio ambiente.
   b) acabariam com as aspirações dos seus seguidores.
   c) teriam muitos problemas.

9. A morte de Chico Mendes...
   a) teve pouca repercussão.
   b) teve repercussão internacional.
   c) teve repercussão apenas no Brasil.

10. Depois da morte de Chico Mendes...

    a) todos os projectos anteriores à sua morte continuaram.

    b) não houve mais ONGs na Amazónia.

    c) o mundo ainda se inspira nele para lutar pela preservação da Amazónia.

VÍDEO

Vocabulário útil

os arredores	surrounding areas	o palácio	palace
o caixote do lixo	trash can	o papelão	paper and cardboard
o cartão	cardboard	a poeira	dust
o conhecimento	knowledge, awareness	propriamente dito/a	properly speaking
o contentor	bin	relvado/a	covered with grass
a embalagem	container	o sítio	place
o Ocidente	West	a vila	town

13-37 Os espaços verdes. Primeiro passo. A Alexandra fala sobre os espaços verdes e, especificamente, sobre Sintra. Responda às perguntas abaixo, com frases completas, de acordo com as afirmações da Alexandra.

1. Onde fica Sintra?

   _____

2. Quem vive perto de Sintra?

   _____

3. Quais são as atracções de Sintra?

   _____

Segundo passo. O Márcio dá uma resposta muito diferente à mesma pergunta. Complete o parágrafo abaixo de acordo com o comentário dele.

Em Luanda? Era bom que (1) _____ algum (2) _____. Era bom, porque até o

próprio (3) _____ não é (4) _____; portanto, espaços verdes

ali é complicado, é só (5) _____.

3-38 A reciclagem. Primeiro passo. Quais são os cinco tipos de lixo que a Alexandra separa e recicla?

1. _____

2. _____

3. _____

4. _____

5. _____

Segundo passo. O que é que você recicla? Indique categorias de lixo e dê exemplos específicos.

_____

_____

_____

_____

13-39 O meio ambiente em África. Primeiro passo. Complete o parágrafo de acordo com o que diz o Adolónimo sobre a situação do meio ambiente em África.

Acho que o problema de África é que no Ocidente pensam que aquilo é um (1) _____ , ou pensam ou fazem daquilo um (2) _____ e mandam para lá tudo o que não usam. E o que aqui, em princípio, seria (3) _____ ou co-incinerado, mandam para lá como ajudas. E as pessoas lá, que não têm (4) _____ , ainda agradecem e existe muita (5) _____ por via deste facto.

Segundo passo. O que é que você acha da relação dos países mais ricos com os mais pobres na área da protecção do meio-ambiente? Complete as afirmações abaixo.

1. Acho que os países mais ricos _____

   _____ .

2. Acho que os países mais pobres_____

   _____ .

Lição 14 ◆ A sociedade

À PRIMEIRA VISTA

14-1 Vocabulário. Ligue as expressões e palavras da esquerda com a palavra ou expressão da direita.

1. a idade   _____ número de pessoas

2. o/a chefe de família   _____ pessoa do sexo feminino

3. a população   _____ número de anos

4. indicadores   _____ a casa

5. o domicílio   _____ dados estatísticos

6. a mulher   _____ pessoa responsável pela família

14-2 Assuntos sociais. Marque a palavra que não pertence ao grupo.

1. A estatística
   a) os dados
   b) a média
   c) a percentagem
   d) a alfândega

2. O divórcio
   a) a família
   b) os problemas económicos
   c) o casamento
   d) a cidade

3. A política
   a) o computador
   b) as eleições
   c) o governo
   d) o presidente

4. O analfabetismo
   a) a escola
   b) o domicílio
   c) a educação
   d) os livros

5. As desigualdades sociais
   a) pobreza
   b) a poluição do ar
   c) a distribuição do rendimento
   d) o salário mínimo

6. A família
   a) os pais
   b) os parentes idosos
   c) o país
   d) os filhos menores

14-3 O uso da Internet. Marque **sim** ou **não**, de acordo com as informações no texto "As desigualdades sociais e regionais reflectidas na Internet" (página 504 do seu livro).

	SIM	NÃO
1. A população pobre tem acesso a computadores.	_____	_____
2. Os bancos brasileiros registam um avanço tecnológico notável.	_____	_____
3. A maioria da população brasileira não tem acesso ao mundo digital.	_____	_____
4. Uma pequena parte da população brasileira usa um sofisticado sistema de comunicação digital.	_____	_____
5. O Banco do Brasil, as ONGs e o governo estão a criar estações digitais para a população rica.	_____	_____

4-4 Contra o sexismo na linguagem. Um grupo de estudantes portugueses decidiu reagir contra o sexismo na linguagem e enviou a seguinte proposta para a Comissão para a Igualdade e para os Direitos das Mulheres, uma organização do governo português. Leia a proposta e responda às perguntas abaixo.

Reflexões sobre formas linguísticas sexistas que devem ser evitadas[1] e exemplos de propostas alternativas

Sobre o masculino usado como genérico

Tradicionalmente, as palavras *homem* e *homens* têm sido usadas com um sentido universal, ocultando[2] ou desprezando[3] a presença e contribuição das mulheres.

Propomos a substituição de *homem* e *homens* por *pessoa* ou *pessoas* e *ser humano* ou *seres humanos,* sem dar preferência ao masculino ou ao feminino.

Não	Sim
o homem	os homens e as mulheres a humanidade
os direitos do homem	os direitos humanos os direitos das pessoas
o corpo do homem	o corpo humano
a inteligência do homem	a inteligência humana
o trabalho do homem	o trabalho humano
o homem da rua	o povo da rua a população da rua
a medida do homem	a medida humana/da humanidade/do ser humano

1. *avoided*
2. *concealing*
3. *disdaining*

1. Como é que o texto caracteriza o uso tradicional das palavras "homem" e "homens"?

   _____

   _____

2. O que propõem os autores do texto?

   _____

   _____

3. Que adjectivo sugerem para substituir a palavra "do homem" na frase "a inteligência do homem"?

   _____

4. Qual é a expressão equivalente para "o homem da rua"? _____

5. Existe o mesmo problema em inglês? Qual é a solução para este problema, em inglês?

   _____

   _____

6. Procure na Internet o site da Comissão para a Igualdade e para os Direitos das Mulheres e identifique dois objectivos da CIDM.

   _____

   _____

   _____

14-5 O papel das mulheres na minha família. Escreva um parágrafo contrastando as responsabilidades profissionais e domésticas de uma mulher mais velha da sua família (uma das avós, a mãe ou uma tia) com uma mulher mais jovem (uma irmã, uma prima ou você mesma, caso seja mulher).

ESTRUTURAS

Síntese gramatical

1. The past participle

REGULARES		IRREGULARES			
falar	**falado**	abrir	**aberto**	fazer	**feito**
comer	**comido**	cobrir	**coberto**	pôr	**posto**
assistir	**assistido**	dizer	**dito**	ver	**visto**
		escrever	**escrito**	vir	**vindo**

2. The passive voice

ser + *past participle* (+ **por**)
O computador é novo: nunca **foi usado** (**por** ninguém).
Os dados estatísticos **foram analisados** (**pelos** sociológos).

3. The present perfect

eu	tenho	
tu	tens	falado
você, o sr./a sra., ele/ela	tem	comido
nós	temos	visto
vocês, os srs./as sras., eles/elas	têm	

4. The past perfect

eu	tinha/havia	
tu	tinhas/havias	falado
você, o sr./a sra., ele/ela	tinha/havia	comido
nós	tínhamos/havíamos	visto
vocês, os srs./as sras., eles/elas	tinham/haviam	

The past participle

14-6 As mudanças na sociedade. Complete o parágrafo com as palavras da lista.

abertas   mudada   excluídas   participado   decididas   interessados

A sociedade está (1) _____. Os pais estão (2) _____ em dialogar mais

com os filhos. As mulheres estão mais (3) _____ a participar na vida do país e as portas estão

(4) _____ para todos. As mulheres, que eram (5) _____ de uma participação

activa na sociedade no passado, hoje estão numa situação muito diferente, tendo

(6) _____ em várias áreas.

14-7 Duas festas diferentes. Descreva o que acontecia numa festa nos anos sessenta e noutra no ano de 2007. Use o imperfeito e as formas correctas dos particípios indicados abaixo e/ou outros.

| ligado/desligado | interessado em... | preocupado com... | proibido |
| permitido | aceso/apagado | vestido... | calmo/agitado |

MODELO: a televisão

	ANOS SESSENTA	ANO DE 2007
	A televisão estava desligada.	*A televisão estava ligada.*

1. os convidados _____

2. as luzes _____

3. as mulheres _____

4. os vizinhos _____

5. as portas _____

14-8 Sim, está feito. A sua família acabou de alugar um condomínio por duas semanas. Antes da viagem, a sua mãe faz algumas perguntas. Responda às perguntas dela e reafirme que tudo está sob controle.

MODELO: Informaste os teus amigos do endereço do apartamento?

   Sim, estão informados.

1. Ana, apagaste a luz do teu quarto?

   _____

2. Luís, mudaste as toalhas na casa de banho?

   _____

3. Carlos, arrumaste o teu quarto?

   _____

4. Vocês puseram as malas no porta-bagagens?

   _____

5. Marcela, fizeste a lista das compras?

   _____

The passive voice

4-9 Quem fez o quê? Reescreva as frases seguintes usando a voz passiva.

MODELO: Os filhos fizeram a cama.
         A cama foi feita pelos filhos.

1. Os adolescentes viram o filme de terror.

   _____

2. Corri a maratona.

   _____

3. Elegemos muitas deputadas em 2006.

   _____

4. As mulheres receberam vários presentes.

   _____

5. O polícia ajudou aquela senhora.

   _____

6. As pessoas mudaram muitos hábitos do passado nos últimos anos.

   _____

14-10 Informações importantes. Usando a voz passiva e formas apropriadas dos verbos da lista, dê informações sobre as pessoas, lugares e obras abaixo. Faça a pesquisa necessária para completar o exercício.

MODELO: Aníbal Cavaco Silva
         Aníbal Cavaco Silva foi eleito presidente de Portugal em 2006.

compor   fundar   eleger   construir   publicar   gravar

1. A Universidade de Coimbra _____.

2. O romance *Memorial do Convento* _____.

3. Xanana Gusmão _____.

4. Os discos *Mar Azul* e *Miss Perfumado* de Cesária Évora _____.

5. A Torre de Belém _____.

6. As *Bachianas brasileiras* de Villa-Lobos _____.

The present perfect

14-11 Os portugueses e os desportos. Complete as seguintes afirmações sobre as contribuições que os portugueses têm dado para o mundo dos desportos. Use o presente perfeito dos verbos entre parênteses.

MODELO: *Naide Gomes tem competido em muitos campeonatos internacionais.*

1. Portugal _____ (participar) em vários Mundiais de futebol.

2. Vários jogadores de futebol _____ (ter) muito êxito nos clubes europeus.

3. Vanessa Fernandes _____ (vencer) muitas competições de triatlo.

4. Cristiano Ronaldo _____ (receber) ofertas dos melhores clubes de futebol.

5. Infelizmente, os atletas portugueses não _____ (conseguir) muitas medalhas de ouro nos Jogos Olímpicos.

6. E nós, o que _____ (fazer)?

14-12 Mudanças na sociedade. A sua amiga Carolina explica-lhe como a sociedade portuguesa tem mudado nos últimos anos. Escreva o que ela disse.

MODELO: as mulheres/trabalhar em cargos importantes
As mulheres têm trabalhado em cargos importantes.

1. os homens/assumir mais tarefas domésticas

_____

2. o número de imigrantes/aumentar

_____

3. os idosos/viver mais anos

_____

4. o desemprego/crescer

_____

5. o número de casamentos/diminuir

_____

6. os jovens/consumir mais bebidas alcoólicas

_____

7. eu/trabalhar como voluntária

_____

14-13 A minha família e eu. Responda às seguintes perguntas pessoais.

1. O que é que você tem feito ultimamente?

_____

2. Para onde têm viajado os seus pais?

_____

3. Tem lido o jornal local ultimamente?

_____

4. Tem conversado muito com os seus pais?

_____

5. O seu irmão (a sua irmã, o seu/a sua primo/a) tem saído consigo?

_____

6. Tem gasto muito dinheiro nas últimas semanas?

_____

The past perfect

14-14 Uma grande viagem. Escreva o que já tinha acontecido antes das seguintes actividades do Daniel em Portugal.

MODELO: Quando o Daniel foi a Portugal, ele já _____ com colegas portugueses e cabo-verdianos. (estudar)

Quando o Daniel foi a Portugal, ele já tinha estudado com colegas portugueses e cabo-verdianos.

1. Em Lisboa, o Daniel foi ao supermercado no sábado às 11:00 da noite, mas a loja já

_____ (fechar).

2. Ele já _____ (ver) muitos jogos de futebol na televisão antes de ir ao

Estádio da Luz.

3. Ele só _____ (assistir) a um jogo do Benfica na televisão.

4. Antes de irem ao jogo, o Daniel e os colegas _____ (ir) à praia e

_____ (comer) pizza no Centro Comercial Colombo.

5. O Daniel e eu já _____ (ver) um concerto dos Xutos e Pontapés anos atrás, mas

o Daniel adorou ver o grupo ao vivo outra vez.

6. Antes de o Daniel partir dos Estados Unidos, eu _____ (dizer) que ele se divertiria

muito em Portugal.

14-15 Que tinham feito? Na semana passada, a professora do Daniel pediu que os colegas da aula de Português fizessem uma pesquisa sobre o papel da mulher na sociedade portuguesa durante os últimos trinta anos. Escreva o que você, o Daniel e os seus colegas tinham feito para obter estas informações antes de irem para a aula ontem.

MODELO: Pedro/fazer entrevistas

O Pedro tinha feito entrevistas em vários escritórios.

1. eu/procurar informações

_____

2. Alice e Daniel/ler vários artigos sobre

_____

3. Daniel/falar com

_____

4. tu/ver

_____

5. nós/consultar

_____

6. Pedro e eu/obter informações

_____

14-16 O que é que as mulheres tinham feito? No mesmo curso mencionado na actividade 14-15, vocês aprenderam também que papéis as mulheres tinham desempenhado na sociedade portuguesa na primeira metade do século XX.

1. algumas mulheres/escrever livros

_____

2. Adelaide Cabete/fundar o Conselho Nacional das Mulheres Portuguesas

_____

3. outras mulheres/ser médicas, engenheiras e advogadas

_____

4. a maioria/trabalhar como doméstica ou professora

_____

5. nenhuma mulher/ser membro do governo antes de 1971

_____

ENCONTROS

Para ler

14-17 Concorda ou discorda? Escreva frases que defendam ou ataquem as seguintes afirmações. Justifique a sua reacção.

1. Todas as quintas-feiras, as mulheres devem ter o direito de entrar nas discotecas sem pagar.

_____

_____

2. Um homem deve sempre abrir a porta a uma mulher.

_____

_____

3. Uma mulher deve mudar de apelido quando casa.

_____

_____

4. Em muitos países o serviço militar é obrigatório para os homens e não para as mulheres.

_____

_____

14-18 Eles e elas. Leia o artigo abaixo que trata das mudanças nos papéis dos homens e das mulheres que têm ocorrido na sociedade portuguesa. Depois, responda às perguntas que se seguem.

ESPECIAL

Vida a dois

Tarefas divididas

Os papéis que as mulheres portuguesas desempenham na sociedade têm mudado imenso nas últimas décadas. Estas mudanças têm sido mais evidentes nos grandes centros urbanos, como Lisboa e o Porto, mas elas verificam-se claramente por toda a parte. Sobretudo depois do 25 de Abril, as mulheres abandonaram os tradicionais papéis de dona de casa, mãe, esposa e empregada doméstica, para ingressar em áreas que, durante séculos, tinham sido quase exclusivamente ocupadas pelos homens. Estudar na universidade, assumir postos importantes no campo profissional, exercer cargos políticos: são algumas das áreas em que as mulheres têm actuado e competido com os homens. Por outro lado, os homens também têm demonstrado uma tendência favorável às mudanças.

Segundo alguns analistas no campo das relações entre casais, hoje em dia os homens cada vez mais se empenham em que o seu casamento ou relacionamento funcione e se mantenha por toda a vida. Em relação aos sentimentos, o homem quase não se expressava antigamente, geralmente optando por reservar os seus sentimentos e preocupações e não os compartilhar com a sua companheira. Não há dúvida que hoje o homem procura canais e maneiras de exprimir os seus sentimentos, frustrações, alegrias e problemas. Por ser uma experiência relativamente nova e desconhecida para a mulher, esta por vezes fica surpreendida e até, possivelmente, confundida quando o homem compartilha os seus sentimentos e sobretudo quando chora, ao manifestar as suas emoções mais íntimas.

Da mesma forma, no que diz respeito ao lar, muitos homens querem participar activamente em mais aspectos da vida familiar, como a educação dos filhos, e em assuntos domésticos do dia-a-dia, como a limpeza da casa e da roupa, a preparação da comida, etc.

O ponto positivo de tudo isto é que agora, mais do que antes, o homem parece ter compreendido que a sua contribuição para o bem-estar do lar não é exclusivamente económica. E pode-se afirmar seguramente que a emancipação social das mulheres foi responsável por esta transformação das mentalidades dentro e fora do lar.

A. À base do conteúdo do artigo...

1. indique três papéis dominantes da mulher na sociedade até há poucos anos atrás.

_____

2. indique mudanças na atitude e comportamento (*behavior*) do homem que têm afectado positivamente a vida familiar nas seguintes áreas:

a. vida doméstica: _____

b. filhos:_____

c. relações entre o casal: _____

B. Complete as frases seguintes de acordo com o artigo:

1. No campo profissional, as mulheres _____

_____.

2. No passado, os homens casados _____

_____.

3. As mulheres ficam surpreendidas quando os homens _____

_____.

C. Na minha opinião, as mulheres podem ter filhos e uma vida profissional activa quando os maridos

_____

_____.

14-19 A vida das mulheres. O que é que as mulheres americanas têm feito nos últimos tempos, dentro e fora do lar? E os homens? Escreva dois breves parágrafos sobre o assunto. Pense nos seguintes pontos:

1. O papel das mulheres e dos homens em casa. *As mulheres têm trabalhado sozinhas na limpeza da casa e na cozinha? Quem tem cuidado dos filhos? Os homens têm assumido responsabilidades domésticas? Quem tem pago as contas da casa? Como é que os casais têm dividido as despesas?*

2. O papel das mulheres e dos homens no trabalho. *O que é que as mulheres têm feito para merecer mais respeito no trabalho? As mulheres e os homens têm tido as mesmas oportunidades para cargos de chefia nas empresas? As mulheres têm recebido o mesmo salário que os homens?*

_____

_____

_____

_____

_____

_____

_____

_____

_____

_____

_____

_____

_____

_____

_____

_____

Para escrever

14-20 Uma mulher de êxito. O seu professor de Comunicação 101 deu um trabalho aos estudantes: devem entrevistar uma mulher de êxito (*successful*) em qualquer ramo profissional ou público. Use o artigo abaixo como base para escrever uma entrevista imaginária com Graça Simbene Machel.

Graça Simbene Machel nasceu em 1945 em Incadine, na província de Gaza, em Moçambique. Formou-se em Filologia Germânica na Universidade de Lisboa e começou a trabalhar como professora, mas envolveu-se também, ao mesmo tempo, no movimento clandestino FRELIMO (Frente de Libertação de Moçambique) na luta pela independência do seu país. Em 1973 abandonou Portugal para se juntar às forças da FRELIMO na Tanzânia, onde recebeu treino político e militar e, entre outras responsabilidades, exerceu a função de vice-directora de uma escola secundária mantida pela Frente. Foi também nessa altura que conheceu Samora Machel, o presidente da FRELIMO e o futuro presidente de Moçambique, com quem viria a casar em 1975. Com a independência, passou a exercer o cargo de Ministra da Educação e da Cultura e, a partir de 1984, Ministra da Educação, cargo em que se manteve até 1989, elevando de 40% para quase 90% o número de crianças moçambicanas matriculadas na escola e conseguindo uma redução de 22% na taxa de analfabetismo.

Em 1986, Samora Machel morreu quando o avião em que viajava caiu, em circunstâncias que nunca foram esclarecidas. No entanto muitos, incluindo a própria Graça Machel, acreditam na hipótese de um assassinato planeado pelo regime sul-africano do *apartheid*. Após a morte do marido, a ex-primeira dama de Moçambique continuou a trabalhar na área da educação e dos direitos humanos. Criou uma organização sem fins lucrativos que tinha como objectivo combater a pobreza e proteger as mulheres e as crianças, e participou em muitas conferências e fóruns internacionais. Em 1994 foi nomeada pelas Nações Unidas para liderar uma equipa que estudou o impacto dos conflitos armados na infância. Tem-se destacado no movimento contra regimes políticos que forçam crianças a participar em acções militares, e tem-se empenhado no trabalho de reabilitação e reconstrução de nações pós-conflito. Como reconhecimento do seu trabalho nessa área, recebeu a Medalha Nansen das Nações Unidas em 1995. Foi também distinguida pelas suas actividades com outros prémios e doutoramentos *honoris causa*, nomeadamente pela Universidade de Essex, na Inglaterra, a Universidade de Glasgow, na Escócia, e a Universidade de Cape Town, na África do Sul. Esta última universidade elegeu-a sua Chanceler em 1999, com um mandato de 10 anos; Graça Machel foi a primeira mulher e a primeira pessoa negra a assumir esse cargo. Em 1998, Graça Machel casou com o líder político sul-africano Nelson Mandela.

MODELO: Você: *Onde nasceu?*

Graça Machel: *Nasci em Incadine, na província de Gaza.*

VOCÊ: _____

GRAÇA MACHEL: _____

_____

_____

VOCÊ: _____

GRAÇA MACHEL: _____

_____

_____

VOCÊ: _____

GRAÇA MACHEL: _____
_____
_____

VOCÊ: _____

GRAÇA MACHEL: _____
_____
_____

VOCÊ: _____

GRAÇA MACHEL: _____
_____
_____

14-21 Uma biografia. Para a sua aula de Psicologia, a professora quer que você escreva a biografia de uma pessoa de êxito (conhecida ou não) que o/a tenha influenciado e servido como modelo para a sua vida. Escreva a biografia desta pessoa em três parágrafos.

Parágrafo 1: Escreva as informações pessoais da pessoa: nome, lugar e data de nascimento, profissão, lugar onde trabalha e porque esta pessoa é importante para si.

Parágrafo 2: Actividade actual: o que é que a pessoa tem feito ultimamente?

Parágrafo 3: Os planos desta pessoa a curto e a longo prazo (*short- and long-term plans*).

_____
_____
_____
_____
_____
_____
_____
_____
_____
_____
_____
_____
_____
_____
_____
_____

HORIZONTES

14-22 Timor-Leste. Indique se as afirmações seguintes são verdadeiras (V) ou falsas (F), de acordo com as informações providenciadas em **Horizontes** nas páginas 523-524 do seu livro. Corrija as afirmações falsas.

1. _____ Timor-Leste tem uma população de mais de cinco milhões de habitantes.

_____

2. _____ Os timorenses vivem numa ilha.

_____

3. _____ Antigamente, Timor-Leste chamava-se Timor Português.

_____

4. _____ A independência de Timor-Leste foi proclamada em 25 de Abril de 1974.

_____

5. _____ A Indonésia teve um papel positivo no estabelecimento do estado timorense.

_____

6. _____ As Nações Unidas ajudaram a restaurar a independência de Timor-Leste.

_____

7. _____ Tétum e português são as únicas línguas faladas em Timor-Leste.

_____

8. _____ A maioria da população de Timor-Leste professa o islamismo.

_____

9. _____ Os timorenses são altamente alfabetizados.

_____

10. _____ Há muitas montanhas no interior de Timor-Leste.

_____

11. _____ O país tem reservas importantes de petróleo e gás.

_____

12. _____ O cultivo de café tem sido a base mais bem sucedida da economia timorense.

_____

À PRIMEIRA VISTA

14-23 Pontos de vista diferentes. Look at the chart below and then listen to the different points of view that Helena and her grandmother express in their conversation. Finally, complete the chart with a word or phrase indicating their differences of attitude and opinion. Listen to the recording as many times as needed.

TÓPICO	AVÓ	HELENA
as mulheres		
os homens		
cuidado dos filhos		
tarefas domésticas		

14-24 As mudanças na sociedade portuguesa. You will hear a brief description of changing characteristics of Portuguese society, followed by several statements. Indicate whether each statement is true or false by checking **sim** or **não**.

	SIM	NÃO
1.	_____	_____
2.	_____	_____
3.	_____	_____
4.	_____	_____
5.	_____	_____

14-25 A inclusão digital. Listen to this brief analysis of access to information technology in African countries. Then, fill in the blanks with the information you heard. You may need to listen to the passage more than once.

1. O significado da sigla OSI (uma iniciativa da UNESCO):

    _____

2. O grau de acesso aos _____ é altamente desigual

    nos países de língua portuguesa.

3. Em África, o acesso à Internet existe sobretudo _____.

4. a. Percentagem de angolanos que usavam a Internet em 2006: _____

    b. Percentagem de luandenses que o faziam: _____

    c. Percentagem dos utilizadores luandenses acima que usavam a Internet regularmente: _____

5. Tipos de instituições que promovem medidas para combater a exclusão digital: _____

    _____

6. Em 2003, o Superior Tribunal de Justiça do Brasil _____

    _____.

7. O nome do programa que promove uma troca de conhecimento jurídico e tecnológico entre os países

    de língua portuguesa: _____

8. O _____ e a _____

    assinaram um acordo em 2007.

9. As áreas da cooperação previstas pelo acordo são _____

    _____.

14-26 Ensino à distância. Listen to the following dialogue between Vasco Portas, a student at the Universidade Aberta in Portugal, which specializes in distance learning, and his young niece Sara. Then, complete the chart based on the information you heard.

1. Data da fundação da UA	
2. Número e origem dos estudantes	
3. Razões para empreender o ensino à distância	
4. Curso que o Vasco está a tirar	
5. Departamento que lecciona esta disciplina	
6. Razão pela qual o Vasco faz este curso	
7. Actividades do Vasco na UA	

ESTRUTURAS

The past participle

14-27 Que viu o José? Listen to José's description of what he saw when he got home yesterday and match the number of each description with the appropriate illustration.

a. _____ b. _____ c. _____ d. _____

14-28 A peça de teatro. You are double-checking what other students are telling you about the preparations for a Portuguese play your school is putting on. After each report, confirm the information you heard, using **estar** and the past participle. Pause the recording at the beep to answer at your own pace.

MODELO: Escolheram a roupa dos actores.

Então, a roupa já está escolhida?

The passive voice

14-29 A sociedade. Listen to the following statements about Portuguese society and then rewrite them, using the passive voice. Pause the recording at the beep to write at your own pace.

MODELO: Os portugueses elegem muitas mulheres como presidentes das câmaras municipais.

Muitas mulheres são eleitas como presidentes das câmaras municipais pelos portugueses.

1. _____.

2. _____.

3. _____.

4. _____.

14-30 Depois do furacão. Listen to these descriptions of the effects of a hurricane (**o furacão**) and restate them using the passive voice. Pause the recording at the beep to answer at your own pace.

MODELO: O furacão destruiu as casas.

As casas foram destruídas pelo furacão.

The present perfect

14-31 Não tenho tido notícias do Henrique. Listen to the following conversation between André and Carla. As they talk, determine whether or not either of them uses the present perfect in their portions of the conversation. Check **sim** if they do and **não** if they don't.

	SIM	NÃO
1. André:	_____	_____
2. Carla:	_____	_____
3. André:	_____	_____
4. Carla:	_____	_____
5. André:	_____	_____
6. Carla:	_____	_____

14-32 As actividades da Sílvia. Listen as a friend tells you what Sílvia has done during the last two weeks. Following his description, the speaker will name several activities. Tell whether Sílvia has or hasn't done each activity, based on what you heard. You may need to listen to the passage more than once. If necessary, take some notes.

MODELO: ficar em casa

   Ela tem ficado em casa.

14-33 Voluntários na universidade. You and your friend are participating in a volunteer program for your education class. Your supervisor wants to know what type of volunteer work the two of you have been doing lately. Tell the supervisor what you have done, using the present perfect in your answers. Pause the recording at the beep to answer at your own pace.

MODELO: atender o telefone

   Temos atendido o telefone.

The past perfect

14-34 Xanana Gusmão. Listen to this brief account of the life of Xanana Gusmão, the first president of independent East Timor. Then, indicate whether each of the statements following the description is true or false by checking **sim** or **não**. Listen to the recording as many times as needed.

	SIM	NÃO
1.	_____	_____
2.	_____	_____
3.	_____	_____
4.	_____	_____
5.	_____	_____

14-35 Antes de estudar na universidade. Tell whether or not you had done each of the following activities by the time you started studying at the university. Pause the recording at the beep to answer at your own pace.

MODELO: conduzir um carro

> *Quando comecei a estudar na universidade, já tinha conduzido um carro.* ou
>
> *Quando comecei a estudar na universidade, ainda não tinha conduzido um carro.*

ENCONTROS

14-36 Um livro famoso. Read the statements below and then listen to the phone conversation between Isabel and her American friend Laura; they are talking about a book called *Novas Cartas Portuguesas*. Finally, indicate whether the statements below are true or false by checking **sim** or **não**.

	SIM	NÃO
1. A Isabel já leu *Novas Cartas Portuguesas*.	_____	_____
2. Muitos estudantes portugueses lêem este livro na escola.	_____	_____
3. A Laura está a gostar do livro.	_____	_____
4. O livro foi publicado antes da restauração da democracia em Portugal.	_____	_____
5. O livro é composto exclusivamente de cartas.	_____	_____
6. As autoras do livro são conhecidas como "as Três Marias".	_____	_____

14-37 Portugal na União Europeia. Listen to the information on Portugal's role in the European Union and complete each statement according to what you have heard. Listen to the passage as many times as needed.

1. Os seis membros fundadores da União Europeia foram _____ _____.

2. Em 1981, a Comunidade Europeia tinha _____.

3. O número de membros _____ com a adesão da _____ em 1986.

4. Em 2006, Portugal comemorou _____.

5. De acordo com Fernando Neves, a adesão de Portugal à UE foi fundamental para _____ _____.

6. Portugal assumiu a presidência rotativa do Conselho da União Europeia _____ vezes: em _____ e _____.

7. A Estratégia de Lisboa é _____ que foi formulada em _____.

8. O programa de intercâmbio educacional Erasmus tem como objectivo _____ _____.

9. O programa Erasmus gera condições para que os estudantes _____ _____ _____.

10. O Erasmus capacita os participantes para o estudo nas universidades estrangeiras promovendo _____.

VÍDEO

Vocabulário útil

cada vez mais	*increasingly, more and more*	o pensamento	*thought*
o comportamento	*behavior*	a prisão	*prison*
o conteúdo	*content*	raciocinar	*to reason*
o defeito	*defect, flaw*	o respeito	*respect*
eleger	*to elect*	sagrado/a	*sacred*
o/a eleitor/a	*voter*	o tabuleiro	*tray*
a facilidade	*ease*	tendencioso/a	*biased*
há um tempo atrás	*some time ago*	o valor	*value*

14-38 As mudanças na sociedade. A Filipa e a Helena falam sobre as mudanças de costumes e valores da sociedade portuguesa. Responda às perguntas abaixo de acordo com os comentários delas. Depois dê a sua própria opinião.

As opiniões da Filipa sobre a instituição do casamento:

1. Quais são as associações que o casamento cada vez mais evoca, hoje em dia?

   _____

   _____

   _____

2. Como difere a situação actual do passado, no que diz respeito ao casamento?

   _____

   _____

   _____

As opiniões da Helena sobre a relação entre pais e filhos:

3. As mudanças são para melhor ou para pior? Em que sentido?

   _____

   _____

   _____

4. Como diferem as refeições de hoje das refeições no passado?

   _____

   _____

   _____

As suas opiniões sobre as mudanças na sociedade em que vive:

5. A percepção actual do casamento no seu país é como em Portugal? Porque sim ou porque não?

   _____

   _____

   _____

   _____

6. A relação entre pais e filhos é semelhante àquilo que a Helena descreve? Explique.

_____

_____

_____

_____

14-39 O sistema político. Primeiro passo. O que é que o Jorge e o Adolónimo dizem sobre o sistema político em Portugal? Complete os parágrafos abaixo.

JORGE: O sistema político em Portugal, eu penso que tem (1) _____ que é inevitável, que é

(2) _____ de existir (3) _____. Estas coisas não são feitas de

um momento para outro, mas lá (4) _____.

ADOLÓNIMO: Aqui em Portugal, o que eu acho que se passa é que as pessoas são... têm

(5) _____ . As pessoas (6) _____ , e (7) _____

o que diz a televisão. E às vezes a televisão e os media aqui em Portugal

(8) _____ . E as pessoas não... acho que o eleitor português não

(9) _____ , vota porque (10) _____ , vota pela fotografia,

não vota (11) _____ , pelo programa da pessoa que se quer

(12) _____.

Segundo passo. Que diria você em resposta à mesma pergunta sobre o sistema político do seu próprio país?

_____

_____

_____

_____

_____

_____

_____

_____

Lição 15 ◆ A ciência e a tecnologia

PRÁTICA

À PRIMEIRA VISTA

15-1 Associações. Em que aula seriam provavelmente discutidos os assuntos abaixo?

_____ 1. Informática   a. transportes de alta velocidade

_____ 2. Educação   b. computadores

_____ 3. Biologia   c. programação da TV cabo

_____ 4. Engenharia   d. clonagem de animais

_____ 5. Comunicação   e. ensino à distância

15-2 O mundo de hoje. Responda às perguntas sobre a sua experiência na área das seguintes tecnologias e dê a sua opinião a respeito das respectivas vantagens e desvantagens.

1. Você tem um telemóvel? _____

   Vantagem: _____

   Desvantagem: _____

2. Em casa, vocês têm TV cabo com mais de 100 canais? _____

   Vantagem: _____

   Desvantagem: _____

3. Quantas televisões há em sua casa?_____

   Vantagem: _____

   Desvantagem: _____

4. Usa caixas multibanco? _____

   Vantagem: _____

   Desvantagem: _____

5. Quantas pessoas têm um tocador de MP3 na sua família? _____

   Vantagem: _____

   Desvantagem: _____

6. Quantos megapixels tem a sua máquina fotográfica digital? _____

   Vantagem: _____

   Desvantagem: _____

15-3 O mundo de amanhã. Escolha a palavra da lista que melhor complete cada frase. Use cada palavra só uma vez.

| cidades | Internet | robôs | carros automáticos | satélites | bicicletas |
| telefones | estrelas | voz | ensino à distância | radares | portas electrónicas |

1. Dentro de alguns anos, vamos usar apenas _____

2. Todas as casas estarão ligadas à _____

3. O tráfico aéreo será totalmente controlado por_____

4. As pessoas não terão que se preocupar com a limpeza da casa, porque esse trabalho será feito

   por _____

5. Em todos os _____ poderemos ver as pessoas que nos estão a telefonar.

6. O _____ substituirá totalmente a sala de aula e o contacto com o professor.

15-4 Assuntos para discussão. Pense numa consequência que os seguintes fenómenos já têm ou poderão ter nos seres humanos.

1. uso generalizado de robôs

   _____

2. microcomputadores individuais

   _____

3. manipulação genética

   _____

4. telefones com vídeo

   _____

STRUTURAS

Síntese gramatical

1. **Uses of the impersonal infinitive**

   Integrar novas tecnologias na educação é um objectivo importante.
   É bom **usar** a Internet para acompanhar as notícias.
   Ao chegar ao laboratório, a Marília ligou o computador imediatamente.

2. **The personal infinitive**

	NADAR	CORRER	PARTIR	ESTAR
eu	nadar	correr	partir	estar
tu	nadares	correres	partires	estares
você, o sr./a sra., ele/ela	nadar	correr	partir	estar
nós	nadarmos	corrermos	partirmos	estarmos
vocês, os srs./as sras., eles/elas	nadarem	correrem	partirem	estarem

PERSONAL INFINITIVE	SUBJUNCTIVE
É importante **usarmos** o computador nas aulas.	É importante que **usemos** o computador nas aulas.
Telefonei para os técnicos **virem** aqui.	Telefonei para que os técnicos **viessem** aqui.
Os estudantes não vão fazer nada até o professor **chegar.**	Os estudantes não vão fazer nada até que o professor **chegue.**

3. **Present and future *if*-clause sentences**

   O professor **fica/vai ficar/ficará** furioso se vocês não **desligarem** os telemóveis na aula.

   Se todas as salas de aula **tivessem** computadores, os estudantes **aprenderiam** mais rapidamente.

4. **Diminutives and augmentatives**

   DIMINUTIVES: INHO/A

livro → livrinho	menina → menininha	pouco → pouquinho	meu bem → meu benzinho
flor → florzinha	cartão → cartãozinho	café → cafezinho	Luís → Luisinho

   AUGMENTATIVES: ÃO/ONA

valente → valentão/ valentona	livro → livrão	mesa → mesona	pé → pezão
nariz → narigão	barulho → barulhão	homem → homenzarrão	

Uses of the impersonal infinitive

15-5 A sua opinião. Combine uma expressão apropriada da coluna da direita com as frases na coluna da esquerda.

1. _____ haver muitos alimentos modificados geneticamente no futuro.

2. _____ obter boas notas sem estudar.

3. _____ saber usar novas tecnologias para obter um bom emprego.

4. _____ assistir a videoconferências através do ensino à distância.

5. _____ ler todos os jornais electrónicos todos os dias.

a. É difícil...

b. É possível...

c. É normal...

d. É perigoso...

e. É impossível...

f. É bom...

g. É recomendável...

15-6 Sabia que...? Complete as frases logicamente com um infinitivo impessoal.

guardar	correr	telefonar	visitar	praticar	pagar
beber	ver	usar	dormir	limpar	almoçar

1. _____ ficheiros (*files*) fora do computador evita muitos problemas.

2. _____ o telemóvel na sala de aula é ser-se muito mal educado.

3. _____ as contas pela Internet facilita a vida das pessoas.

4. _____ televisão sem comando (*remote*) é coisa do passado.

5. _____ através da Internet é cada vez mais comum.

15-7 Condições. Complete cada frase com a palavra ou expressão mais apropriada. Não repita nenhuma palavra.

para	ao	sem	antes de	depois de

1. _____ ver que o computador congelou (*froze*), o Carlinhos ficou preocupado.

2. _____ receber o cheque, Alice vai comprar um MP3.

3. _____ comprar o MP3, ela vai comparar os preços de muitas lojas.

4. _____ viajar a muitos países é preciso tempo e dinheiro.

5. _____ querer, apaguei um ficheiro importante no computador.

The personal infinitive

15-8 Tecnologias. Preencha os espaços com o infinitivo pessoal dos verbos entre parênteses.

1. O professor disse para nós _____ (ir) ao laboratório para _____ (praticar) português.

2. A NASA quer ver os astronautas _____ (poder) ir a Marte.

3. Nunca imaginei os MP3 _____ (ser) tão populares entre os estudantes universitários.

4. O futuro tecnológico mostra que será possível a nós todos _____ (viajar) para outros planetas.

5. Fomos a uma loja de informática para um técnico _____ (analisar) a memória do meu computador.

15-9 A professora de Informática disse para nós... Escreva o que a professora disse para vocês fazerem (ou não fazerem) no curso dela.

MODELO: o próximo teste

Ela disse para estudarmos para o próximo teste.

1. telemóveis

_____

2. Internet

_____

3. videoconferência

_____

4. mensagens electrónicas

_____

5. as perguntas do teste

_____

6. os blogues da última semana

_____

7. o manual de Informática

_____

15-10 Imaginemos. Preencha os espaços com formas do infinitivo pessoal dos verbos entre parênteses e depois complete cada frase de maneira lógica.

MODELO: Para todos os meus amigos se _____ (encontrar), _____.

Para todos os meus amigos se encontrarem, vou organizar uma grande festa no próximo fim-de-semana.

1. Para nós _____ (ser) mais felizes,

_____.

2. Para os doentes de Alzheimer um dia _____ (poder) ser curados,

_____.

3. Até as populações de todo o mundo _____ (conseguir) acesso aos computadores,

_____.

4. Os arquitectos e engenheiros planeiam as cidades do futuro de modo a _____ (ter)

_____.

5. Eu queria um carro novo para a Júlia e eu _____ (sair) juntos/as e

_____.

Present and future *if*-clause sentences

15-11 Se... Ligue as orações da coluna da esquerda com as da coluna da direita e reescreva as frases completas abaixo.

MODELO: 0. Se alugássemos um filme pela Internet...   x. não precisaríamos de sair de casa.

                                                                 y. não precisaremos de sair de casa.

Se alugássemos um filme pela Internet, não precisaríamos de sair de casa.

1. Se passarmos muito tempo a trabalhar com computadores...

2. Se os meus amigos não tivessem telemóveis...

3. Se os pais puderem definir as características genéticas dos filhos...

4. Se os pais de filhos pequenos não controlassem o uso do computador...

5. Se eles não comprarem um carro novo...

a. os pais escolherão as que preferirem.

b. não vão poder viajar.

c. não vamos passar nenhum tempo ao ar livre.

d. eu falaria muito menos com eles.

e. as crianças teriam acesso a sites perigosos.

1. _____

2. _____

3. _____

4. _____

5. _____

15-12 O que aconteceria se...? Complete as frases logicamente.

1. Se eu não usasse a Internet...

_____

2. Se as pessoas não tivessem carros nos Estados Unidos...

_____

3. Se os aviões a jacto (*jets*) não existissem...

_____

4. Se nós não comprássemos comida congelada...

_____

5. Se a Microsoft não existisse...

_____

6. Se os meus amigos não tivessem computadores...

_____

15-13 O que vai acontecer se...? Imagine duas consequências (uma afirmativa e uma negativa) de cada uma das seguintes situações, de acordo com o modelo.

MODELO: o meu computador/funcionar

Se o meu computador funcionar, vou fazer a pesquisa para o curso de Comunicação.

Se o meu computador não funcionar, não poderei fazer o trabalho de casa.

1. o meu amigo/telefonar

   a. _____

   b. _____

2. os cientistas/investigar

   a. _____

   b. _____

3. nós/manipular os genes

   a. _____

   b. _____

4. os aviões/voar

   a. _____

   b. _____

5. eu/ter muito dinheiro no futuro

   a. _____

   b. _____

Diminutives and augmentatives

15-14 Qual é o tamanho? Decida quais das palavras da lista são diminutivos e quais aumentativos e transcreva-as na tabela abaixo.

| livrinho | Miguelão | luzinha | Paulinho | sapatões | homenzinho |
| panelão | lapisinho | jantarão | dinheirão | aviãozinho | |

DIMINUTIVOS	AUMENTATIVOS

15-15 O que significa? Complete as frases com os diminutivos das palavras entre parênteses e explique o significado de cada diminutivo, de acordo com o contexto (tamanho, sarcasmo, ênfase, afeição ou cortesia).

1. Preciso de acordar bem _____ (cedo) para ir ao laboratório. _____

2. Que _____ (criança) linda é a tua filha! _____

3. A Leninha sabe falar duas ou três _____ (palavras). _____

4. Li um _____ (livro) de 650 páginas. _____

5. Mas que _____ (poema) horrível! _____

6. Meu _____ (amor), eu gosto tanto de ti! _____

7. A Rafaela fez umas _____ (compras); ela é uma consumidora incontrolável! _____

15-16 Qual é o aumentativo? Escolha a palavra mais adequada da lista abaixo para completar cada frase.

| homenzarrão | cozinhão | dinheirão | narigão | carrão |
| mesona | valentona | mentirosona | casarão | jantarões |

1. Elvis Presley vivia num _____.

2. O Pinóquio tinha um narizinho que se tornou um _____.

3. Eles construíram aquele _____ para uma casinha tão pequena!

4. Com o _____ que gastaram, podiam ter construído três casas.

5. A Rita disse que viu um _____ fabuloso ontem, um Ferrari vermelho.

6. Aquele jogador de basquetebol é um homem bem alto e forte, é um _____.

7. Com os _____ que oferecem, devem ser muito ricos.

8. Ela é uma _____, nunca diz nada que seja verdade.

Nome: _____ Data: _____

ENCONTROS

Para ler

5-17 Um parque biotecnológico. Leia o seguinte artigo sobre o primeiro Parque de Biotecnologia em Portugal e siga as indicações abaixo.

O primeiro Parque de Biotecnologia em Portugal foi inaugurado a 14 de Setembro de 2005 em Cantanhede (Distrito de Coimbra). Conhecido como Biocant Park, este complexo de laboratórios e centros de investigação colabora com as Universidades de Coimbra e de Aveiro, abrigando empresas e grupos de pesquisa que realizam os mais variados projectos da área das Ciências da Vida. As primeiras empresas que se instalaram no Parque foram a Crioestaminal (que se dedica à criopreservação das células estaminais presentes no cordão umbilical) e a Stab Vida (responsável pela sequenciação do primeiro genoma em Portugal). Em 2007, encontravam-se no Biocant Park nove empresas instaladas de forma permanente e duas afiliadas. Alguns exemplos das suas actividades são: serviços de diagnóstico molecular nas áreas da genética, oncologia e doenças infecciosas (GeneLab); desenvolvimento e prototipagem de biosensores portáteis (Haloris); e desenvolvimento de novos produtos e estratégias de base nanotecnológica para aplicação em diagnóstico e terapêutica para o cancro e doenças neurodegenerativas (Vectorpharma).

Em 2006, o Biocant inaugurou o programa + Talento, com o objectivo de evitar a fuga de cérebros para o estrangeiro e contribuir para o regresso dos investigadores portugueses que tinham emigrado para realizar os seus projectos de pesquisa nas universidades e empresas de outros países. O professor Carlos Faro, que lançou e dirige o Biocant, defende a fertilização cruzada e o benefício da troca de experiências, e acredita que os sofisticados laboratórios de Biotecnologia Molecular e Celular, Genómica e Microbiologia de que dispõe o Biocant poderão ser decisivos na captação desta inteligência exportada e na transferência para Portugal de projectos de grande valor científico.

A cidade de Cantanhede situa-se na Beira Litoral, a poucos quilómetros de Coimbra, Figueira da Foz e Aveiro, e tem uma excelente acessibilidade rodoviária garantida por uma série de vias rápidas, tais como a auto-estrada A1 (Lisboa–Porto) e o itinerário principal IP3 (Viseu–Figueira da Foz). Tradicionalmente, a maior projecção económica de Cantanhede devia-se à produção de vinhos, entre os quais se contam várias marcas de reconhecida qualidade.

Indique:

1. duas universidades que colaboram nas iniciativas do Biocant Park:

_____

2. as especializações das primeiras empresas que se instalaram no Biocant:

_____

_____

3. três tipos de doenças que as empresas que funcionam no Parque pretendem combater:

_____

_____

4. dois objectivos do programa + Talento:

_____

_____

5. três tipos de laboratórios especializados que possui o Biocant:

_____

_____

6. três vantagens da cidade de Cantanhede:

_____

_____

15-18 Uma campanha. Imagine que é candidato a governador do seu estado. Faça uma lista dos três principais investimentos na área das tecnologias e das ciências que serão desenvolvidos no seu mandato, se você for eleito. Depois, escreva um breve discurso de campanha eleitoral, explicando e desenvolvendo as suas ideias.

Prioridades na área tecnológica:

1. _____

2. _____

3. _____

Prioridades na área científica:

1. _____

2. _____

3. _____

Minhas senhoras e meus senhores:

_____

_____

_____

_____

_____

_____

_____

_____

_____

_____

_____

_____

_____

Para escrever

5-19 O terrorismo cibernético. Leia este artigo sobre a possibilidade de ser atacado pelo chamado "terrorismo cibernético". Depois siga as indicações abaixo.

Ameaça iminente de terrorismo cibernético

Não há dúvida de que a vida no nosso planeta tem melhorado consideravelmente com o avanço tecnológico dos últimos anos. Indiscutivelmente, as tarefas e rotinas diárias tornaram-se mais fáceis, os meios de transporte por terra, água e mar são mais rápidos e seguros, as comunicações através da Internet oferecem-nos uma grande quantidade de informação em nossa própria casa, e os avanços nos cuidados de saúde têm prolongado a vida e a actividade dos seres humanos de maneira extraordinária.

Desta forma, o ser humano depende cada vez mais da tecnologia, e em particular da informática. Esta realidade inegável aplica-se com maior força às nações mais industrializadas do mundo, onde tanto as vantagens como as desvantagens das tecnologias de informação se podem observar todos os dias. As desvantagens preocupam profundamente as autoridades das grandes potências mundiais, que temem desastres de consequências imprevisíveis. Imagine os efeitos de um ataque cibernético na estrutura tecnológica do seu país. O que aconteceria se um génio da informática se infiltrasse nas redes de comunicação e as paralisasse? O governo estaria preparado para enfrentar o terrorismo cibernético? Ataques deste tipo não só afectariam a infra-estrutura das comunicações, mas também a segurança do país. Esta preocupação tem motivado os Estados Unidos a criar comissões de especialistas que ajudem a prevenir e, na pior das hipóteses, fazer frente aos ataques terroristas perpetrados através da cibernética.

Os avanços tecnológicos, sem dúvida, criaram tanto este novo tipo potencial de guerra quanto as estratégias de que precisaremos para a enfrentar. Segundo os especialistas, o terrorismo cibernético é um perigo cada vez mais real e imediato para todos nós.

Alguns centros de pesquisa já descreveram o resultado de ataques potenciais sobre estruturas privadas e públicas: os serviços de emergência serão paralisados; os canais de televisão serão usados para ameaças ao público e ao governo; o trajecto dos comboios e aviões será modificado para provocar acidentes; as contas bancárias serão falsificadas e enormes danos ocorrerão no sistema eléctrico.

Os especialistas afirmam com bastante segurança que a próxima guerra não será feita com balas e armas de fogo, mas com a informação. O pior é que a guerra cibernética está ao alcance de todos. Os soldados dela são anónimos e só precisam de um telemóvel e/ou um computador com ligação à Internet. Já existe pelo menos um antecedente: há alguns anos, a bolsa de Nova Iorque recebeu uma advertência de um pirata cibernético alemão, que afirmava aos encarregados da segurança de Wall Street que tinha conseguido controlar os sistemas informatizados de manutenção climatizada das salas onde estão os supercomputadores. Felizmente, nada aconteceu naquele dia. Mas será que a próxima ameaça será igualmente inconsequente?

Depois de ler o artigo, você—um cidadão ou uma cidadã comum—fica extremamente preocupado/a com os efeitos que um ataque cibernético poderia ter no seu país e, particularmente, na sua comunidade. Escreva uma carta para o jornal local explicando as suas preocupações (pontos 1 e 2 abaixo) e sugerindo algumas estratégias (ponto 3).

1. Os riscos para um cidadão comum no trabalho, na escola, em casa, nas ruas e estradas, etc.

2. Os problemas que algumas instituições teriam (por exemplo, os hospitais, a polícia, as escolas, os supermercados, etc.).

3. Algumas recomendações realistas para o governo federal e local para prevenir um desastre como o descrito no artigo.

HORIZONTES

15-20 Comunidades de língua portuguesa nos Estados Unidos. Assinale as respostas correctas, de acordo com o texto em **Horizontes** (páginas 553-555 do seu livro).

1. A mais antiga comunidade de língua portuguesa nos Estados Unidos é a comunidade
   a) brasileira.
   b) portuguesa.
   c) angolana.
   d) moçambicana.

2. Contribuíram para a fundação da cidade de Nova Iorque
   a) brasileiros.
   b) portugueses.
   c) angolanos.
   d) caboverdianos.

3. João Rodrigues Cabrilho era
   a) brasileiro.
   b) timorense.
   c) caboverdiano.
   d) português.

4. Cabrilho chegou a
   a) Massachusetts.
   b) Califórnia.
   c) Nova Iorque.
   d) Miami.

5. Um grande número de portugueses chegou aos Estados Unidos no século
   a) XXI.
   b) XIX.
   c) XVIII.
   d) XVII.

6. Hoje, muitos luso-americanos estão concentrados no estado
   a) da Flórida.
   b) de Illinois.
   c) do Texas.
   d) de Massachusetts.

7. Os caboverdianos estabeleceram-se principalmente
   a) na Flórida e em Nova Jersey.
   b) em Massachusetts e Rhode Island.
   c) em Massachusetts e Nova Iorque.
   d) em Rhode Island e Nova Jersey.

8. De acordo com o censo demográfico americano do ano 2000, há nos Estados Unidos
   a) noventa mil caboverdianos.
   b) mais de oitenta mil caboverdianos.
   c) cerca de cem mil brasileiros.
   d) mais de cento e oitenta mil brasileiros.

9. Estima-se que nos Estados Unidos haja
   a) mais de um milhão de brasileiros.
   b) dois milhões de brasileiros.
   c) menos de um milhão de brasileiros.
   d) mais de dois milhões de brasileiros.

10. Os brasileiros estão concentrados principalmente
    a) na Flórida e em Rhode Island.
    b) na Flórida e na Carolina do Sul.
    c) na Flórida, em Massachusetts e em Nova Jersey.
    d) na Flórida e na Califórnia.

11. Os brasileiros começaram a imigrar em massa para os Estados Unidos nos
    a) anos oitenta.
    b) anos noventa.
    c) anos setenta.
    d) anos sessenta.

12. Uma das artes que os brasileiros trouxeram para os Estados Unidos é
    a) o berimbau.
    b) a capoeira.
    c) o teatro.
    d) o atabaque.

À PRIMEIRA VISTA

15-21 Vamos adivinhar. Listen to these definitions and identify the word that is being defined by writing the appropriate number in the space provided.

_____ telemóvel   _____ satélites

_____ correio electrónico   _____ máquina fotográfica digital

_____ microcomputadores   _____ caixa multibanco

_____ educação virtual   _____ blogue

15-22 As biotecnologias. First, read the questions and alternatives in your workbook. Then, listen to the statements about the following people and circle the best answer to each question.

1. Onde estão estas pessoas?
   a) no laboratório de línguas   b) no laboratório de computação   c) no laboratório de biologia

2. Que tipo de experiências fazem?
   a) experiências com pessoas   b) experiências linguísticas   c) experiências agrícolas

3. Que querem descobrir?
   a) a cura para a AIDS   b) a cura para a doença de Alzheimer c) novos alimentos

4. Com que trabalham?
   a) com células estaminais   b) com genes   c) com embriões

5. O que desejam produzir?
   a) plantas resistentes a doenças   b) vacinas contra as doenças   c) espécies resistentes à seca

ESTRUTURAS

Uses of the impersonal infinitive

15-23 A Lídia esqueceu o código. Tell what happened to Lídia, using **ao** + *the infinitive*. Pause the recording at the beep to answer at your own pace.

MODELO: A Lídia chegou ao banco e foi para a caixa automática.

       Ao chegar ao banco, a Lídia foi para a caixa automática.

15-24 Presente ou futuro? Listen to the statements and decide if the actions are already happening or if they will happen one day in the future. Write the statements in the chart according to where they belong. Pause the recording at the beep to write at your own pace.

PRESENTE	FUTURO

The personal infinitive

5-25 Opções. Circle the letter corresponding to the most appropriate answer to each question you hear. Review the answers before listening to the recording.

1. a) Terem conforto em casa.
   b) Trabalharem 12 horas por dia.
   c) Não usarem a Internet.

2. a) Dizem para não virmos à aula.
   b) Dizem para ouvirmos música.
   c) Dizem para estudarmos.

3. a) Depende de não sairmos de casa.
   b) Depende de usarmos o computador o dia inteiro.
   c) Depende de equilibrarmos trabalho, alimentação, ginástica e diversão.

4. a) É provável conhecermos os habitantes de Marte.
   b) É provável descobrirmos a cura para o cancro
   c) É provável acabarmos com a educação virtual.

5. a) Para não usarem Internet sem fio (*wireless*) no campus.
   b) Para não abrirem uma conta electrónica na universidade.
   c) Para imprimirem menos e reciclarem papel.

5-26 Presentes para todos. Elisa and Roberto are going to buy Christmas gifts for their children and for their nieces and nephews. All of them want only electronics! Listen to the information about gift recipients and choose the most appropriate item in each case. Review the gift options listed below before listening to the recording.

1. a) telefone   b) televisão   c) computador
2. a) MP3   b) DVD   c) impressora
3. a) calculadora   b) rádio   c) máquina fotográfica digital
4. a) microfone   b) telemóvel   c) binóculos
5. a) vídeos franceses   b) documentários em italiano   c) dicionário electrónico de inglês

Present and future *if*-clause sentences

15-27 Inovações e e-lixo. Read the sentences below. Then, listen to the passage and complete the sentences according to what you have heard. You may listen to the recording as many times as needed. Don't worry if you don't understand every word.

1. Se eu _____ um microcomputador, poderei _____ em qualquer lugar.

2. Se as pessoas quiserem, podem _____ nos aeroportos.

3. Se não tivermos cuidado, _____ com novos equipamentos.

4. Se o mercado de consumo não absorvesse as tecnologias de ponta, a inovação _____

   _____.

5. Se o e-lixo não fosse queimado, não _____ à camada de ozono.

6. Se a ONU continuar as suas iniciativas, o e-lixo _____.

7. Os países mais pobres não receberiam o e-lixo se _____.

8. Se o problema do e-lixo _____

   _____.

Diminutives and augmentatives

15-28 Qual é o tamanho? You will listen to a series of statements. Mark the appropriate column or columns, according to what you hear.

DIMINUTIVO	AUMENTATIVO
1. _____	_____
2. _____	_____
3. _____	_____
4. _____	_____
5. _____	_____

15-29 Que exagero! You have a tendency to exaggerate when you describe your actions or possessions. Answer each question you hear, restating the respective key word first in the augmentative form and then in the diminutive form, according to the model. Pause the recording at the beep to answer at your own pace.

MODELO: You read: drama

You hear: Viste um drama no teatro ontem?

You say: *Vi. Era um dramalhão; e não um dramazinho.*

1. carro
2. discos
3. mesas
4. dor

ENCONTROS

15-30 A realidade virtual. Listen to this conversation between members of two generations. You may read the related statements before listening to the recording. Finally, complete the statements based on what you have heard.

1. A avó não entende o que é _____.

2. O neto dá um exemplo usando a _____ da avó quando ela era pequena.

3. O Henrique diz que o capacete que é usado para ver e ouvir é parecido com o capacete que usam

   os _____.

4. Para tocar os objectos, a pessoa precisa de usar _____.

5. A avó prefere ler um bom livro ou _____.

6. Em algumas universidades, os estudantes de Medicina usam _____ nas aulas práticas.

VÍDEO

Vocabulário útil

a ameaça	*threat*	fazer mal	*to be harmful*
a consequência	*consequence*	ligado/a	*connected*
o/a desconhecido/a	*stranger*	o motor de pesquisa	*search engine*
esquecer	*to forget*	violento/a	*violent*

15-31 O uso da Internet. A Manuela e a Helena descrevem maneiras de usarem a Internet. Primeiro, preencha o quadro de acordo com a informação obtida. Depois responda às perguntas abaixo com frases completas.

	E-MAIL	PESQUISA	SALAS DE CHAT
MANUELA			
HELENA			

1. Com que frequência é que a Manuela utiliza a Internet?

   _____

2. Quando é que ela vê o correio electrónico?

   _____

3. Com quem comunica a Helena nas salas de chat? Com quem não costuma comunicar?

   _____

4. E você? Com que frequência usa a Internet?

   _____

5. Para que usa principalmente a Internet? Indique as três actividades mais importantes para si.

   _____

   _____

   _____

15-32 Os jogos de computador. A Carolina fala sobre os jogos de computador. Complete as afirmações abaixo de acordo com o que ouvir. Depois dê a sua própria opinião.

1. A Carolina acha que os jogos de computador podem _____

2. No entanto, há crianças que_____

3. Ela também diz que muitos jogos _____

4. Ela gosta _____

5. Eu acho que os jogos de computador _____

  _____

  _____

  _____

15-33 A clonagem. Primeiro passo. O Tomás tem uma opinião bem definida sobre a clonagem. Complete o parágrafo abaixo com as palavras dele.

Eu acho que a clonagem vai ser (1) _____ no futuro, mas nunca podemos

(2) _____ que pode constituir (3) _____ para todos nós. Por

isso, quanto mais cuidado se (4) _____ e quanto mais (5) _____ sobre

(6) _____ possíveis nesta área, melhores resultados (7) _____.

Segundo passo. O que é que você acha sobre a clonagem e/ou outras biotecnologias de ponta (*cutting-edge*)?

_____

_____

_____

_____

_____

_____

_____

Expansão gramatical

Síntese gramatical

1. **More on direct object pronouns**

Verbal forms ending in *-r, -ôs, -z* + object pronoun *o, a, os, as*:

-ar and **-az** + o/a/os/as	change to	**-á** *hyphen* **lo/la/los/las**
-er and **-ez** + o/a/os/as	change to	**-ê** *hyphen* **lo/la/los/las**
-ir and **-iz** + o/a/os/as	change to	**-i** *hyphen* **lo/la/los/las**
-ôr and **-ôs** + o/a/os/as	change to	**-ô** *hyphen* **lo/la/los/las**

Deves **acabar o trabalho**. Deves **acabá-lo** já.

You must finish your work. You must finish it now.

Ela **pôs as chaves** na mesa. **Pô-las** quando chegou a casa.

She put the keys on the table. She put them (there) when she got home.

Verbal forms ending in an unstressed vowel followed by *s* + object pronoun *o, a, os, as*:

-as, -es, -os, -us + o/a/os/as	change to	**-a/-e/-o/-u** *hyphen* **lo/la/los/las**

Tu **comes salada**. **Come-la** ao almoço.　　　　*You eat the salad. You eat it for lunch.*

Eu **pus os livros** na pasta. **Pu-los** de manhã.　　*I put the books in the briefcase. I put them (there) in the morning.*

Verbal forms ending in nasal sound + object pronouns *o, a, os, as*:

-am, -em, -ão + o, a, os, as	pronoun changes to	**no, na, nos, nas**:

Eles **compraram um carro**. **Compraram-no** ontem.　　*They bought a car. They bought it yesterday.*

Elas **são** muito **inteligentes**. Elas **são-no** realmente.　　*They are very clever. They really are (that).*

Ele **põe a mesa**. Ele **põe-na** todos os dias.　　*He sets the table. He sets it every day.*

2. Contractions of direct and indirect object pronouns

When the direct and indirect object pronouns are contracted, the indirect pronoun comes first:

te	+ o, a, os, as	becomes	**to, ta, tos, tas**
me	+ o, a, os, as	becomes	**mo, ma, mos, mas**
lhe and **lhes**	+ o, a, os, as	becomes	**lho, lha, lhos, lhas**
nos	+ o, a, os, as	becomes	**no-lo, no-la, no-los, no-las**

All rules regarding word order for object pronouns and verbs still apply.

Eles deram-**te os cheques**. Deram-**tos** ontem.	*They gave you the checks. They gave them to you yesterday.*
Faz-**me uma pergunta**. Faz-**ma** já.	*Ask me a question. Ask it (of me) now.*
Os nossos pais compram-**nos um carro**.	*Our parents are buying us a car.*
Mas não **no-lo** compram hoje.	*But they are not buying it (for us) today.*

3. Object pronouns with future and conditional verb forms

With future and conditional verbal forms, object pronouns are placed between the stem of the verb and the ending. Rules about verbal endings in **-r** followed by direct object pronoun apply here as well.

Verei esse cliente. **Vê-lo-ei** à tarde.	*I will see that client. I will see him in the afternoon.*
Nós corrigiremos as provas. **Corrigi-las-emos** hoje.	*We will correct the proofs. We will correct them today.*
Dar-te-ei as provas amanhã.	*I will give you the proofs tomorrow.*
Dar-tas-ei às 10 horas.	*I will give them to you at 10 o'clock.*

Com mais dinheiro pagaria uma boa educação ao meu filho, e **pagar-lha-ia** com prazer.
With more money, I would pay for a good education for my son, and I would pay for it (for him) with pleasure.

4. The present perfect subjunctive

eu	tenha	falado
tu	tenhas	comprado
você, o sr./a sra., ele/ela	tenha	comido
nós	tenhamos	dormido
vocês, os srs./as sras., eles/elas	tenham	escrito

5. The conditional perfect

eu	teria	falado
tu	terias	comprado
você, o sr./a sra., ele/ela	teria	comido
nós	teríamos	dormido
vocês, os srs./as sras., eles/elas	teriam	escrito

6. The pluperfect subjunctive

eu	tivesse	falado
tu	tivesses	comprado
você, o sr./a sra., ele/ela	tivesse	comido
nós	tivéssemos	dormido
vocês, os srs./as sras., eles/elas	tivessem	escrito

7. *If*-clause sentences with the perfect tenses

CONDITION (*IF*-CLAUSE)	RESULT
PLUPERFECT SUBJUNCTIVE	CONDITIONAL PERFECT (PAST RESULT)
Se eu tivesse dormido mais horas	não teria acordado tão cansada.
If I had slept more hours	*I wouldn't have woken up so tired.*
	CONDITIONAL (PRESENT RESULT)
	não estaria tão cansada agora.
	I wouldn't be so tired now.

8. The future perfect

eu	terei	falado
tu	terás	comprado
você, o sr./a sra., ele/ela	terá	comido
nós	teremos	dormido
vocês, os srs./as sras., eles/elas	terão	escrito

9. The future perfect subjunctive

eu	tiver	falado
tu	tiveres	comprado
você, o sr./a sra., ele/ela	tiver	comido
nós	tivermos	dormido
vocês, os srs./as sras., eles/elas	tiverem	escrito

More on direct object pronouns

EG-1 Uma mensagem incompleta. Você e um grupo de amigos vão fazer uma festa. Uma amiga manda-lhe um e-mail com instruções, mas a transmissão foi deficiente e não é possível ler algumas palavras. Complete a mensagem com formas verbais correctas.

MODELO: Nós já convidámos a Cecília. _____ -la ontem.

Convidámo-la ontem.

Nós já comprámos os refrigerantes. (1) _____ -los no supermercado. O Carlos e o José trazem as cervejas. (2) _____ -nas já frescas. Devemos (3) _____ -las no frigorífico logo que eles chegarem. Eu já pus o gelado no congelador. (4) _____ -lo logo que cheguei a casa para se não derreter.

Temos ainda que lavar os copos. Devemos (5) _____ -los hoje à tarde sem falta. A Mariana disse que trazia as sobremesas. Ela (6) _____ -las ainda hoje. Mas falta buscar o equipamento de som a casa da Belmira. Podes ir (7) _____ -lo depois das aulas?

A Sara e a Inês dizem que fazem um bolo. Elas (8) _____ -no de chocolate, com aquela receita que lhes deste. Agora, tenho que sair já. Beijinhos e até logo!

EG-2 Organizar um horário. Você e os seus novos companheiros de casa estão a distribuir tarefas domésticas. Usando pronomes de complemento directo e as indicações em parênteses, confirme quem vai fazer cada tarefa e quando.

MODELO: lavar a cozinha (Jorge e Melissa/à tarde)
    Eles lavam-na à tarde.

1. comprar mais detergentes (eu e Jorge/amanhã)

   _____

2. aspirar a sala (Jorge e Melissa/duas vezes por mês)

   _____

3. lavar a roupa (nós/todas as semanas)

   _____

4. fazer as compras da casa (Melissa e Jorge/aos sábados)

   _____

5. buscar a roupa à lavandaria (Jorge e Melissa/depois das compras)

   _____

EG-3 Confirmação. Você está a falar com o seu chefe, que lhe faz perguntas sobre coisas que já foram ou vão ser feitas. Você responde afirmativamente que tudo já foi feito ontem ou vai ser feito amanhã.

MODELO: Já mandámos as encomendas para Cabo Verde?
    Mandámos, sim. Mandámo-las ontem.
    Você vai receber os clientes?
    Vou, sim. Vou recebê-los amanhã.

1. Você já pôs as cartas no correio?

   _____

2. Já enviámos mais convites?

   _____

3. Os clientes já fizeram mais encomendas?

   _____

4. O motorista vai buscar o Sr. Sousa ao aeroporto?

   _____

5. Você já fez a reserva do hotel?

   _____

6. Dão descontos para viagens de negócios nesse hotel?

   _____

Contractions of direct and indirect object pronouns

EG-4 Associações. Associe as frases à contracção de pronome directo e indirecto que melhor reflecte cada situação.

1. _____ Dei o trabalho de casa ao professor.   a. no-lo

2. _____ O professor devolve-me o trabalho corrigido.   b. lha

3. _____ Os amigos dão-nos presentes de aniversário.   c. lho

4. _____ A Adelina faz uma festa para os amigos.   d. lhos

5. _____ A mãe do Ricardo comprou sapatos para os filhos.   e. lhas

6. _____ Nós mandámos um ramo de flores para ti no hospital.   f. mo

7. _____ Tu mandaste um cartão para nós a agradecer.   g. to

8. _____ Eu devolvi as revistas ao Ricardo.   h. no-los

EG-5 Uma carta à chuva. A Manuela recebeu uma carta da mãe, mas a carta apanhou chuva e algumas palavras desapareceram. Preencha as lacunas com contracções de pronomes de complemento directo e indirecto.

Minha querida filha,

Venho saber se recebeste a encomenda que te mandei a semana passada. (1) Mandei- _____ na segunda-feira. Já devia ter chegado. Agora, queria que me fizesses um favor, mas (2) faz- _____ antes do fim-da-semana. Compra-me um bom dicionário de português na livraria da universidade. Depois (3) manda- _____ imediatamente, porque o cão rasgou o meu e faz-me falta.

Anteontem falei com o teu irmão e pedi-lhe o mesmo favor. (4) Pedi- _____ com muita urgência, mas ele é muito esquecido.

Há um mês encomendei duas passagens para o teu pai e eu irmos passar férias em Moçambique. Os empregados da agência de viagens (5) enviaram- _____ só ontem, imagina! Já pensava que se tinham perdido. Queremos visitar os nossos amigos Irina e Jonas Mutemba em Maputo. Vamos oferecer-lhes uma taça de cristal das fábricas da Marinha Grande. Vamos (6) levar- _____ muito bem embrulhada, senão parte-se na viagem.

Não te esqueças do favor que te pedi. Não quero ter que (7) _____ recordar outra vez. Depois diz-me a informação da tua conta bancária para te transferir o dinheiro, mas não (8) _____ mandes por e-mail, que é perigoso. (9) Diz- _____ por telefone.

Dá muitos beijos aos teus filhos, que (10) _____ mando eu e o teu pai.

Para ti, um grande abraço da

Mãe

EG-6 Presentes de Natal. Você e os seus irmãos estão a planear o que oferecer pelo Natal a várias pessoa de família. Responda às três primeiras perguntas afirmativamente e às últimas três negativamente.

MODELO: Compramos uma gravata para o Hélder?

Compramos-lha, sim. ou

Não lha compramos, não.

1. Oferecemos um casaco novo à mãe?

_____

2. Queres que te dê uns óculos de sol?

_____

3. Vocês querem comprar umas luvas ao pai?

_____

4. O Ricardo vai dar um carro novo à Susana?

_____

5. Os nossos pais vão oferecer-nos umas férias na neve?

_____

6. Vais dar-me este relógio?

_____

Object pronouns with future and conditional verb forms

EG-7 Turismo rural. Você foi trabalhar numa quinta de Trás-os-Montes, no Norte de Portugal, que oferece turismo rural. Os donos da quinta pedem-lhe que escreva uma lista a ser publicada numa brochura, indicando o que a quinta tem a oferecer. Eles ajudam com algumas notas dispersas. Transforme cada nota numa frase publicitária, usando o futuro e um pronome de complemento.

MODELO: nós/oferecer/muita paz/ao visitante

Oferecer-lhe-emos muita paz.

1. nós/proporcionar/paisagens de sonho/aos hóspedes

_____

2. o nosso pessoal/tomar conta/dos filhos/para si (*for you*)

_____

3. nós/renovar/o prazer da boa mesa/a si

_____

4. os visitantes/dar/a nós/o prazer de os servir

_____

5. nós/organizar/excursões magníficas/para todos

_____

6. quem já esteve na nossa quinta/visitar/a nossa quinta/de novo

_____

EG-8 Que faria? Você está numa entrevista para um estágio numa agência de viagens. O gerente faz-lhe várias perguntas para saber o que você faria em várias circunstâncias. Responda usando o condicional, um pronome de complemento e as indicações em parênteses.

MODELO: O que faria se um cliente quisesse um hotel? (uma reserva)

Far-lhe-ia uma reserva.

1. Que hotel recomendaria aos clientes? (quatro estrelas)

_____

2. Durante quanto tempo acompanharia os turistas numa excursão? (duas horas)

_____

3. Se eu o aceitasse, que ordenado (*salary*) você acha que lhe pagaria? (razoável)

_____

4. Se eu não gostasse do seu trabalho e do seu colega, o que lhes faria? (despedir)

_____

5. Se o contratássemos e ao seu colega, quanto tempo serviriam esta agência? (um Verão)

_____

EG-9 Vamos sonhar! Responda às seguintes perguntas com frases afirmativas, usando um pronome de complemento.

1. Quando é que você visitará um país de língua portuguesa?

_____

2. Quando deixar a universidade, onde alugará uma casa?

_____

3. Se tivesse dinheiro e paciência, onde construiria uma casa nova?

_____

4. Se você se casasse este ano, que presente ofereceria ao seu/à sua noivo/a?

_____

5. Que presente acha que os seus pais lhe darão este ano no Natal?

_____

The present perfect subjunctive

EG-10 Identificação. Escolha a opção mais apropriada para completar cada frase.

1. Espero que você (tenha conseguido/tenha envelhecido) mais informações sobre o desmatamento na Amazónia.

2. Oxalá as organizações ecológicas (tenham promovido/tenham recebido) iniciativas para controlar os incêndios em Portugal.

3. Não creio que este problema (tenha emagrecido/tenha aumentado).

4. É possível que nós não (tenhamos falado/tenhamos estudado) o suficiente para o exame.

5. Espero que os arquitectos (tenham terminado/tenham descoberto) o projecto da ponte.

EG-11 Reacções. Reaja às notícias que um amigo lhe dá usando as expressões da lista.

Que bom que...	É pena que...	Espero que...	Que horror que...
Não acredito que...	É fantástico que...	Duvido que...	Lamento que...

MODELO: Comi vinte hambúrgueres numa hora.

Duvido que tenhas comido vinte hambúrgueres numa hora.

1. O Joca e a Paula compraram um carro eléctrico.

   _____

2. A Clara não conseguiu a bolsa que tinha pedido para fazer pesquisa.

   _____

3. Decidi concorrer à Faculdade de Medicina.

   _____

4. Tu e eu fomos escolhidos para representar a nossa universidade no congresso de jovens líderes.

   _____

5. A Renata e a Sílvia foram eliminadas do campeonato de ténis.

   _____

6. O Henrique participou num protesto contra o uso de alimentos geneticamente manipulados.

   _____

EG-12 Uma visita ao Algarve. Você escreve a uma amiga que passou duas semanas no Algarve. O que é que você espera que ela tenha feito?

MODELO: queijo de figos

Espero que tenhas comido queijo de figos.

1. a Praia da Rocha

   _____

2. a estátua de D. Sebastião do escultor João Cutileiro

   _____

3. Sagres

   _____

4. turismo ecológico

   _____

5. as amendoeiras (*almond trees*) em flor

   _____

The conditional perfect and the pluperfect subjunctive

EG-13 Associações. O que é que as pessoas teriam feito nestas situações?

1. Se tivessem visto fogo num edifício...

2. Se o carro se tivesse avariado...

3. Se tivessem precisado de informações para um projecto...

4. Se tivessem tido febre e dores de cabeça...

5. Se tivessem querido comprar uma camisa...

_____ a. teriam ido para a cama.

_____ b. teriam ligado para os bombeiros (*fire department*).

_____ c. teriam ido a uma loja.

_____ d. teriam pesquisado a Internet.

_____ e. teriam procurado um mecânico.

EG-14 Problemas na cidade. No ano passado, uma cidade que você conhece enfrentou problemas sérios de crime e poluição do meio ambiente. Escreva frases explicando o que você teria feito para resolver os respectivos problemas.

1. poluição do ar

_____

2. assaltos com armas de fogo

_____

3. engarrafamentos (*traffic jams*)

_____

4. roubo de carros

_____

EG-15 Lamento! Responda às seguintes situações que um/a amigo/a lhe apresenta, começando cada resposta com **Lamento que...**

MODELO: O Arnaldo e eu vimos uma nave extraterrestre e a nossa vida mudou radicalmente.
　　　　　Lamento que vocês tivessem visto a nave extraterrestre.

1. Os rapazes beberam muita cerveja e tiveram um acidente.

_____

2. A Lúcia não estudou para o exame final e tirou uma nota baixa.

_____

3. O Jaime usou drogas no ano passado e teve problemas com a polícia.

_____

4. Tu comeste carne estragada (*spoiled*) e sentiste-te muito mal, não é?

_____

5. Eu não joguei na lotaria, mas os meus tios jogaram e ganharam muito dinheiro.

_____

If-clause sentences with the perfect tenses

EG-16 Em São Tomé e Príncipe. Os seus amigos visitaram São Tomé e Príncipe, mas não prepararam bem a viagem e não conseguiram aproveitar todas as atracções das ilhas. Explique o que eles teriam feito se tivessem organizado melhor a visita.

MODELO: ter mais tempo/visitar a Ilha do Príncipe
Se eles tivessem tido mais tempo, teriam visitado a Ilha do Príncipe.

1. pesquisar na Internet/saber o que fazer

   _____

2. perguntar a amigos são-tomenses/encontrar um hotel bom e barato

   _____

3. comprar o livro *Na Roça com os Tachos*/conhecer melhor a culinária são-tomense

   _____

4. caminhar pela floresta tropical/ter uma experiência inesquecível

   _____

5. ir à Praia das Sete Ondas/apreciar a beleza do mar de São Tomé

   _____

EG-17 Possibilidades. Complete as seguintes frases.

1. Se eu tivesse estudado mais, _____.
2. Se os meus pais tivessem vivido em Angola, _____.
3. Se eu tivesse conhecido Einstein, _____.
4. Se eu tivesse vivido no século XV, _____.
5. Se eu tivesse viajado pelo espaço, _____.

The future perfect and the future perfect subjunctive

EG-18 Até quando? Quando é que você terá feito as seguintes coisas? Responda de acordo com o modelo.

MODELO: acabar os trabalhos de Português
Terei acabado os trabalhos de Português até ao meio-dia.

1. comprar um carro novo

   _____

2. completar o meu curso universitário

   _____

3. visitar Lisboa

   _____

4. comer bacalhau

   _____

5. ver um filme no cinema

   _____

Nome: _____   Data: _____

EG-19 Antes do fim do século. O que terá acontecido no nosso planeta antes de 2100? Quais serão os resultados desses acontecimentos? Escreva cinco frases sobre os aspectos abaixo.

MODELO: o entretenimento

       Os cinemas terão desaparecido e as pessoas verão filmes somente em casa.

1. a política

   _____

2. a economia

   _____

3. o meio ambiente

   _____

4. o desporto

   _____

5. a ciência

   _____

EG-20 O que acontecerá? Complete as frases indicando as consequências destes acontecimentos e acções.

1. Quando o semestre tiver acabado, _____.

2. Assim que eu tiver ganho bastante dinheiro, _____.

3. Depois que a Rita e a Susan tiverem ido ao Brasil, _____.

4. Se o Sr. Carlos Oliveira tiver conseguido o emprego, _____.

5. Enquanto não tivermos vendido o carro, _____.

EG-21 Uma viagem bem planeada. A sua família gosta de fazer planos de viagem em grande pormenor. Escreva as previsões que vocês estão a fazer antes da próxima viagem.

MODELO: se/nós/chegar ao aeroporto

      Se tivermos chegado ao aeroporto antes das duas, vamos ter que esperar muito.

1. logo que/o avião/descolar

   _____

2. assim que/nós/chegar ao hotel

   _____

3. quando/a mãe e o pai/descansar

   _____

4. se/eu/conseguir bilhetes

   _____

5. depois que/nós/explorar a cidade

   _____

LABORATÓRIO

More on direct object pronouns

EG-22 Que fizeram ou vão fazer? Answer the following questions about your activities with your friends, using direct object pronouns. Give affirmative answers. Pause the recording at the beep to answer at your own pace.

MODELO: Vocês vão escrever os exercícios?

Vamos, sim. Vamos escrevê-los.

EG-23 Um aniversário memorável. D. Genoveva is going to be 100 years old! A friend of the family asks many questions about what is happening during the week of D. Genoveva's birthday. Answer the questions in the affirmative. Pause the recording at the beep to answer at your own pace.

MODELO: Os filhos convidam todos os parentes para uma festa?

Sim, eles convidam-nos.

Contractions of direct and indirect object pronouns

EG-24 Quem te deu isso? When you went away to college, many members of your family gave you presents and other items. Answer the following questions, using appropriate pronouns from the choices given below and the cues you see. Pause the recording at the beep to answer at your own pace.

mo   ma   mos   mas

MODELO: You hear: Quem te deu esse livro?

You see: irmão

You say: *Deu-mo o meu irmão.*

1. pai
2. mãe
3. avós
4. primos
5. irmã

G-25 Todos dão uma ajuda. You have just moved into a dorm. You and your neighbors have all been helping each other and you are trying to find out who did various jobs. Answer the questions using the ues you see and the appropriate pronouns from the list below. Pause the recording at the beep to answer t your own pace.

to   ta   tos   tas   lho   lha   lhos   lhas

MODELO: You hear: Quem me trouxe as plantas?

You see: a Irene

You say: *Trouxe-tas a Irene.*

1. a Joana

2. a empregada

3. o Zé

4. eu

5. eu

6. nós

Object pronouns with future and conditional verb forms

EG-26 Vida em Marte. Read the statements below and then listen to the news item about the possibility of finding proof of life on Mars. Finally, indicate whether each statement is true or false by checking **sim** or **não.** Listen to the passage as many times as necessary.

	SIM	NÃO
1. É possível que haja vida no mar gelado que se encontra no planeta Marte.	_____	_____
2. As próximas missões penetrá-lo-ão até encontrarem células vivas.	_____	_____
3. A radiação em Marte não terá morto os micróbios à superfície.	_____	_____
4. Fragmentos de fósseis provariam a existência de vida no planeta.	_____	_____
5. Se há micróbios no mar, a água gelada protegê-los-ia contra a radiação.	_____	_____
6. Não pode haver formas de vida nas grutas, porque estas não as protegeriam.	_____	_____

The present perfect subjunctive

EG-27 As instruções da Cláudia. Cláudia Martins, a physical fitness instructor, couldn't be in class today, but left instructions for her students. Say what she expects her students to have done before their next meeting. Pause the recording at the beep to speak at your own pace.

MODELO: Sr. Pereira/caminhar dois quilómetros

Ela espera que o Sr. Pereira tenha caminhado dois quilómetros.

1. Anita/correr meia hora

2. Filipe e Roberto/fazer os exercícios

3. Dona Laura/nadar vinte minutos

4. Eduarda/levantar e baixar os braços trinta vezes

5. os alunos/seguir as suas instruções

EG-28 Oxalá tenham preparado tudo. You are going to have an important meeting in your office and you hope that everything has been done according to your instructions. Use **oxalá** in your statements. Pause the recording at the beep to speak at your own pace.

MODELO: comprar as bebidas

Oxalá tenham comprado as bebidas.

1. encontrar uma mesa grande

2. trazer copos que cheguem

3. arranjar cadeiras confortáveis

4. escrever a ordem de trabalhos da reunião

5. arrumar a sala

If-clauses with the conditional perfect and the pluperfect subjunctive

EG-29 O campo e a cidade. Listen to this brief description and to the statements that follow. Indicate whether each statement is true or false by checking **sim** or **não**.

	SIM	NÃO
1.	_____	_____
2.	_____	_____
3.	_____	_____
4.	_____	_____
5.	_____	_____
6.	_____	_____

EG-30 O que teria acontecido? Listen to what Geraldo did not do and look at the consequences. Say what would have happened if he had done each action. Pause the recording at the beep to answer at your own pace.

MODELO: You hear: O Geraldo não saiu.

You see: Ele não foi ao cinema.

You say: *Se o Geraldo tivesse saído, teria ido ao cinema.*

1. Ele não encontrou a Luísa.

2. Ele não falou com ela.

3. A Luísa não o convidou para um concerto.

4. Ele não ouviu o seu cantor preferido.

5. Ele não viu os amigos no concerto.

EG-31 O que é que você teria feito? Listen to the following questions and say what you would have done if you could start your life over. Pause the recording at the beep to answer at your own pace.

MODELO: You see: Se eu pudesse recomeçar a minha vida...

You hear: Teria estudado a mesma matéria ou outra?

You say: *Se eu pudesse recomeçar a minha vida, também teria estudado.*
Psicologia/não teria estudado Psicologia, teria estudado Antropologia.

The future perfect and the future perfect subjunctive

EG-32 Um projecto importante. First, read the statements in your workbook. Then, listen to the conversation between Luís and Sandra who are working on a new advertising campaign for a corporate client and indicate whether each statement is true or false by marking **sim** or **não**.

	SIM	NÃO
1. A equipa precisa de acabar o projecto até sexta-feira.	_____	_____
2. O Luís acha que não terá recebido os desenhos a tempo.	_____	_____
3. A Sandra diz que o director vai precisar de uma semana para fazer a revisão.	_____	_____
4. O Luís conferirá a documentação das imagens se o Ricardo tiver completado a pesquisa necessária.	_____	_____
5. A Sandra vai dormir logo que o projecto tiver sido enviado.	_____	_____

EG-33 Uma aventura. You are writing an avant-garde film script and you are telling a friend about a sequence featuring your protagonist. Pause the recording at the beep to speak at your own pace.

MODELO: quando/ela/acordar/receber um telefonema
Quando ela tiver acordado, vai receber um telefonema.

1. assim que/ela/acabar a conversa/sair de casa

2. quando/ela/sair de casa/começar a caminhar rapidamente

3. depois que/ela/caminhar durante dois minutos/entrar numa loja

4. quando/ela/entrar na loja/a câmara/continuar a filmar a rua deserta

5. depois que/ela/ficar cinco minutos na loja/nós/ouvir um grito terrível

6. se/eu/conseguir financiamento para o filme/convidar-te para o papel principal

Apêndice 1 ◆ Practice for Speakers of Spanish

Lição preliminar

ESTRUTURAS

Numbers from 0 to 99

There are some differences between Portuguese and Spanish in the use of words meaning *a/an* or *one* and *two*.

◆ In Portuguese, *a/an/one* is rendered as either **um** (masculine) or **uma** (feminine), whereas in Spanish there are three possibilities: **uno**, **un** (both masculine), and **una** (feminine).

◆ The Portuguese **um** is used as both an indefinite article and a pronoun, while Spanish makes a distinction between **un** (indefinite article) and **uno** (pronoun).

O Mário é **um** estudante muito inteligente.

Mario es **un** estudiante muy inteligente.

Mário is a very intelligent student.

Ele é **um** dos estudantes mais inteligentes da universidade.

Él es **uno** de los estudiantes más inteligentes de la universidad.

He is one of the most intelligent students at the university.

Entre **um** e outro existe muita diferença.

Entre **uno** y otro existe mucha diferencia.

There is a big difference between one and the other.

◆ As with the Spanish **una**, use the Portuguese **uma** both as an indefinite article to accompany feminine nouns and as a pronoun to substitute for them.

A Maria é **uma** estudante muito inteligente, tal como a Susana.

María es **una** estudiante muy inteligente, tal como Susana.

Maria is a very intelligent student, just like Susana.

Uma e outra tiram notas muito boas.

La **una** y la otra sacan notas muy buenas.

One and the other get very good grades.

Continued

♦ Unlike Spanish, Portuguese has two words signifying *two*: **dois** (masculine) and **duas** (feminine).

dois livros   *two books*
dos libros
duas cadeiras   *two chairs*
dos sillas

PS-1 O curso de Português. Mariana and Lucas are talking about a class Mariana is taking this semester. Fill in the blanks in their conversation with spelled-out numbers in Portuguese. The numbers are given in parentheses after each blank.

MARIANA: Vou fazer (a) _____ (1) curso de Português com (b) _____ (1) das melhores professoras da universidade.

LUCAS: Como se chama a professora?

MARIANA: Não sei. Mas é (c) _____ (1) senhora simpática e inteligente. E o curso de Português é (d) _____ (1) dos mais populares do departamento.

LUCAS: Quantas horas tem de aulas por dia?

MARIANA: (e) _____ (2) horas por dia, (f) _____ (4) vezes por semana.

LUCAS: É muito!

MARIANA: Mas o curso é interessante.

LUCAS: Está bem, então. Ai que já são (g) _____ (10) horas da manhã! Vou à biblioteca. Preciso de ler (h) _____ (32) obras de autores de língua portuguesa este semestre.

MARIANA: É muito!

LUCAS: Mas as obras são interessantes.

Pronúncia

As vogais abertas e e o

European Portuguese has some vowel sounds that do not exist in Spanish, such as the open vowels **e** and **o**. In Portuguese, the distinction between an open vowel and a closed one can affect the meaning of a word. For example, this distinction is responsible for the difference between the words **avô** (*grandfather*) and **avó** (*grandmother*). **Repita as seguintes palavras.**

avô   avó

Now listen to and repeat other words that change meaning depending on whether the vowel is open or closed. **Repita as seguintes palavras.**

ele (*he*)   ele (*the letter "l"*)
pê (*the letter "p"*)   pé (*foot*)
almoço (*lunch*)   almoço (*I eat lunch*)
gosto (*taste*)   gosto (*I like*)

PS-2 Vogais abertas e fechadas (e). Among the words you will hear, some have an open e and others have a closed e. Repeat them and check the appropriate column. **Repita as seguintes palavras.**

	OPEN E	CLOSED E
1.	_____	_____
2.	_____	_____
3.	_____	_____
4.	_____	_____
5.	_____	_____
6.	_____	_____
7.	_____	_____
8.	_____	_____
9.	_____	_____
10.	_____	_____

PS-3 Vogais abertas e fechadas (o). Among the words you will hear, some have an open o and others have a closed o. Repeat them and check the appropriate column. **Repita as seguintes palavras.**

	OPEN O	CLOSED O
1.	_____	_____
2.	_____	_____
3.	_____	_____
4.	_____	_____
5.	_____	_____
6.	_____	_____
7.	_____	_____
8.	_____	_____
9.	_____	_____

Lição 1

ESTRUTURAS

The verb *gostar de*

◆ The Portuguese verb **gostar** (*to like*) is not used in the same way as the Spanish verb **gustar**. In Portuguese, the verb **gostar** is always accompanied by the preposition **de**. In Spanish, the verb **gustar** is used in a way similar to the English expression *to be pleasing (to someone)*.

Eu **gosto de** café.	
A mí **me gusta** el café.	*I like coffee.*
Eu **gosto das** aulas de Português.	
A mí **me gustan** las clases de portugués.	*I like Portuguese classes.*
Eles **gostam de** comida moçambicana.	
A ellos **les gusta** la comida mozambicana.	*They like Mozambican food.*
Nós **gostamos das** aulas de Antropologia.	
A nosotros **nos gustan** las clases de antropología.	*We like anthropology classes.*

PS-4 Os colegas da Zita. Zita is a new student in a large class and she is trying to understand what her classmates like and dislike. At the end of the month she writes a list with her observations. Complete Zita's observations with appropriate forms of **gostar de**.

1. A Mariana _____ aulas de Física e de Informática.

2. Todos os estudantes _____ professora de Inglês.

3. A Helena e a Marta _____ aula de Matemática.

4. Eu não _____ professor de Psicologia.

5. Nós todos _____ festas.

6. O João _____ aula de História.

7. O Eduardo _____ aulas de História e de Química.

8. Eu _____ livro de Sociologia.

9. A Lúcia não _____ pizza.

10. O Filipe, a Kátia e o Tomás não _____ professor de Química.

11. O Filipe, a Kátia e o Tomás _____ aulas de Literatura.

Articles

In Portuguese there are eight articles, whereas in Spanish there are nine.

	PORTUGUESE	SPANISH
definite	o, a, os, as	el, los, la, las
indefinite	um, uma, uns, umas	un, una, unos, unas
neuter		lo

Both **el** and **lo** in Spanish correspond to **o** in Portuguese.

O estudante trabalha na biblioteca.
El estudiante trabaja en la biblioteca.   *The student works at the library.*
O bom é trabalhar.
Lo bueno es trabajar.   *Working is a good thing.*
O lápis e o livro estão na mesa.
El lápiz y **el** libro están en la mesa.   *The pencil and the book are on the table.*
O mais difícil é encontrar tempo para descansar.   *The most difficult thing is finding*
Lo más difícil es encontrar tiempo para descansar.   *time to rest.*

PS-5 Os planos. João and Lucas are talking about their plans for the first week of the semester. Complete their conversation with **o, a, os, as, um, uma, uns,** or **umas.**

JOÃO: Quantas aulas temos na segunda?

LUCAS: (1) _____ de Física e (2) _____ de Biologia.

JOÃO: Temos que comprar alguma coisa?

LUCAS: Não, nós já temos (3) _____ livros de que precisamos.

JOÃO: E na terça, precisamos de fazer (4) _____ perguntas ao professor de Antropologia. (5) _____ difícil vai ser encontrar tempo para preparar (6) _____ perguntas.

LUCAS: Na quarta, vou almoçar na cantina universitária, mas à noite vou a (7) _____ restaurante na cidade.

JOÃO: Na quinta, vou à livraria comprar (8) _____ livros do curso de Antropologia.

LUCAS: E na sexta estamos livres. (9) _____ melhor da semana vai ser descansar.

Os ditongos nasais

The Portuguese diphthong **-ão** (written **-am** when unstressed) corresponds to the Spanish verb endings **-an**, **-án**, and **-on**. It also corresponds to Spanish noun endings **-ón** and **-ión**. Listen to and repeat the following Portuguese words. As you practice, compare the Portuguese words with their Spanish cognates. **Repita as seguintes palavras.**

PORTUGUESE	SPANISH
compram	compran
comprarão	comprarán
compraram	compraron
são	son
coração	corazón
lição	lección

The Portuguese diphthong **-õe** is often heard in the plural ending **-ões**. It corresponds to Spanish word endings **-ones** and **-iones**. Listen to and repeat the following Portuguese words. As you practice, compare the Portuguese words with their Spanish cognates. **Repita as seguintes palavras.**

PORTUGUESE	SPANISH
limões	limones
corações	corazones
opiniões	opiniones
tradições	tradiciones
situações	situaciones
lições	lecciones

PS-6 Os ditongos. Listen to the recording and circle the word that you hear.

1. almoçam   almoçarão
2. corações   coração
3. dançam   dançarão
4. opiniões   opinião
5. descansam   descansarão
6. lições   lição

Nome: _____   Data: _____

Lição 2

ESTRUTURAS

Ser and estar

The use of verbs **ser** and **estar** is very similar in Spanish and in Portuguese. See the following examples of identical usage in both languages.

◆ **Ser** is used with adjectives to describe lasting qualities of a person, a place, or a thing.

Ela **é** inteligente e simpática.

Ella **es** inteligente y simpática.   *She is intelligent and nice.*

◆ **Ser** is used to express nationality and **ser + de** is used to express origin.

A Rosa e a Vanda **são** peruanas.

Rosa y Vanda **son** peruanas.   *Rosa and Vanda are Peruvian.*

Elas **são** de Lima.

Ellas **son** de Lima.   *They are from Lima.*

◆ **Ser** is also used to express possession.

Estes livros **são** meus.

Estes **son** mis libros.   *These are my books.*

◆ **Ser** is used to express the time of an event.

O exame **é** às três.

El examen **es** a las tres.   *The exam is at three o'clock.*

◆ **Estar** + *adjective* comments on something. It expresses a change from the norm, a condition, and/or how one feels about the person or object being discussed.

O Roberto **está** magro.

Roberto **está** flaco.   *Roberto is thin. (He has lost weight.)*

◆ Some adjectives have one meaning with **ser** and another with **estar**.

A sopa de legumes **é** boa.

La sopa de legumbres **es** buena.   *The vegetable soup is good (it's wholesome).*

A sopa de legumes **está** boa.

La sopa de legumbres **está** buena.   *The vegetable soup is good (it's particularly tasty today).*

There is, however, one important divergence between the Portuguese and Spanish uses of **ser** and **estar**. While Spanish speakers use **estar** to express geographical location and location of structures viewed as permanent, Portuguese speakers use **ser** in all such cases.

Onde **é** a biblioteca?

Donde **está** la biblioteca?   *Where is the library?*

Massachusetts **é** nos Estados Unidos.

Massachusetts **está** en los Estados Unidos.   *Massachusetts is in the United States.*

O hotel **é** perto daqui.

El hotel **está** cerca de aquí.   *The hotel is close to here.*

PS-7 Muitas perguntas. Mary is a new student at a large university. She meets Laurie, a sophomore, and asks her many questions. Complete their conversation with appropriate forms of **ser** and **estar**.

MARY: Quando (1) _____ as aulas de Português?

LAURIE: Às segundas, quartas e sextas.

MARY: Quem (2) _____ o professor?

LAURIE: (3) _____ uma professora. O nome dela é Judite. Ela (4) _____ excelente!

MARY: Onde (5) _____ o Departamento de Português?

LAURIE: (6) _____ perto da biblioteca.

MARY: A professora (7) _____ no departamento agora?

LAURIE: Acho que (8) _____, sim, mas todos os professores (9) _____ numa reunião.

MARY: E o laboratório de línguas, onde (10) _____?

LAURIE: (11) _____ na biblioteca.

MARY: Uma última pergunta: e onde (12) _____ os livros de Português?

LAURIE: Os livros (13) _____ na livraria.

MARY: Óptimo! Muito obrigada por todas essas informações.

LAURIE: De nada.

Pronúncia

Os sons do b e do v

Speakers in most parts of the Spanish-speaking world make no distinction between the **b** and the **v** sounds, that is, between what is called in Spanish **b grande** (b) and **b chica** (v). This distinction does exist in European Portuguese. Listen to and repeat the following Portuguese cognates of some common Spanish words. **Repita as seguintes palavras.**

livro (*libro*)   palavra (*palabra*)   dever (*deber*)   vamos (*vamos*)   vaca (*vaca*)

baile (*baile*)   básico (*básico*)   rebelde (*rebelde*)   bairro (*barrio*)   bebida (*bebida*)

PS-8 Os sons do b e do v. Listen to the recording and circle the word that you hear.

1. bacia   vazia
2. bacilo   vacilo
3. bago   vago
4. bate   vate
5. bebido   vivido
6. bela   vela
7. bem   vem
8. bento   vento
9. boa   voa
10. bobó   vovó

Lição 3

ESTRUTURAS

The verb *ir*

- Even though the use of the verb **ir** in Portuguese is very similar to the use of **ir** in Spanish, there are some important differences.
- Spanish speakers always add an **a** between the verb **ir** and the infinitive when expressing future actions. This never happens in Portuguese.

  Vou descansar.

  Voy a descansar.   *I am going to rest.*

  Eles **vão** comer.

  Ellos **van a** comer.   *They are going to eat.*

- To express *to go* in the future, Spanish speakers conjugate the verb **ir** in the present and add the infinitive of **ir**. This never happens in Portuguese. Portuguese speakers use the verb **ir** alone, conjugated in the present; future meaning is inferred from the context.

  Na próxima semana **vou** a Cabo Verde.

  La próxima semana **voy a ir** a Cabo Verde.   *Next week I'm going to Cape Verde.*

  Amanhã eles **vão** à biblioteca.

  Mañana ellos **van a ir** a la biblioteca.   *Tomorrow they are going to the library.*

- Portuguese speakers do not use the reflexive form **irse** like Spanish speakers do. In Portuguese, the closest form to the Spanish **irse** is **ir-se embora**, which is also used in its nonreflexive form, **ir embora**.

  Vou-me embora.

  Me voy.   *I'm going (away).*

  Eles **vão embora** para o Chile no ano que vem.

  Se van a Chile el próximo año.   *They're going away to Chile next year.*

PS-9 As férias. Mário and Luís are planning their spring break. Complete their conversation with appropriate forms of the verb **ir** or the expression **ir-se embora** or **ir embora**.

MÁRIO: Quando (1) _____ ser as próximas férias?

LUÍS: No fim de Março.

MÁRIO: Tu (2) _____ fazer algo especial?

LUÍS: Não sei exactamente. Mas quero (3) _____ daqui!

MÁRIO: Eu e o Lucas (4) _____ a Portugal. Porque não (5) _____ os três juntos: eu, tu e o Lucas?

LUÍS: Óptima ideia! Mas eu (6) _____ precisar de mais dinheiro.

MÁRIO: E como é que tu (7) _____ conseguir mais dinheiro em tão pouco tempo?

LUÍS: Acho que (8) _____ pedir aos meus pais.

MÁRIO: Eu e o Lucas também (9) _____ pedir aos nossos pais.

LUÍS: Então, (10) _____ começar a fazer planos?

MÁRIO: (11) _____, sim. (12) _____ jantar juntos esta noite?

LUÍS: (13) _____ já embora!

Pronúncia

Os sons do r e do j

As you have learned in **Lição 2**, in some regions of Portugal, mainly in and around Lisbon, double **rr**, initial **r**, and **r** following **n** or **s** are pronounced with a guttural sound, similar to the English *h* in *hot*, but more forceful. This European Portuguese sound is similar to the Spanish sound **j** in **jamón** as pronounced in many Spanish-speaking countries. In other regions of Portugal, the initial **r** and double **rr** are pronounced like the Spanish **r** in **rico**.

On the other hand, as you have learned in the **Pronúncia** section of this lesson, the European Portuguese **j**, in any position, is pronounced like the English *s* in *measure* or *leisure*.

PS-10 Os sons do r e do j. Listen to the recording and first repeat and then circle the words that you hear. **Repita as seguintes palavras.**

1. rato   jacto
2. remela   janela
3. romana   Joana
4. berro   beijo
5. ferrão   feijão
6. (eu) rogo   (eu) jogo
7. garra   gaja

Lição 4

ESTRUTURAS

Present tense of stem-changing verbs

As you have learned in **Lição 4** of your textbook, Portuguese has a quite large number of stem-changing verbs. There are two patterns of irregularity that have counterparts in Spanish.

◆ Portuguese closed **o** and closed **e** change to open **o** and open **e** in stressed syllables of present-tense verb forms. In cognate Spanish verbs, this pattern corresponds to the change of **o** to **ue** and **e** to **ie**.

PORTUGUESE		SPANISH	
PODER		**PODER**	
eu	posso	yo	puedo
tu	podes	tú	puedes
você o senhor/a senhora ele/ela	pode	él/ella/usted	puede
nós	podemos	nosotros/as	podemos
vocês os senhores/as senhoras eles/elas	podem	ellos/ellas/ustedes	pueden
ALMOÇAR		**ALMORZAR**	
eu	almoço	yo	almuerzo
tu	almoças	tú	almuerzas
você o senhor/a senhora ele/ela	almoça	él/ella/usted	almuerza
nós	almoçamos	nosotros/as	almorzamos
vocês os senhores/as senhoras eles/elas	almoçam	ellos/ellas/ustedes	almuerzan
QUERER		**QUERER**	
eu	quero	yo	quiero
tu	queres	tú	quieres
você o senhor/a senhora ele/ela	quer	él/ella/usted	quiere
nós	queremos	nosotros/as	queremos
vocês os senhores/as senhoras eles/elas	querem	ellos/ellas/ustedes	quieren

Continued

COMEÇAR		COMENZAR	
eu	começo	yo	comienzo
tu	começas	tú	comienzas
você o senhor/a senhora ele/ela	começa	él/ella/usted	comienza
nós	começamos	nosotros/as	comenzamos
vocês os senhores/as senhoras eles/elas	começam	ellos/ellas/ustedes	comienzan

◆ In -ir verbs, these correspondences are present only in the tu, você, and vocês forms.

PORTUGUESE		SPANISH	
DORMIR		**DORMIR**	
eu	durmo	yo	duermo
tu	dormes	tú	duermes
você o senhor/a senhora ele/ela	dorme	él/ella/usted	duerme
nós	dormimos	nosotros/as	dormimos
vocês os senhores/as senhoras eles/elas	dormem	ellos/ellas/ustedes	duermen

PREFERIR		PREFERIR	
eu	prefiro	yo	prefiero
tu	preferes	tú	prefieres
você o senhor/a senhora ele/ela	prefere	él/ella/usted	prefiere
nós	preferimos	nosotros/as	preferimos
vocês os senhores/as senhoras eles/elas	preferem	ellos/ellas/ustedes	prefieren

PS-11 As famílias. João and Ana are talking about their families. Complete their conversation with appropriate forms of the verbs in parentheses.

JOÃO: A minha família (1) _____ (almoçar) sempre num restaurante português que fica na rua Broadway.

ANA: Conheço esse restaurante, mas (2) _____ (preferir) um que fica na rua Cambridge.

JOÃO: A Ana e a sua família (3) _____ (poder) vir almoçar connosco na semana que vem?

ANA: Gostávamos muito. A que horas é que vocês (4) _____ (preferir)?

JOÃO: Nós (5) _____ (preferir) por volta do meio-dia. O restaurante (6) _____ (começar) a servir a essa hora. Que acha?

ANA: Em princípio, acho bem, mas o problema é que temos uma filha adolescente. E como o João sabe, quando (7) _____ (poder), os adolescentes (8) _____ (dormir) até tarde.

JOÃO: Então, a que horas é que ela (9) _____ (preferir) almoçar no domingo?

ANA: Nós todos (10) _____ (dormir) até cerca das nove e ela (11) _____ (dormir) até cerca das onze. Acho que à uma da tarde seria o ideal. Ela (12) _____ (dormir) até tarde, mas quando (13) _____ (começar) a arranjar-se, é muito rápida. Eu acordo cedo, mas (14) _____ (começar) a arranjar-me tarde.

JOÃO: Vou ligar para a minha mulher e ver se ela (15) _____ (poder) na semana que vem. A minha família (16) _____ (querer) muito conhecer a sua.

ANA: Eu também vou confirmar com o meu marido. Seria realmente uma óptima oportunidade, pois o meu marido também vos (17) _____ (querer) conhecer. Bem, então, até mais tarde.

JOÃO: Até mais tarde.

Pronúncia

Os sons do s e do z

There is a very common sound in Portuguese that does not exist in Spanish: the z sound, like the z in the English word zero. As you have learned in the **Pronúncia** section of this lesson, when the Portuguese letters s and z are between vowels, they sound like the s in the English word *disease* or the z in the English word *zebra*. The z at the beginning of a word or syllable is pronounced the same way.

PS-12 Os sons do s e do z. Listen to the recording and first repeat and then circle the word that contains the z sound like that in the English word *zoo*. **Repita as seguintes palavras.**

1. casa   caça
2. doce   doze
3. roça   rosa
4. asa   assa
5. Zeca   seca
6. acetona   azeitona
7. resumir   reassumir
8. ração   razão
9. lousa   louça
10. preza   pressa

Lição 5

ESTRUTURAS

Present progressive

♦ The present progressive is formed differently in Spanish and in European Portuguese. In European Portuguese, the present progressive is formed with the present of the verb **estar** + **a** + *the infinitive*. In Spanish, like in Brazilian Portuguese, the present progressive is formed with **estar** + *present participle*. In some regions of Portugal (for example, in the Azores and in Alentejo), **estar** + *present participle* is also used quite commonly.

PORTUGUESE	SPANISH	
Estou a estudar Física.	**Estoy estudiando** física.	*I am studying physics.*
Estás a dormir?	**Estás durmiendo?**	*Are you asleep?*

PS-13 Limpeza da casa. This weekend, you and your housemates are cleaning the house you share. Explain who is doing what, according to the model.

MODELO: José/arrumar os CDs

O José está a arrumar os CDs.

1. Sandra/aspirar a sala de estar

   _____

2. eu/limpar as casas de banho

   _____

3. nós todos/deitar fora o que não precisamos mais

   _____

4. Ricardo e Laura/organizar os armários

   _____

5. tu/lavar o chão da cozinha

   _____

6. José e eu/varrer o terraço

   _____

Demonstrative adjectives and pronouns

◆ The masculine plural forms of demonstrative adjectives differ in Portuguese and in Spanish.

PORTUGUESE	SPANISH	
estes livros	**estos** libros	*these books*
esses quartos	**esos** cuartos	*those rooms*
aqueles homens	**aquellos** hombres	*those men (over there)*

◆ Both in Portuguese and in Spanish, masculine and feminine demonstrative adjectives are distinct from neuter demonstrative pronouns, which stand alone and do not vary in gender or number.

PORTUGUESE	SPANISH	
isto	esto	*this (thing)*
isso	eso	*that (thing)*
aquilo	aquello	*that (thing over there)*

◆ The following table compares all demonstratives in Portuguese and in Spanish.

	PORTUGUESE	SPANISH
masculine singular	este, esse, aquele	este, ese, aquel
masculine plural	estes, esses, aqueles	estos, esos, aquellos
feminine singular	esta, essa, aquela	esta, esa, aquella
feminine plural	estas, essas, aquelas	estas, esas, aquellas
neuter pronouns	isto, isso, aquilo	esto, eso, aquello

PS-14 Perguntas e respostas. Answer the following questions according to the model.

MODELO: Vais usar este lençol?
Não, vou usar esse. or
Não, vou usar aquele.

1. Vais lavar este tapete?

   Não, _____

2. Vocês vão dar estes cobertores?

   Não, _____

3. Vocês vão aspirar este quarto?

   Não, _____

4. Vais usar esta almofada?

   Não, _____

5. Vocês vão secar esta louça?

   Não, _____

6. Vocês vão arrumar esta sala?

   Não, _____

7. Vais organizar este armário?

Não, _____

8. Vais deitar fora estas toalhas?

Não, _____

A letra ç (c cedilhado)

As you have learned in the **Pronúncia** section of this lesson, the Portuguese letter ç (**c cedilhado**) is used before the vowels **a, o,** and **u** to indicate a sound similar to the *ss* in the English word *assist*. The ç is never used at the beginning of a word. It often corresponds to the Spanish letter **z**.

PS-15 C cedilhado. Listen to and repeat the following Portuguese words. As you practice, compare the Portuguese words with their Spanish cognates. **Repita as seguintes palavras.**

PORTUGUESE	SPANISH
almoço	almuerzo
açúcar	azúcar
braço	brazo
cabeça	cabeza
conheço	conozco
coração	corazón
esforço	esfuerzo
Março	marzo
pedaço	pedazo
raça	raza

Lição 6

ESTRUTURAS

Direct object nouns and pronouns

◆ The forms of direct object pronouns are very similar in Portuguese and in Spanish.

PORTUGUESE	SPANISH	
me	me	*me*
te	te	*you* (sing., familiar)
o	lo	*you* (sing., formal), *him, it* (masc.)
a	la	*you* (sing., formal), *her, it* (fem.)
nos	nos	*us*
vos	os	*you* (formal and familiar, plural)
os	los	*them* (masculine)
as	las	*them* (feminine)

◆ Pronoun placement, however, differs in Spanish and in European Portuguese. In Spanish, the direct object pronoun is always placed before the conjugated verb. In European Portuguese, the pronoun follows the verb in affirmative sentences and in questions not introduced by a question word. The pronoun is attached to the verb with a hyphen.

PORTUGUESE   **SPANISH**

O Roberto **levou-me** à praia.   Roberto **me llevó** a la playa.   *Roberto took me to the beach.*

Conhece-os há muito tempo?   ¿Ud. **los conoce** hace mucho tiempo?   *Have you known them for a long time?*

◆ As in Spanish, in European Portuguese the pronoun always precedes the verb in negative sentences, in questions introduced by a question word, after conjunctions such as **que** or **quem**, and after certain adverbs such as **ainda** (*todavía*), **tudo** (*todo*), and **também** (*también*), among others.

Não **te** compreendo.
No **te** comprendo.   *I don't understand you.*
Onde **as** compraste?
¿Donde **las** compraste?   *Where did you buy them?*
Acho que **me** ouviram.
Creo que **me** oyeron.   *I think they heard me.*
Ainda **o** temos.
Todavía **lo** tenemos.   *We still have it.*

Continued

◆ In European Portuguese compound verb forms, composed of a conjugated verb and an infinitive or a participle, the direct object pronoun may be placed before both verbs, between them, or after both. Spanish puts direct object pronouns either before both verbs or after both verbs, but never between verbs.

Nós não **as tínhamos visto** ontem.

Nosotros no **las habíamos visto** ayer. *We had not seen them yesterday.*

Vais-me chamar?

¿**Me vás a llamar?** *Are you going to call me?*

O Chico **vai levar-nos** no carro dele.

Chico **va a llevarnos** en su carro. *Chico will take us in his car.*

PS-16 Tanta roupa! You have inherited a box of very nice clothes from your great-grandparents and want to share them with a friend. Your friend is asking you which of these heirlooms you want to keep for yourself. Answer his or her questions according to the model.

MODELO: Queres a saia de lã?

Quero-a, sim. or

Não a quero, podes levá-la.

1. Queres o chapéu de seda?

   _____

2. Queres a saia de veludo?

   _____

3. Queres os sapatos de crocodilo?

   _____

4. Queres o colar de pérolas?

   _____

5. Queres as camisas de linho?

   _____

6. Queres a carteira de camurça (*suede*)?

   _____

7. Queres as gravatas italianas?

   _____

8. Queres os brincos de ouro?

   _____

9. Queres o cinto castanho?

   _____

Pronúncia

O f português e o h espanhol

In many Portuguese/Spanish cognates, the silent letter **h** in Spanish corresponds to the letter **f** in Portuguese.

Eles estão a **falar** sobre os **filhos**.

Ellos están **hablando** sobre los **hijos**.   *They are talking about their children.*

PS-17 O f e o h. Listen to and repeat the following Portuguese words. As you practice, compare the Portuguese words with their Spanish cognates. **Repita as seguintes palavras.**

PORTUGUESE	SPANISH
almofada	almohada
fazer	hacer
falar	hablar
farinha	harina
ferro	hierro
figo	higo
filho	hijo
fio	hilo
folha	hoja
fome	hambre
forno	horno

Lição 7

Indirect object nouns and pronouns

- The forms of indirect object pronouns are very similar in Portuguese and in Spanish.

PORTUGUESE	SPANISH	
me	me	to/for me
te	te	to/for you (sing., familiar)
lhe	le	to/for you (sing., formal), him, her, it
nos	nos	to/for us
vos	os	to/for you (plural)
lhes	les	to/for them

- Unlike in Spanish, the indirect object pronoun in European Portuguese follows the verb (attached with a hyphen) in affirmative sentences and in questions not introduced by a question word.

PORTUGUESE	SPANISH	
O Daniel **deu-me** um colar.	Daniel **me dio** un collar.	*Daniel gave me a necklace.*
Emprestaram-nos umas bolas.	**Nos prestaron** unas pelotas.	*They lent us some balls.*

- As in Spanish, in European Portuguese the pronoun always precedes the verb in negative sentences, in questions introduced by a question word, after conjunctions such as **que** or **quem**, and after certain adverbs such as **ainda** (*todavía*), **tudo** (*todo*), and **também** (*también*), among others.

Não **te** disse nada.

No **te** dije nada.   *I did not tell you anything.*

Quem **lhe** telefonou?

¿Quien **le** habló por teléfono?   *Who called you/him/her?*

Ainda **nos** devem dinheiro.

Todavía **nos** deben dinero.   *They still owe us money.*

- In European Portuguese compound verb forms, composed of a conjugated verb and an infinitive or a participle, the indirect object pronoun may be placed before both verbs, between the verbs, or after both verbs. Spanish places indirect object pronouns either before both verbs or after both verbs, but never between verbs.

PORTUGUESE	SPANISH	
O Carlos **vai mostrar-me** isso.	Carlos **va a mostrarme** eso.	
O Carlos **vai-me mostrar** isso.	Carlos **me va a mostrar** eso.	*Carlos will show me this.*
Não **lhe posso mandar** os livros.	No **puedo mandarle** los libros.	*I can't send you/him/her*
	No **le puedo mandar** los libros.	*the books.*

Nome: _____ Data: _____

S-18 A reunião com o treinador. You and a friend are discussing what you are going to do in your next meeting with your soccer coach. Explain your plans according to the model.

MODELO: fazer perguntas sobre as datas dos jogos

Vamos fazer-lhe perguntas sobre as datas dos jogos. or

Vamos-lhe fazer perguntas sobre as datas dos jogos.

não perguntar se podemos descansar

Não lhe vamos perguntar se podemos descansar.

1. pedir para não jogar no próximo domingo

_____

2. perguntar os resultados do último jogo

_____

3. oferecer-nos para participar no próximo treino

_____

4. não mostrar as fotos da festa de ontem

_____

5. dar um presente

_____

6. explicar que não podemos treinar no Verão

_____

7. não dizer que estamos cansados

_____

8. não pedir para terminar mais cedo hoje

_____

Pronúncia

As terminações -(ç)ão e -(c)ión

In many Portuguese/Spanish cognates, the Spanish ending **-(c)ión** corresponds to the Portuguese ending **-(ç)ão**.

Qual é a **condição** do **avião**?

¿Cuál es la **condición** del **avión**?   *What is the condition of the plane?*

PS-19 As terminações. Listen to and repeat the following Portuguese words. As you practice, compare the Portuguese words with their Spanish cognates. **Repita as seguintes palavras.**

PORTUGUESE	SPANISH
avião	avión
condição	condición
descrição	descripción
decisão	decisión
diversão	diversión
educação	educación
lição	lección
natação	natación
promoção	promoción
reunião	reunión
selecção	selección

Lição 8

ESTRUTURAS

Comparisons of inequality

There are some important differences in the ways speakers of Portuguese and Spanish make comparisons of inequality.

◆ In Portuguese, expressions **mais... (do) que** or **menos... (do) que** are used to express comparisons of inequality with nouns, adjectives, and adverbs. Unlike in Spanish, in Portuguese either **do que** or **que** may be used to express *than*.

Ela era {**mais/menos**} alegre **que** ele.
Ella era {**más/menos**} alegre **que** él.　　　　*She was a {more/less} happy person than he.*
Saía {**mais/menos**} **do que** ele.
Salía {**más/menos**} **que** él.　　　　*She went out {more/less} than he did.*

◆ As in Spanish, Portuguese speakers use **de** instead of **(do) que** before numbers.

Há **mais de** dez mil pessoas no desfile.　　　*There are more than ten thousand people*
Hay **más de** diez mil personas en el desfile.　　*in the parade.*
No ano passado havia **menos de** cinco mil.　　*Last year, there were fewer than five*
El año pasado había **menos de** cinco mil.　　　*thousand.*

◆ Some Spanish adjectives have both regular and irregular comparative forms. In European Portuguese, the adjectives **bom**, **mau**, and **grande** have only irregular forms. However, the adjective **pequeno** has both a regular and an irregular form.

PORTUGUESE		SPANISH		
bom	**melhor**	bueno	**más bueno/mejor**	*better*
mau	**pior**	malo	**más malo/peor**	*worse*
pequeno	**mais pequeno/menor**	pequeño	**más pequeño/menor**	*smaller*
grande	**maior**	grande	**más grande/mayor**	*bigger*

◆ In Spanish, **mayor** and **menor** can refer to age. In Portuguese, these words refer only to size.

A minha casa é **maior** do que a casa da Maria.
Mi casa és **más grande** que la casa de María.　　*My house is bigger than Maria's.*
O meu irmão **mais velho** chama-se Carlos.
Mi hermano **mayor** se llama Carlos.　　　　*My older brother's name is Carlos.*

PS-20 Depois da viagem. Imagine que você acaba de voltar de uma viagem a Portugal. Conte as suas impressões comparando Portugal aos Estados Unidos.

MODELO: feriados religiosos (quantidade)

　　　　Há menos feriados religiosos nos Estados Unidos do que em Portugal.

1. população (tamanho)

_____

2. cidades grandes (quantidade)

_____

3. a minha cidade e Lisboa (tamanho)

_____

4. igrejas barrocas (quantidade)

_____

5. o Rio Tejo e o Rio Hudson (tamanho)

_____

6. o/a presidente de Portugal e o/a presidente dos Estados Unidos (idade)

_____

Comparisons of equality

There is only one small difference between comparisons of equality in Portuguese and in Spanish. Unlike in Spanish, in Portuguese either **como** or **quanto** may be used to express *than*. The preferred form is **tão/tanto... como** in European Portuguese and **tão/tanto... quanto** in Brazilian Portuguese.

PORTUGUESE	SPANISH
tão... como/quanto	tan... como
tanto/a... como/quanto	tanto/a... como
tantos/as... como/quanto	tantos/as... como
tanto como/quanto	tanto como

PS-21 Mais impressões. Você continua a reflectir sobre as suas impressões da viagem a Portugal e a comparar Portugal aos Estados Unidos. Escreva frases de acordo com o modelo.

MODELO: os Estados Unidos e Portugal (interessante)
Os Estados Unidos são tão interessantes como Portugal.
Portugal e a Flórida (praias)
Há tantas praias em Portugal como na Flórida.

1. Portugal e os Estados Unidos (monumentos históricos para visitar)

_____

2. o povo português e o povo americano (simpático)

_____

3. a cidade de São Francisco e Lisboa (bonita)

_____

4. o metro de Lisboa e o metro de Boston (linhas)

_____

5. a política portuguesa e a política americana (problemas)

_____

6. Portugal e os Estados Unidos (coisas interessantes para fazer)

_____

Lição 9

Se as impersonal subject

In Spanish, there is a strong preference for impersonal constructions over the passive voice and passive constructions with the past participle are not commonly used by Spanish speakers. In European Portuguese, both impersonal constructions with **se** and the passive voice (which you will practice in **Lição 14**) are common.

Portuguese:	**Fala-se** português em muitos países.
	O português **é falado** em muitos países.
Spanish:	**Se habla** português en muchos países. *Portuguese is spoken in many countries.*
Portuguese:	**Vende-se/Vendem-se** muito bons livros nesta livraria.
	Muito bons livros **são vendidos** nesta livraria. *Very good books are sold in this bookstore.*
Spanish:	**Se venden** muy buenos libros en esta librería.
Portuguese:	**Perdeu-se** muito dinheiro aqui.
	Muito dinheiro **foi perdido** aqui.
Spanish:	**Se perdió** mucho dinero aquí. *People lost a lot of money here.*

PS-22 Condições de trabalho. Você é o director de recursos humanos de uma empresa e está a entrevistar um empregado potencial. Explique quais são as vantagens de se trabalhar na empresa.

MODELO: oferecer muitas férias
  Oferece-se muitas férias. ou
  Oferecem-se muitas férias.

1. ganhar bem

   _____

2. ter um bom seguro de saúde

   _____

3. oferecer excelentes bónus

   _____

4. proporcionar muitas opções de lazer aos funcionários

   _____

5. pagar creches para os filhos dos funcionários

   _____

6. dar presentes aos funcionários

   _____

The preterit of regular and irregular verbs

◆ In Portuguese, regular verbs ending in **-er** and in **-ir** have different endings in the preterite, whereas in Spanish their endings are the same.

PORTUGUESE			SPANISH		
	COMER	ABRIR		COMER	ABRIR
eu	com**i**	abr**i**	yo	com**í**	abr**í**
tu	com**este**	abr**iste**	tu	com**iste**	abr**iste**
você/ele/ela	com**eu**	abr**iu**	Ud./él/ella	com**ió**	abr**ió**
nós	com**emos**	abr**imos**	nosotros	com**imos**	abr**imos**
vocês/eles/elas	com**eram**	abr**iram**	Uds./ellos/ellas	com**ieron**	abr**ieron**

◆ A few commonly used irregular verbs have quite different preterite forms in Portuguese and in Spanish.

	INFINITIVE	EU	TU	VOCÊ	NÓS	VOCÊS
Portuguese	dizer	disse	disseste	disse	dissemos	disseram
Spanish	decir	dije	dijiste	dijo	dijimos	dijeron
Portuguese	estar	estive	estiveste	esteve	estivemos	estiveram
Spanish	estar	estuve	estuviste	estuvo	estuvimos	estuvieron
Portuguese	fazer	fiz	fizeste	fez	fizemos	fizeram
Spanish	hacer	hice	hiciste	hizo	hicimos	hicieron
Portuguese	ir/ser	fui	foste	foi	fomos	foram
Spanish	ir/ser	fui	fuiste	fue	fuimos	fueron
Portuguese	poder	pude	pudeste	pôde	pudemos	puderam
Spanish	poder	pude	pudiste	pudo	pudimos	pudieron
Portuguese	pôr	pus	puseste	pôs	pusemos	puseram
Spanish	poner	puse	pusiste	puso	pusimos	pusieron
Portuguese	querer	quis	quiseste	quis	quisemos	quiseram
Spanish	querer	quise	quisiste	quiso	quisimos	quisieron
Portuguese	saber	soube	soubeste	soube	soubemos	souberam
Spanish	saber	supe	supiste	supo	supimos	supieron
Portuguese	trazer	trouxe	trouxeste	trouxe	trouxemos	trouxeram
Spanish	traer	traje	trajiste	trajo	trajimos	trajeron
Portuguese	ter	tive	tiveste	teve	tivemos	tiveram
Spanish	tener	tuve	tuviste	tuvo	tuvimos	tuvieron
Portuguese	vir	vim	vieste	veio	viemos	vieram
Spanish	venir	vine	viniste	vino	vinimos	vinieron

Nome: _____   Data: _____

S-23 À procura de emprego. Complete o diálogo entre a Emília e a Diana com formas apropriadas do pretérito dos verbos abaixo.

saber   fazer   trazer   encontrar   ter   ser   vir   dizer   ir   querer

MÍLIA: Então, tu já (1) _____ alguma coisa?

DIANA: Ainda não, mas já (2) _____ muitas entrevistas e (3) _____ a várias agências de emprego.

MÍLIA: E (4) _____ sorte com as entrevistas?

DIANA: Os entrevistadores (5) _____ todos simpáticos e (6) _____ saber tudo sobre a minha preparação académica.

MÍLIA: (7) _____ o teu currículo para eu dar uma vista de olhos?

DIANA: Não, desculpa. É porque eu (8) _____ directamente de uma aula.

MÍLIA: Não te preocupes. Podes trazê-lo amanhã. O importante é que te queria dizer que (9) _____ que estão a procurar pessoas com o teu perfil numa empresa não muito longe daqui. Olha o anúncio aqui no jornal. Tenho amigos que trabalham lá e (10) _____ que a empresa é excelente.

DIANA: Que bom! Muito, muito obrigada. Vou-lhes escrever ainda hoje.

ESTRUTURAS

False cognates: nouns

◆ More than 70% of Portuguese vocabulary is entirely comprehensible to speakers of Spanish. There are, however, some false cognates to watch out for.

PORTUGUESE	ENGLISH	SPANISH	ENGLISH
a borracha	*rubber, eraser*	borracho/a	*drunk*
a cadeira	*chair*	la cadera	*hip*
a cena	*scene*	la cena	*supper*
embaraçado/a	*embarrassed*	embarazada	*pregnant*
esquisito/a	*strange, unusual*	exquisito/a	*exquisite*
o escritório	*office*	el escritorio	*desk*
a firma	*firm*	la firma	*signature*
largo/a	*wide*	largo/a	*long*
o ninho	*nest*	el niño	*child*
a oficina	*repair shop*	la oficina	*office*
o polvo	*octopus*	el polvo	*dust*
a salsa	*parsley*	la salsa	*sauce*
a salada	*salad*	salado/a	*salty*
o sobrenome	*family name*	el sobrenombre	*nickname*
o talher	*cutlery*	el taller	*workshop*
o vaso	*flower pot*	el vaso	*glass*

Nome: _____ Data: _____

PS-24 No restaurante. O Paulo e a Marina vão jantar num restaurante chinês. Complete a conversa deles com palavras apropriadas da tabela acima.

MARINA: Obrigada pelo convite para jantar. O restaurante é tão elegante que até me sinto um pouco

(1) _____.

PAULO: Ora essa! A Marina está muitíssimo elegante. Na verdade, mais linda e sofisticada do que todos os que estão no restaurante.

MAÎTRE: Boa noite. Os senhores têm uma reserva?

PAULO: Temos, sim. A secretária da nossa (2) _____ fez a reserva em nome de Paulo Oliveira.

MAÎTRE: Perfeitamente. Por favor, sigam-me.

PAULO: Finalmente vamos ter tempo para conversar. Os nossos (3) _____ ficam ao lado um do outro, mas estamos sempre tão ocupados no trabalho que mal falamos.

MARINA: É verdade, foi uma óptima ideia combinarmos este jantar. Adoro o ambiente, e olhe que flores tão bonitas eles têm naqueles (4) _____ chineses. São lindíssimos. Perfeitos para plantas exóticas.

PAULO: Adoro arte chinesa. Estes desenhos de (5) _____ de passarinhos são encantadores.

MARINA: A mesa está realmente bem decorada. A louça e os (6) _____ são muito elegantes.

PAULO: O único problema é que a minha (7) _____ é um pouco desconfortável.

MARINA: Ah! Então peça ao empregado para a trocar. A minha também é um pouco (8) _____ e desconfortável.

PAULO: Vou então pedir ao empregado para trocar as duas. A Marina já pensou no que vai querer comer?

MARINA: Adoro pratos que geralmente não faço em casa. Vou comer (9) _____ frito e acompanhar com uma (10) _____ de alface.

PAULO: Boa ideia. Vou pedir o mesmo.

The present subjunctive

The use of the present subjunctive in European Portuguese and in Spanish is very similar. However, there is a difference regarding the expressions **talvez** (*tal vez*) and **embora** (*aunque*). In Spanish, these expressions can be followed by either the indicative or the subjunctive, depending on the intention of the speaker. For Portuguese speakers, these expressions always trigger the use of subjunctive.

Portuguese: Talvez ela **ache** que esta sobremesa é boa.

Spanish: Tal vez ella **crea** que este postre es bueno.

Tal vez ella **cree** que este postre es bueno. *Maybe she'll think this desert is good.*

Portuguese: Embora **seja** caro, não é um bom restaurante.

Spanish: Aunque **es** caro, no es un buen restaurante. *Although the restaurant is*

Aunque **sea** caro, no es un buen restaurante. *expensive, it isn't good.*

PS-25 O jantar. O Paulo e a Marina continuam a conversar no restaurante chinês. Complete o diálogo com formas de indicativo ou de conjuntivo dos verbos entre parênteses.

PAULO: Espero que a Marina (1) _____ (estar) a gostar da comida.

MARINA: Eu acho que a comida (2) _____ (estar) óptima, embora a sopa (3) _____ (estar) um pouco fria.

PAULO: Quer que eu (4) _____ (chamar) o empregado?

MARINA: Talvez (5) _____ (ser) uma boa ideia, embora eu não (6) _____ (achar) isso realmente um grande problema.

PAULO: De qualquer modo, penso que (7) _____ (dever) reclamar. Vou chamar o empregado.

MARINA: Espere um momento. Na verdade, não acho que o Paulo (8) _____ (dever) chamar o empregado. Talvez (9) _____ (ser) melhor falar com o chefe de mesa.

PAULO: A Marina tem sempre razão.

MARINA: Não exagere. Embora eu (10) _____ (procurar) tomar atitudes bem pensadas, às vezes sou um pouco precipitada.

PAULO: A Marina é muito modesta e inteligente, embora não (11) _____ (admitir) que se diga isso publicamente.

MARINA: Mais um exagero seu. Só acho que todos nós (12) _____ (precisar) de pensar antes de agir. Infelizmente, não acho que isso (13) _____ (acontecer) sempre.

PAULO: Tem razão. Isso acontece muito comigo. Às vezes falo sem pensar, mas acho que (14) _____ (poder) sempre mudar, não é verdade?

MARINA: Com certeza.

Lição 11

False cognates: verbs

◆ In addition to the nouns you reviewed in **Lição 10**, there are also a few verbs that are false cognates in Portuguese and Spanish.

PORTUGUESE	ENGLISH	SPANISH	ENGLISH
acordar	*to awake*	acordarse	*to remember*
borrar	*to stain, to mess up*	borrar	*to erase*
brincar	*to play*	brincar	*to jump*
colar	*to glue*	colar	*to filter*
contestar	*to refute*	contestar	*to answer*
fechar	*to close*	fechar	*to date*
firmar	*to stabilize*	firmar	*to sign*
latir	*to bark*	latir	*to palpitate*
pegar	*to catch*	pegar	*to strike*
reparar	*to notice, to repair*	reparar	*to repair*
tirar	*to remove*	tirar	*to trash*
trair	*to betray*	traer	*to bring*

PS-26 À meia-noite. Complete o diálogo com formas apropriadas dos verbos da tabela acima.

MÃE: É melhor ires dormir já. Amanhã precisas de (1) _____ cedo.

DANIELA: Espera um pouco, mãe. Preciso de imprimir outra cópia do meu ensaio porque pus a mão nele enquanto a tinta da impressora estava fresca e (2) _____ tudo.

MÃE: Está bem. Mas é melhor que (3) _____ a porta do teu quarto. A impressora está a fazer muito barulho. O cão está agitado e não pára de (4) _____.

DANIELA: Sim, eu já (5) _____. Este cão é impossível. Vou-lhe meter uma mordaça (*muzzle*) na boca e só a vou (6) _____ amanhã.

MÃE: Ó Daniela, mas que exagero! O problema é que começaste a escrever o teu ensaio demasiado tarde. Da próxima vez é melhor trabalhares em vez de ficares a (7) _____ no computador.

Relative pronouns

The uses of relative pronouns in Portuguese and Spanish are very similar, with one important exception. Portuguese, unlike Spanish, does not have a plural form for the relative pronoun **quem**.

A Tina é a médica com **quem** falei.

Tina es la médica con **quien** hablé.　　　　*Tina is the doctor I spoke with.*

A Tina e a Lídia são as médicas com **quem** falei.

Tina y Lidia son las médicas con **quienes** hablé.　　*Tina and Lidia are the doctors I spoke with.*

PS-27 Num hospital. Complete a seguinte conversa entre dois doentes num hospital.

DOENTE 1: Os médicos (1) _____ trabalham neste hospital são muito simpáticos.

DOENTE 2: Concordo. As enfermeiras também são simpáticas, mas há duas de (2) _____ não gosto.

DOENTE 1: Ah, é? Quem são elas?

DOENTE 2: Uma é a Manuela e a outra é essa com (3) _____ estava a falar hoje de manhã.

DOENTE 1: Não sei de (4) _____ se trata.

DOENTE 2: Sabe, sim. É uma nova, uma (5) _____ acabam de contratar.

DOENTE 1: Ah, então deve ser por isso. Ela provavelmente está nervosa.

DOENTE 2: Se calhar tem razão. Mas a Manuela é mesmo incompetente.

Lição 12

Gender in Portuguese and Spanish nouns

◆ Even though most Portuguese and Spanish nouns coincide in gender, there are a few that are
feminine in Portuguese and masculine in Spanish or vice versa.

Feminine to masculine

PORTUGUESE	SPANISH	
feminine	masculine	
a análise	el análisis	*analysis*
a árvore	el árbol	*tree*
a cor	el color	*color*
a cútis	el cutis	*skin*
a desordem	el desorden	*disorder*
a dor	el dolor	*pain*
a equipe	el equipo	*team*
a estreia	el estreno	*debut*
a macieira	el manzano	*apple tree*
a oliveira	el olivo	*olive tree*
a origem	el origen	*origin*
a pétala	el pétalo	*petal*
a ponte	el puente	*bridge*

Masculine to feminine

PORTUGUESE	SPANISH	
masculine	feminine	
o computador	la computadora	*computer*
o costume	la costumbre	*habit*
o creme	la crema	*cream*
o ensino	la enseñanza	*teaching*
o gravador	la grabadora	*recorder*
o joelho	la rodilla	*knee*
o leite	la leche	*milk*
o legume	la legumbre	*vegetable*
o mel	la miel	*honey*
o nariz	la nariz	*nose*
o paradoxo	la paradoja	*paradox*
o protesto	la protesta	*protest*
o riso	la risa	*laughter*
o sal	la sal	*salt*
o sangue	la sangre	*blood*

PS-28 Famílias de palavras. Organize as palavras portuguesas das duas listas acima em "famílias" de acordo com o sentido e preencha a tabela abaixo.

FAMÍLIA	PALAVRAS
0. aparelhos electrónicos	o computador, o gravador
1.	
2.	
3.	
4.	

Tudo vs. *todo/a/os/as*

◆ To express *everything* in Portuguese, use **tudo**, a word that does not exist in Spanish. **Tudo** is not preceded or followed by any noun and never changes its form.

Tudo está bem.
Todo está bien.   *Everything is all right.*
Eu já comi **tudo**.
Yo ya comí **todo**.   *I already ate everything.*
Está **tudo** aqui.
Está **todo** aquí.   *Everything is here.*

◆ By contrast, **todo/a/os/as** (*all, entire, whole*) precedes (and sometimes follows) a noun and agrees with it in gender and number.

Todos os passageiros chegaram.
Todos los pasajeros llegaron.   *All the passengers arrived.*
Todas as passageiras chegaram.
Todas las pasajeras llegaron.   *All the (female) passengers arrived.*
Passei a manhã **toda** à espera.
Pasé **toda** la mañana esperando.   *I spent the entire morning waiting.*
Eu conheci **todo** o país.
Yo conocí **todo** el país.   *I got to know the whole country.*

PS-29 As viagens. Complete a conversa entre a Paula e o André com **tudo** ou **todo/a/os/as**.

PAULA: Que fizeste nas últimas férias?

ANDRÉ: Fiz um pouco de (1) _____. (2) _____ os dias fazia uma actividade diferente.

PAULA: E conseguiste ler (3) _____ os livros que querias?

ANDRÉ: Consegui, sim. Consegui também fazer (4) _____ as actividades e (5) _____ as viagens que queria.

PAULA: E de que viagem gostaste mais?

ANDRÉ: Gostei de (6) _____.

PAULA: Mas não tens nem uma pequena preferência?

ANDRÉ: Na verdade, (7) _____ o que fiz foi interessante. Mas talvez tenha gostado mais de fazer ecoturismo.

PAULA: O que é ecoturismo?

ANDRÉ: Bem, não sei (8) _____ sobre o assunto. Sei apenas que é uma forma de turismo que procura preservar o meio ambiente e contribuir para o bem-estar das populações locais.

PAULA: Isso parece-me muito interessante. Nas próximas férias também vou tentar o ecoturismo.

Lição 13

Gender in Portuguese and Spanish: changes in meaning

◆ There are a few words in Spanish that have two genders and two different respective meanings. Their European Portuguese equivalents sometimes have just one gender but still maintain the distinct meanings; in other cases, a non-cognate word assumes one of the meanings.

PORTUGUESE	SPANISH
o banco	el banco
O **Banco** Mundial tem 7.000 economistas a trabalhar em todo o mundo.	El **Banco** Mundial tiene 7.000 economistas trabajando en todo el mundo.

The World Bank has 7,000 economists working all over the world.

os bancos	la banca
Os bancos entrarão em greve na segunda.	**La banca** hará huelga el lunes.

Banks/Banking sector will go on strike on Monday.

o coma	el coma
O **coma** é um estado semelhante à anestesia.	El **coma** es un estado similar a la anestesia.

Coma is a state similar to (being under) anesthesia.

a vírgula	la coma
A **vírgula** é um sinal de pontuação.	**La coma** es un signo de puntuación.

The comma is a punctuation mark.

o cometa	el cometa
O **cometa** Halley é grande e brilhante.	**El cometa** Halley es grande y brillante.

Halley's Comet is big and shines brightly.

o papagaio	la cometa
As crianças fazem voar **os papagaios** na praia.	Los niños vuelan **las cometas** en la playa.

Children fly kites on the beach.

a frente	el frente
Recebemos o relatório **da frente** de batalha.	Recibimos el informe **del frente** de batalla.

We received the report from the battlefront.

a testa	la frente
A mãe beijou-o **na testa**.	Su madre lo besó en **la frente**.

His mother kissed him on the forehead.

a margem	el margen
A **margem** da página é estreita.	**El margen** de la página es estrecho.

The margin of the page is narrow.

a margem	la margen
A **margem** do rio é larga.	**La margen** del río es ancha.

The margin of the river is wide.

o/a guia Onde está **o guia** da excursão?	**el/la guía** ¿Dónde está **el guía** de la excursión?
	Where is the tour guide?
o guia Este livro é **um guia** excelente da cidade.	**la guía** Este libro es **una guía** excelente de la ciudad.
	This book is an excellent guide to the city.
o trompete **O trompete** é do músico.	**la trompeta** **La trompeta** es del músico.
	The trumpet belongs to the musician.
o trompetista **O trompetista** trabalha aqui.	**el trompeta** **El trompeta** trabaja aquí.
	The trumpet player works here.

PS-30 Quero ir brincar. Complete a conversa entre a Daniela e a mãe com palavras do quadro acima.

DANIELA: Mãe, eu hoje queria brincar com o meu (1) _____.

MÃE: Onde?

DANIELA: Na (2) _____ do rio.

MÃE: E não tinhas hoje a aula de (3) _____?

DANIELA: Tinha, sim. Mas já não quero ser (4) _____. Agora, quero ser pianista.
Também pensei em trabalhar em turismo. Talvez ser (5) _____ turística.

MÃE: Ó filha! Tantas ideias diferentes. Enfim, está bem. Podes ir brincar, na condição de me fazeres
um favor.

DANIELA: Que favor?

MÃE: O favor de me ires ao (6) _____ levantar dinheiro.

DANIELA: Está bem, mãe. Mas antes de ir quero um beijinho.

MÃE: Sim, sim. Um beijinho na (7) _____ e não na bochecha, não é?

DANIELA: É isso mesmo, mãe.

The future subjunctive

◆ While Portuguese has a very active future subjunctive, it is virtually disappearing in Spanish. In Spanish, the future subjunctive is limited to literary or judicial texts, whereas in Portuguese it is common in both formal and informal discourse. In Portuguese, the future subjunctive expresses future actions. In Spanish, the present subjunctive expresses both future and present actions. Compare the following examples.

PORTUGUESE	SPANISH	
(future subjunctive)	(present subjunctive)	
Quando **for** ao Brasil,	Cuando **vaya** a Brasil,	*When I go to Brazil,*
quero fazer ecoturismo.	quiero hacer ecoturismo.	*I want to do ecotourism.*
Enquanto não **tiveres** o visto	Mientras no **tengas** la visa	*As long as you don't*
não poderás viajar.	no vas a poder viajar.	*have a visa, you won't*
		be able to travel.
Logo que **chegarmos** ao hotel,	Tan pronto **lleguemos** al hotel,	*As soon as we get to the*
telefonamos-te.	te llamaremos.	*hotel, we'll call you.*
Quero jantar depois que	Quiero cenar después que	*I want to have dinner*
eles **saírem**.	ellos **salgan**.	*after they leave.*
Vou pedir-lho quando **voltar**	Voy a pedírselo cuando	*I'm going to ask him/her*
da viagem.	**regrese** del viaje.	*for it when he/she returns*
		from the trip.

PS-31 A reciclagem. A tia Carla e os sobrinhos falam sobre a reciclagem. Complete a conversa com formas apropriadas do futuro do conjuntivo.

TIA CARLA: Meninos, quando vocês (1) _____ (reciclar) o lixo, é importante saberem as cores dos contentores apropriados para cada tipo de lixo.

PATRÍCIA: Com certeza, tia, quando nós (2) _____ (começar) a separar o lixo e levá-lo ao ecoponto, vamos ter muito cuidado.

TIA CARLA: Se vocês (3) _____ (ter) alguma dúvida, o que vão fazer?

ZÉ: Assim que (4) _____ (surgir) algum problema, vamos consultar a Internet.

TIA CARLA: Aconselho-os a não fazerem nada se não (5) _____ (estar) convencidos de que compreendem todas as instruções.

PATRÍCIA: Não se preocupe tanto, tia Carla. Lembre-se de que fizemos ecoturismo no último Verão. O nosso guia ensinou-nos muito sobre conservação ambiental. Mas, se (6) _____ (precisar) de tirar alguma dúvida, certamente entraremos em contacto consigo.

TIA CARLA: Se (7) _____ (querer), posso vir ajudá-los nas primeiras vezes.

ZÉ: Não achamos que seja preciso. No entanto, sempre que (8) _____ (estar) confusos, vamos ligar para a tia.

TIA CARLA: Estarei à espera. Assim que o telefone (9) _____ (tocar), atenderei a correr.

PATRÍCIA: Ó tia, para quê tanto stress? Tudo vai correr bem. Afinal, isto não é nada complicado.

Lição 14

Correspondences in word formation: *-dad/-dade*

◆ Many Spanish nouns ending in **-dad** have Portuguese equivalents that end in **-dade.**

PORTUGUESE	SPANISH	
actividade	actividad	*activity*
adversidade	adversidad	*adversity*
capacidade	capacidad	*capacity*
comunidade	comunidad	*community*
dificuldade	dificultad	*difficulty*
dignidade	dignidad	*dignity*
diversidade	diversidad	*diversity*
especialidade	especialidad	*specialty*
facilidade	facilidad	*facility*
oportunidade	oportunidad	*opportunity*
realidade	realidad	*reality*
sociedade	sociedad	*society*
unidade	unidad	*unity*
verdade	verdad	*truth, verity*

PS-32 Os imigrantes. A Fernanda é estudante de pós-graduação em Sociologia nos Estados Unidos e está a entrevistar Miguel Borges, um importante sociólogo português. Complete a conversa deles com palavras da lista acima. Algumas palavras poderão ser usadas mais de uma vez.

FERNANDA: Acha que a (1) _____ portuguesa mudou nos últimos anos?

MIGUEL: Na (2) _____ acho que mudou muito. Há fenómenos que não existiam ainda há poucas décadas.

FERNANDA: Podia dar exemplos concretos?

MIGUEL: Por exemplo, há muito mais (3) _____ étnica e racial. Como sabe, Portugal é hoje um país que recebe muitos imigrantes.

FERNANDA: E os imigrantes integram-se bem nas (4) _____ onde se estabelecem?

MIGUEL: Há muitos exemplos de êxito na integração, mas em geral creio que os imigrantes, mesmo legais, não têm as mesmas (5) _____ de estudo e trabalho que os cidadãos portugueses. Sobretudo os imigrantes africanos enfrentam muitas (6) _____.

FERNANDA: Por exemplo?

MIGUEL: Existe um racismo subtil e às vezes difícil de detectar que faz com que os africanos tenham mais (7) _____ em conseguir certos empregos, mesmo quando estão perfeitamente capacitados para exercer as (8) _____ profissionais que esses empregos exigem.

FERNANDA: Será que esta atitude é causada pela percepção de que o país não tem (9) _____ para receber tantos imigrantes?

MIGUEL: Na (10) _____, os imigrantes estão cá porque nós precisamos deles. Têm grande (11) _____ em arranjar os trabalhos que muitos portugueses já não querem fazer, na construção ou na limpeza! O importante é tratarmos todos com a (12) _____ que merecem e trabalharmos para uma maior (13) _____ entre todos os que contribuem para o desenvolvimento do nosso país.

The past participle and the past perfect

- Past participles are very similar in Portuguese and in Spanish. However, there are three Portuguese verbs—**trair** (*to betray*), **pagar** (*to pay*), and **gastar** (*to spend*)—whose participles have different meanings in Spanish.

PORTUGUESE		SPANISH	
traído	*betrayed*	**traído**	*brought*
pago	*paid*	**pago**	*payment*
gasto	*spent, worn out*	**gasto**	*expense*

- The past perfect is also very similar in Portuguese and in Spanish. In Portuguese, however, the auxiliary **ter** is used in addition to **haver**. In fact, **ter** is much more common in both spoken and written Portuguese, while the use of **haver** tends to be restricted to formal written discourse.

Eu **tinha falado** com eles antes de chegar.

Eu **havia falado** com eles antes de chegar.

Yo **había hablado** con ellos antes de llegar. *I had spoken with them before arriving.*

PS-33 Um confronto. Complete a conversa entre o chefe e o administrador de uma empresa com particípios passados dos verbos entre parênteses.

CHEFE: Diga-me uma coisa, você pagou aos funcionários?

ADMINISTRADOR: Os funcionários foram (1) _____ (pagar) na semana passada. O senhor director já tinha (2) _____ (trazer) esta questão para discutirmos ontem. Sinceramente, não entendo porque insiste neste assunto.

CHEFE: Parece que não me entende. Eu já lhe repeti mil vezes que no passado fui (3) _____ (trair) por um administrador.

ADMINISTRADOR: Sei, sim. A velha história. Ele disse que tinha (4) _____ (pagar) aos funcionários e não pagou. Em resumo, o senhor foi (5) _____ (roubar).

CHEFE: Exactamente. E, além disso, muito dinheiro foi (6) _____ (gastar) para pagar aos advogados que trabalharam no caso.

ADMINISTRADOR: Está bem, tem razão. Mas agora o caso é diferente. Já nos conhecemos há muitos anos. Lembra-se de quando fomos (7) _____ (apresentar) por um amigo comum?

CHEFE: É claro que sim. Além disso, você é (8) _____ (conhecer) nos meios profissionais como uma pessoa honestíssima. Tem uma reputação inquestionável. Desculpe-me, mas fiquei (9) _____ (traumatizar) com o caso.

ADMINISTRADOR: Deixe estar. Hoje temos uma agenda cheia. Vamos discutir o que interessa.

CHEFE: Concordo.

Lição 15

Correspondences in word formation: diminutives

- The Portuguese diminutive endings **-inho/a** and **-zinho/a** correspond to the Spanish endings **-ito/a** and **-cito/a**.

PORTUGUESE	SPANISH
agorinha	ahorita
amorzinho	amorcito
avozinha	abuelita
beijinho	besito
bonequinha	muñequita
cafezinho	cafecito
casinha	casita
dorzinha	dolorcito
irmãozinho	hermanito
lugarinho	lugarcito
pequenino	pequeñito
pobrezinho	pobrecito

PS-34 Uma conversa. Complete o diálogo entre a mãe e a filha com os diminutivos da lista acima. Não use nenhuma palavra mais de uma vez.

MÃE: Gabriela, meu (1) _____, vem aqui, por favor.

FILHA: Tem que ser (2) _____ mesmo?

MÃE: Tem, sim, minha (3) _____. Vamos a casa da (4) _____.

FILHA: Posso levar a minha (5) _____? E o meu (6) _____, também vai?

MÃE: O Vasco está com uma (7) _____ de cabeça e vai ficar em casa a dormir. O papá vai ficar com ele.

FILHA: Ai (8) _____ dele! Não sabia que o Vasquinho estava doente.

MÃE: Não te preocupes. Já o levei ao médico e está tudo bem.

The personal infinitive

● The personal infinitive exists in Portuguese but not in Spanish. The personal infinitive is often used in Portuguese where a subjunctive would be commonly used in Spanish.

PORTUGUESE	SPANISH	
É preciso **fazermos** investimentos em tecnologia.	Es necesario **que hagamos** inversiones en tecnología.	*It is necessary that we make investments in technology.*
É melhor **virem** trabalhar no nosso laboratório.	Es mejor **que vengan** a trabajar en nuestro laboratorio.	*It is better that they come to work in our lab.*
Eu pedi para eles não **comprarem** nada *online*.	Les pedí **que no compraran** nada en línea.	*I asked them not to buy anything online.*
Vão fazer investigações até **descobrirem** a cura.	Van a hacer investigaciones hasta **que descubran** la cura.	*They will conduct research until they discover the cure.*

PS-35 É difícil encontrarmos tempo para tudo. Complete o diálogo entre o Alex e o Lucas, dois estudantes de Engenharia Aeroespacial, com formas apropriadas do infinitivo pessoal dos verbos entre parênteses.

ALEX: Seria óptimo nós (1) _____ (conseguir) uma entrevista para

(2) _____ (trabalhar) no Centro de Investigação Aeroespacial.

LUCAS: Pois era. Mas antes de nos (3) _____ (chamar) para a entrevista,

precisamos de estar preparados.

ALEX: Concordo. Que tal eu (4) _____ (fazer) pesquisa para saber mais sobre os

projectos que eles desenvolvem e tu (5) _____ (pensar) nas perguntas que

nos poderão fazer?

LUCAS: Será difícil tu (6) _____ (encontrar) tempo para a pesquisa. Já temos que

estudar tanto para os exames finais.

ALEX: Vamos ter que ficar acordados até (7) _____ (acabar) de estudar para o

exame de amanhã.

LUCAS: Mas podemos ficar só até às três porque o exame é às nove. É melhor não (8) _____

(abusar) da nossa energia.

ALEX: Tens razão. Era péssimo (9) _____ (gastar) toda a nossa energia na

preparação e não nos (10) _____ (sair) bem no exame.

LUCAS: Mas depois do exame vamos preparar a entrevista.

ALEX: Combinado.

Appendix 2 ◆ Brazilian Portuguese Video Activities

Lição preliminar

P-51 Apresentações. In the opening section of this video, you will be introduced to thirteen Brazilians who live in Rio de Janeiro and whom you will see time and again throughout the program. Watch and listen to the speakers as they introduce themselves; then match their names with the information you have heard.

1.	Mariana	a.	21 anos
2.	Carlos	b.	gaúcha
3.	Dona Raimunda	c.	PUC
4.	Chupeta	d.	Niterói
5.	Mônica	e.	17 anos
6.	Daniel	f.	Ceará
7.	Adriana	g.	51 anos
8.	Rogério	h.	Copacabana
9.	Juliana	i.	26 anos
10.	Dona Sônia	j.	Olaria
11.	Sandra	k.	ator
12.	Caio	l.	apelido
13.	Manuela	m.	UFRJ

P-52 Descrições. Now choose three of the speakers you have just watched. Listen again to their introductions and write down the following information about them. Depending on your instructor's guidelines, you should use either English or Portuguese in the first section. If writing in Portuguese, spell out the numbers. In the second section, try to give answers in Portuguese using some of the cognates you have learned in **Lição preliminar** to describe the speakers and justify your choice.

1. Names, ages, professions or occupations, and any other distinguishing information you were able to understand, such as place of birth, where they live, etc.

   a. _____

   _____

b.   _____

_____

c.   _____

_____

2. Why did you choose these three people? What was it about them that interested you? State two reasons for each person.

a.   _____

_____

b.   _____

_____

c.   _____

_____

Lição 1

Vocabulário útil

o doutorado	*PhD*	o mestrado	*MA*
o ensino	*education*	o município	*municipality, urban community*
a graduação	*undergraduate studies*	o vestibular	*university entrance exams*

1-50 Os estudos. What and where do the following people study, or what did they study? Match the names with study-related terms and names of universities in the right column. Some matches will be multiple.

1. _____ Adriana

2. _____ Caio

3. _____ Daniel

4. _____ Manuela

5. _____ Rogério

6. _____ Mônica

a. 3ª. (terceira) série do ensino médio

b. Psicologia

c. PUC do Rio de Janeiro

d. o vestibular

e. um doutorado

f. Universidade Federal Fluminense

g. artes dramáticas

h. um mestrado

i. Jornalismo

j. Português e Espanhol

k. Estudos da Linguagem

1-51 Os horários. Primeiro passo. Listen to the speakers talking about their schedules (**horários**) and then complete the descriptions given below.

1. Caio tem aulas de Interpretação três vezes por _____, Expressão _____ e Vocal _____ vezes, e a parte teórica _____ vezes por semana.

2. Durante a graduação, Adriana tinha (*had*) aulas _____ e trabalhava como _____ durante o dia.

3. No passado, Manuela costumava (*used to*) ter aulas das _____ às _____, mas agora tem aulas nas _____.

Segundo passo. Now compare your own current schedule to those of Caio, Adriana, and Manuela. What similarities and differences are you are able to identify?

	SEMELHANÇAS	DIFERENÇAS
1. eu e Caio		
2. eu e Adriana		
3. eu e Manuela		

1-52 As paixões. The following people talk about the areas of study they are passionate about. Identify what those areas are. And what is your passion?

1. Adriana: _____

2. Mônica: _____

3. Rogério: _____

4. Minha paixão: _____

1-53 Um processo difícil. Daniel and Carlos both talk about entering the university. Both of them note also what a difficult process it is. Complete the descriptions below with the information they give. Then say whether it is easy or difficult to enter a university in the United States or your country of origin and try to give at least one reason why (and more if you can).

1. Daniel vai tentar _____ para _____.

   Ele acha _____ escolher o que quer fazer _____ quando ainda

   _____.

2. Carlos é da Baixada Fluminense no município de Nova Iguaçu, onde _____ as pessoas

   poderem _____. Ele fez parte de um _____.

3. No meu país, é _____ ingressar na universidade porque _____

   _____

   _____

1-54 A educação no Brasil. What is the picture of education in Brazil, as described by Rogério and Mônica? Watch the video as many times as needed to understand the gist of their ideas. Then transcribe or summarize as much as you can of what they have to say about the following.

O sistema educacional brasileiro (Rogério): _____

_____

Diferenças entre o ensino público e privado (Mônica): _____

_____

Diferenças regionais (Mônica): _____

_____

Lição 2

Vocabulário útil

o/a advogado/a	lawyer	o folclore	folklore
agregar	to bring together, to join	a lepra	leprosy; one's negative
o/a bibliotecário/a	librarian		characteristics
o/a carioca	native of Rio de Janeiro	o malandro	rogue, rascal
caseiro/a	homebody	o/a metalúrgico/a	metal worker
o decoro	propriety, decency	o/a palhaço/a	clown
entender	to understand	reclamar	to complain
a escola	school	reconhecer	to recognize

2-37 Meu amigo brasileiro/Minha amiga brasileira. Listen to the various individuals describe their friends. If you had to choose one of the individuals interviewed to be your friend, which one would it be? Give at least two reasons for your choice.

Meu amigo/Minha amiga seria (*would be*) _____, porque _____

_____

_____

_____

2-38 A amizade. Primeiro passo. The detailed accounts given by the interviewees make it clear that friendship plays an important role in Brazilian society, yet each individual describes his or her friendships in a different way. Complete the statements below to paint a full picture of the scope and diversity of their attachments.

1. Rogério tem amigos de _____ anos de idade e _____ anos de idade.

2. Dona Raimunda é/não é amiga de todo mundo? (Circle the correct answer.)

3. Juliana gosta de _____ pessoas.

4. Carlos tem/não tem uma facilidade muito grande para fazer amigos. (Circle the correct answer.)

5. A mãe do Chupeta reclama que quando eles andam no shopping a cada _____ minutos alguém pára o Chupeta para falar com ele.

6. A maioria dos amigos da Mariana são da _____.

7. Daniel tem amigos da _____ e do _____.

8. Mônica teve (*had*) dificuldade de arranjar amigos no princípio porque ela acha o carioca mais _____.

Segundo passo. Are you similar to or different from the people in the video with regard to your friendships? Take advantage of the vocabulary and structures in the statements above to describe yourself. Give as much information as you can.

Sou parecido com _____

_____

_____.

Sou diferente de _____

_____

_____.

2-39 O que fazem os amigos? What are the professions or occupations of the following people's friends?

1. Rogério _____

2. Juliana _____

3. Mariana _____

4. Você _____

2-40 As personalidades

A. Match the words the following people use to describe themselves with their names. Some matches will be multiple.

1. _____ Rogério

2. _____ Juliana

3. _____ Chupeta

4. _____ Mariana

5. _____ Daniel

6. _____ Mônica

a. perfeccionista
b. caseiro/a
c. crítico/a
d. decoro
e. extrovertido/a
f. tímido/a
g. responsável
h. reservado/a
i. alegre
j. palhaço/a

B. What three adjectives would describe you best?

Eu sou _____

2-41 Conhecer-se a si mesmo. Rogério uses a famous quote from the Brazilian writer Nelson Rodrigues: "O ser humano só vai se entender no dia que reconhecer as suas lepras." Then he talks about how difficult it is to describe oneself. First of all, try to understand what the above quote is saying; can you paraphrase it (in English or in Portuguese)?

_____

_____

Now consider whether it is difficult or easy for you to talk about yourself. Why do you think that is?

Para mim, é _____ (fácil/difícil) falar sobre mim mesmo/a, porque _____

_____

_____

_____

_____.

Lição 3

Vocabulário útil

acordar	*to wake up*	o fondue	*fondue, hot dish made of melted cheese*
altamente	*highly, very much*	o homem	*man*
o barulho	*noise*	namorar	*to court, to flirt*
a boate	*nightclub, discotheque*	passear	*to stroll, to go for a walk/ride*
chorar	*to cry*	quando dá	*when possible*
o esporte	*sport*	sair	*to go out*
festeiro/a	*partygoer, party animal*	a trama	*plot*

3-43 Tempo livre. The following people describe what they do in their free time. Match some of their activities on the right with the names on the left.

1. Dona Sônia   _____ a. fazer esporte e namorar

2. Adriana   _____ b. estar com amigos ou a mãe, tocar e cantar

3. Dona Raimunda   _____ c. caminhar na praia

4. Juliana   _____ d. ir ao teatro e ao cinema, ler

5. Chupeta   _____ e. coisas alegres, passear, ir ao cinema e ao teatro quando dá

E você? What do you do in your free time? Name three of your favorite activities.

1. _____

2. _____

3. _____

3-44 O próximo fim de semana. The following people describe what they will do the following weekend. First, read the statements below. Then watch the video and listen closely to check whether the statements are **verdadeiros (V)** or **falsos (F)**. If false, write down what Rogério and/or Juliana will really do.

1. _____ Rogério: No próximo fim de semana, ele vai estar na escola de samba Unidos da Tijuca.

2. _____ Juliana: Ela vai estudar bastante e depois sair com a mãe.

_____

_____

3. **E você?** What will you do next weekend? Name at least two activities.

_____

_____

3-45 Os filmes. These speakers describe what kinds of films they like to watch. Match the following words and expressions with the right person. Then choose at least three words or expressions (listed below or other) to describe your own preferences.

biografias   pornografia não   românticos   chorar   homem musculoso não   eclético
aventura   trama   todos os tipos   inteligente   cinema nacional   água com açúcar

1. Dona Sônia _____

2. Rogério _____

3. Dona Raimunda _____

4. Juliana _____

5. Chupeta _____

6. Daniel _____

7. Você _____

3-46 As festas. The following people tell us whether they like parties and if they go to parties. First, read the statements below and note the alternatives. Then watch the video and circle the correct responses.

1. Dona Sônia **é/não é** altamente contra festas. Ela **gosta/não gosta** de festas.
2. Adriana recentemente **vai/não vai** muito a festas. Quando era mais nova, **sempre ia/não ia nunca** a festas de aniversário e casamento.
3. Rogério **tem/não tem** muitas festas. Ele **é/não é** muito festeiro. Ele **adora/não adora** comemorações. Festa **é/não é** primordial para o brasileiro.
4. Dona Raimunda **gosta/não gosta** de festa, aniversário e forró.
5. Juliana **é/não é** muito festeira. Juliana **gosta/não gosta** muito de ir a bares, restaurantes e teatro. Ela **é/não é** muito de barulho.
6. Chupeta **adora/não adora** festas. Ele **sai/não sai** muito. Ele só vai em festas muito legais porque ele **pode/não pode** acordar tarde.
7. É **difícil/fácil** encontrar alguém da idade do Daniel que **goste/não goste** de festa. Se ele sai com os amigos, eles **dançam/não dançam** muito.
8. **E você?** Relying on the vocabulary and structures found in the above statements, describe your own preferences and attitudes toward parties.

_____

_____

_____

Lição 4

Vocabulário útil

antigamente	*formerly, in the past*	parecer-se	*to resemble*
aposentado/a	*retired*	parecido/a	*similar*
o bobó de camarão	*dish made with shrimp, yuca,*	a parteira	*midwife*
	palm oil, manioc, and coconut milk	o recasamento	*remarriage*
carente	*destitute*	o sobrinho-neto	*great-nephew*
conviver	*to be familiar/sociable with*	o timbre	*tone*
enfrentar	*to face*	o vatapá	*dish made of*
hoje em dia	*nowadays*		*peanuts or cashews,*
a ovelha negra	*black sheep*		*dried shrimp, fish,*
			coconut milk, and
			palm oil
o padrão	*model*	a voz	*voice*

4-43 Membros da família. Primeiro passo. The following people describe their families. Write down the information each person gives about his or her family members.

1. Dona Sônia _____

2. Rogério _____

3. Mariana _____

Segundo passo. Now view this segment again, as many times as needed, and answer the following questions based on the information given by each person. Write complete sentences.

1. Dona Sônia

    a. O marido da Dona Sônia trabalha? _____.

    b. O que o filho dela faz? _____.

    c. Em que dia da semana a família se reúne? _____.

    d. O que eles lêem (*read*) quando estão juntos? _____.

2. Rogério

    a. Rogério nasceu (*was born*) no hospital? _____.

    b. Em que ano ele nasceu? _____.

3. Mariana

    a. Ela mora com a mãe ou com o pai? _____.

    b. Onde o pai mora? _____.

    c. Com quem a irmã da Mariana mora? _____.

    d. O que eles tentam (*try*) fazer nos fins de semana? _____.

Terceiro passo. How does your own family compare to the families of Dona Sônia, Rogério and Mariana? Use the vocabulary and structures from **Primeiro passo** and **Segundo passo** above, and any other words you like, to describe your family.

_____

_____

_____

_____

_____

4-44 Com quem eles se parecem? Primeiro passo. The following people comment on their resemblance to other members of their family. Write **V** (**verdadeiro**) or **F** (**falso**) to indicate whether the following statements are true or false.

1. A Sandra se parece com a mãe, em termos genéticos. _____

2. Todas as pessoas na família da Sandra são morenas. _____

3. Sandra é a ovelha negra da família, como ela costuma dizer. _____

4. Mariana é parecida com a mãe, mas só fisicamente. _____

5. As atitudes da Mariana e da mãe são muito parecidas. _____

6. Caio é a cópia da mãe. _____

7. Psicologicamente, Caio se parece muito com o pai. _____

8. O timbre de voz do Caio é parecido com o do pai dele. _____

Segundo passo. How do you compare to other members of your family, both physically and emotionally? Complete the statements below, giving as much information as you can.

Eu sou parecido/a com _____

_____.

Eu não me pareço com _____

_____.

Nome: _____ Data: _____

4-45 Famílias típicas no Brasil. The following people comment on what the typical Brazilian is like. Listen to their statements and then fill in the blanks in the paragraphs below.

1. Manuela

   Eu acho que no Brasil não existe uma família _____. Acho que tem uma _____ muito grande, em todas as _____. O número de _____ têm aumentado, então a família pais e _____ já não existe mais de uma forma tão _____ em todos os níveis da sociedade ou de uma forma tão certinha. Os casos de _____ e _____ são muito freqüentes. Então, o padrão de família acho que não existe no Brasil, não.

2. Rogério

   A típica família brasileira é a família _____. Acho que isso é que é _____ para o brasileiro, é a _____. Apesar de todos os atropelos, todas as _____, todos os _____ que o Brasil enfrenta e sempre enfrentou, porque não é novo, acho que a _____ sempre foi uma _____ da família brasileira. E principalmente se for uma família de _____, pois tudo é motivo para comemorar, tudo é motivo para fazer _____, para fazer vatapá, para fazer bobó de camarão. Tudo é motivo para celebrar.

3. Dona Sônia

   A família _____ brasileira é... hoje uma grande parte dela é mulher _____ cuidando de _____. A mulher sendo o _____ da família. Pelo menos as pessoas que eu _____, são as áreas mais _____ onde eu dou capacitação das mulheres; a grande maioria delas, essa é a família brasileira, é a mulher tomando conta da _____.

4. **E você?** Is there a typical family in your country? Relying on the comments made by the interviewees, write three complete sentences addressing this question.

   _____

   _____

   _____

   _____

   _____

4-46 As famílias mudam. Caio and Mariana both express their perceptions of changing roles within the Brazilian family structure. Complete the statements below based on what you hear them say.

1. Caio diz que a principal mudança (a) _____.

   Antigamente, o homem era (*was*) (b) _____.

   Hoje em dia, (c) _____.

2. Mariana diz que antes o pai era (a) _____ e que hoje a mãe

   (b) _____. Muitas vezes,

   (c) _____.

3. **E você?** Have roles within the family changed in your country? Identify two changes within the family structure that you have noticed or experienced.

   _____

   _____

   _____

   _____

Lição 5

Vocabulário útil

aconchegante	cozy, comfortable	a faxineira	cleaning woman
a área	laundry/utility room	humilde	humble, working-class
o ateliê	studio, workshop	ocioso/a	not being used, idle
botar	to put	a passadeira	ironing woman
a briga	quarrel, fight	o terreno	property, piece of land
em obras	under construction	tirar pó	to dust
a faxina	housework	a vila	residential area

5-53 Onde você mora? Primeiro passo. Carlos, Mônica and Daniel state the name of the part of town (**bairro**) in which they live in the city of Rio de Janeiro. Listen to them and find the names of their neighborhoods in the diagram of scrambled letters below. The names can be read diagonally, from left to right, and from right to left.

H F O N V I O W S C L W Q J D E X Z O P Y D T Y G C X W U

V G R J D D Y F V C M U T S W P L B U I O J T C X Z J T W Q L

U T L D S A J I R V C M I O G T M E T R O P O L I T A N O R F

B T D C X I T G E A L R V X Y D Z P L U V D S K Y A M N O C E

B H Y S W I V N H Z X Q L K E R H C A U D L O M A V T E L S W

I T F A Z P O L A Y U B E Q G F V X H T L H E Y G T A O J Q U E

G V C E O T Y M C A E Y F J V N A M E N A P I H V K J U D S P

A Y E H O J D Y G N A N L P U C D V Z Y K W E D O F T B E A P

Y F V C I M A B J E E O T S A L M U V R X G Y F E D L U H A

Segundo passo. E você? Write down where you live; identify your country, state or province, city, and neighborhood.

_____

_____

5-54 Descrições. Primeiro passo. Listen to the following people talking about their houses or apartments and identify the correct descriptions.

1. Carlos tem uma casa...

   a. com cinco quartos.

   b. com uma sala ampla.

   c. em obras.

   d. de três andares.

2. Mônica tem um apartamento...

   a. de dois quartos.

   b. aconchegante.

   c. longe de tudo.

   d. perto da praia.

3. Daniel mora em uma casa...

   a. de três andares.

   b. com três quartos.

   c. com salas pequenas.

   d. de dois andares.

4. Dona Sônia tem uma casa...

   a. de três quartos.

   b. com uma sala que é ateliê dela.

   c. de dois andares.

   d. em obras.

Segundo passo. Now watch the same segment again, as many times as needed, and describe the dwellings of Mônica, D. Sônia, and Daniel as if you were writing an ad to sell or rent each house or apartment. Then, describe your own dwelling in the same way, giving as much detail as you can.

1. Mônica

   _____

   _____

2. Daniel

   _____

   _____

3. Dona Sônia

   _____

   _____

4. você

   _____

   _____

   _____

5 Tarefas domésticas. The following people are talking about housework. Circle **V** or **F** (**verdadeiro** or **falso**) to indicate which of the statements below are true and which are false.

1. Rogério e o seu companheiro

   a. Eles têm uma faxineira que arruma a casa.   V   F

   b. Rogério tem uma passadeira.   V   F

   c. Eles não arrumam as camas.   V   F

   d. Eles mesmos cozinham.   V   F

2. Mônica e sua mãe e irmã

   a. Mônica adora arrumar a casa.   V   F

   b. Ela é uma excelente dona de casa.   V   F

   c. Dividem as tarefas em casa.   V   F

   d. É a Mônica que lava a roupa.   V   F

   e. Mônica varre e tira pó.   V   F

   f. Elas têm uma faxineira que arruma a casa e passa a roupa. V   F

   g. Todo mundo (*everybody*) gosta de passar roupa.   V   F

3. Dona Sônia e a família dela

   a. D. Sônia tem a ajuda do marido.   V   F

   b. O marido e o filho cozinham.   V   F

   c. Eles têm uma faxineira.   V   F

   d. O marido nunca lava a louça.   V   F

   e. O filho gosta de lavar a louça.   V   F

5-56 E você? How do you and people you live with handle household chores? Using the vocabulary and structures from activity **5-55** above and any other words you may need, write five sentences describing how you and the members of your family or your housemates deal with domestic responsibilities.

_____

_____

_____

_____

_____

_____

Lição 6

apaixonado/a (por)	*in love (with)*	em pé	*standing*
o buquê	*bouquet*	o esporte	*sport*
o carinho	*affection*	inusitado/a	*unusual*
chamar atenção	*to attract attention*	marcante	*significant*
o chinelo	*slide, sandal*	o percurso	*route, circuit*
consumista	*consumerist, shopaholic*	a rosa	*rose*
o cordão	*chain (necklace)*	o salto	*heel*
a corrida	*race*	a vitrine	*store window/display*

6-41 Fazer compras. Primeiro passo. Chupeta, Rogério, and Manuela talk about their attitudes toward shopping. Match the following information with the appropriate person.

1. Chupeta _____

2. Rogério _____

3. Manuela _____

   a. consumista

   b. ver vitrines

   c. passear no shopping

   d. amigos dizem que parece até mulher

   e. chinelos

   f. apaixonada por sapatos

   g. vinte pares de tênis

   h. colares

   i. roupas de esporte

   j. almofadas

Segundo passo. E você? How about you? Answer the following questions with complete sentences.

1. Você gosta de fazer compras? Onde?

_____

2. O que você gosta de comprar?

_____

3. Você é mais parecido com Chupeta, Rogério ou Manuela? Por quê?

_____

_____

6-42 As roupas do dia-a-dia. Primeiro passo. You have already met Adriana, Carlos, and Mariana. If you don't remember exactly who they are, go back to **Lição preliminar** and watch them introduce themselves again. Then, before you watch the segment in which they describe the clothes they like to wear, make guesses to match the information given below with the right person. Finally, watch the video to check your guesses and correct the matches where necessary.

1. Adriana _____

2. Carlos _____

3. Mariana _____

    a. trabalha em pé

    b. roupas simples

    c. saia

    d. vestido

    e. roupa confortável

    f. muitas roupas verdes

    g. tudo bem rosa

    h. evita sapatos de salto alto

    i. chinelo

    j. roupas românticas

    k. roupas que não chamam atenção

Segundo passo. E você? And what is your personal style? Unscramble the list of words below and write down the articles of clothing you wear on a regular basis and also those you never wear. If any article of clothing you want to mention is not on the list, feel free to write it down anyway.

1. ENSAJ _____
2. UBSAL _____
3. AASI _____
4. DIVSOET _____
5. IEMSA _____
6. MSACIA _____
7. APTASO _____

8. TREÉUS _____
9. EATCMAIS _____
10. ÊSTNI _____
11. LÃÇACO _____
12. LÇSASA _____
13. ILDSÁNAA _____
14. SLAVU _____

Eu visto _____

Eu não uso _____

6-43 Os presentes. You will hear Chupeta, Adriana, and Rogério talk about giving presents. Fill in the blanks appropriately.

Chupeta: Eu (1) _____ dar presentes, assim, ainda mais para a minha (2) _____ ou pra

minhas (3) _____. E eu vejo bem pelo que a pessoa gosta de usar, o estilo da pessoa, o que

ela mais gosta. Se ela gosta de fazer (4) _____, se ela gosta de se (5) _____ melhor.

Se ela gosta de (6) _____, eu dou livro.

Adriana: Bom, quando eu quero dar um presente para um amigo ou quando eu tenho que dar um presente

por causa de um (1) _____ ou alguma coisa assim, eu sempre (2) _____ observar o

que a pessoa gosta (3) _____ os momentos que eu estou com aquela pessoa. Então,

sempre que eu estou com (4) _____, sempre observo muito a pessoa, né. E eu gosto que o

presente seja (5) _____.

Rogério: Gosto, gosto muito de dar presentes. E só presenteio com (1) _____ e (2) _____.

São as (3) _____ coisas que eu dou de presente, sempre.

E você? What are your gift-giving habits and preferences? Answer the following questions with complete sentences.

1. Você gosta de dar presentes?

_____

2. Que tipo de presentes você gosta de dar?

_____

3. Como você decide o que dar para um/uma amigo/a, seu/sua namorado/a ou um membro da família?

_____

_____

-44 Os melhores presentes. Manuela, Daniel, Mariana, Rogério, and Chupeta talk about some of the best gifts they have received. Listen to their comments and answer the questions below.

1. Manuela:

 a. De quem ela recebeu um cordão do qual ela gostou muito?

 _____

 b. O que o pai dela lhe deu (*gave her*) de presente? Por que razão ela ganhou este presente?

 _____

 _____

2. Daniel:

 a. De quem o Daniel ganhou um presente e o que foi?

 _____

 b. Por que ele ficou muito feliz com este presente?

 _____

3. Mariana:

 a. O que a Mariana recebeu de presente e de quem?

 _____

4. Rogério:

 a. Por que o Rogério gostou do colar que está usando? Quem o deu para ele?

 _____

5. Chupeta:

 a. De que presente o Chupeta gostou?

 _____

 b. O que o Chupeta começou a fazer com o presente dele?

 _____

6. E você? Qual foi o melhor presente que você já ganhou?

 _____

 _____

Lição 7

agüentar	*to bear*	escaldante	*scalding, very hot*
aliviar	*to relieve*	a estrada	*road*
ameno/a	*mild, pleasant*	Flamengo	*Rio de Janeiro soccer team*
o calçadão	*promenade, walkway*	a musculação	*bodybuilding*
a caminhada	*hike*	o/a perna-de-pau	*"wooden leg"; bad soccer player*
a canja	*chicken soup*	péssimo/a	*the worst, terrible*
castigar	*to punish*	sentir falta	*to miss*
o craque	*star soccer player*		

7-43 Os esportes. Primeiro passo. The following people discuss the sports they like to watch and practice. Listen to their comments and connect each person on the left with the appropriate information on the right.

1. _____ Juliana

2. _____ Dona Raimunda

3. _____ Chupeta

4. _____ Caio

a. não é craque de futebol

b. pratica ciclismo de estrada

c. chegou a competir em natação

d. é fanática por futebol

e. faz musculação

f. acha o esporte uma excelente oportunidade para trabalhar em grupo

g. gosta de fazer caminhada

h. não pôde jogar vôlei por ser baixinha

i. é meio (*kind of*) perna-de-pau

j. pratica judô à noite

k. é péssimo tenista

l. caminha pelo calçadão da praia

m. tem uma medalha com a bandeira do Flamengo

n. adora correr

o. adora assistir jogo de vôlei

Segundo passo. E você? Answer the following questions giving as much detail as you can.

1. Você gosta de esportes? Quais? _____

_____

2. Que esportes você assiste pela televisão ou ao vivo? _____

_____

3. Quais são os esportes que você pratica? Quando e onde você faz esses esportes? _____

_____

_____

Nome: _____ Data: _____

7-44 Os atletas. Chupeta, Mariana, and Caio talk about the athletes they admire. Complete the statements below with the information you hear.

1. Chupeta admira _____ e _____.

2. Mariana _____ Danielle Hipólito, que faz _____

   _____ e é muito boa em qualquer aparelho.

3. Caio admira Pelé não só pelo que ele representou _____, mas

   como _____, como _____. Ele considera Pelé _____

   _____.

4. **E você?** How about you? Who are your favorite athletes, in what sports, and why?

   _____

   _____

   _____

7-45 O tempo e as estações. Sandra, Manuela, Dona Raimunda, Chupeta, and Mônica talk about the seasons and their preferences in terms of weather. Listen to their comments and decide which statements below are true (**V**) and which are false (**F**).

1. Sandra

   V   F   a. A estação preferida dela é o inverno.

   V   F   b. Ela acha que no Rio tem pouca diferença entre as estações.

   V   F   c. Ela gosta de um sol escaldante no fim de semana e uma temperatura mais amena durante a semana.

   V   F   d. Ela prefere um dia nublado a um dia claro.

2. Manuela

   V   F   a. Ela acha que o clima do Rio é muito legal.

   V   F   b. As temperaturas são elevadas o ano inteiro.

   V   F   c. Nos últimos anos, as temperaturas têm baixado (*have gone down*) mais no inverno.

   V   F   d. As temperaturas no inverno chegam a 10 graus centígrados.

3. Dona Raimunda

   V   F   a. No Ceará, durante o dia faz um calor que você não agüenta.

   V   F   b. O Ceará é uma terra boa que não castiga as pessoas.

   V   F   c. Ela não gosta do frio.

   V   F   d. Quando faz frio, ela gosta de comer um pratinho de canja.

4. Chupeta

   V   F   a. O inverno é rigoroso no Rio de Janeiro.

   V   F   b. Não há grandes diferenças entre o inverno e o verão.

   V   F   c. No verão, as pessoas treinam mais cedo ou mais tarde para aliviar o sol.

5. Mônica

    V   F   a. Quando ela morava no Rio Grande do Sul, ela não gostava daquele inverno de junho a agosto.

    V   F   b. Agora que ela mora no Rio, ela não sente falta do frio do Rio Grande do Sul.

    V   F   c. Ela sempre vai em agosto para o Rio Grande do Sul.

    V   F   d. Para ela, o melhor tempo que tem é o inverno.

6. **E você?** Answer the following questions.

a. Qual é a sua estação preferida? _____

b. Por que você gosta mais dessa estação? _____

_____

Nome: _____ Data: _____

Lição 8

Vocabulário útil

amar	to love	morrer	to die
o ano que vem	next year	a passagem do ano	New Year's Eve
arranjar	to get, to find	pular ondinhas	to jump over waves
atual	current	restar	to remain
chorar	to cry	o réveillon	New Year's Eve
de paixão	passionately	romântico/a	romantic
o doce	candy, sweets	a simpatia	superstition, good-luck spell
evangélico/a	Evangelical	a terça-feira gorda	Shrove Tuesday, Mardi Gras
os fogos (de artifício)	fireworks	tratar de	to take steps to
extinguir-se	to become extinct		

8-44 As festas. Quais são as festas e os feriados que as seguintes pessoas mais gostam de comemorar? Relacione as pessoas com as ocasiões.

1. _____ Adriana
2. _____ Rogério
3. _____ Dona Raimunda
4. _____ Chupeta
5. _____ Manuela
6. _____ Mônica

a. Natal
b. feriado prolongado
c. Festas Juninas
d. terça-feira gorda
e. todos os feriados
f. Carnaval

7. E você? Qual é o feriado que você mais gosta de comemorar e por quê?

_____

_____

8-45 Os hábitos. Responda às seguintes perguntas sobre como Rogério e Manuela costumam comemorar certos feriados. Use frases completas em português.

1. Rogério:

a. Com quem o Rogério comemora a passagem do ano?

_____

b. O que acontece com ele às dez para a meia-noite?

_____

2. Manuela:

a. Com quem e onde Manuela gosta de passar o réveillon?

_____

b. Qual é a única simpatia que ela faz?

_____

3. Você:

a. Com quem você passa o revéillon?

_____

b. Onde você geralmente gosta de passar o revéillon?

_____

c. Você faz alguma simpatia?

_____

8-46 O Dia dos Namorados. O Dia dos Namorados, no dia 12 de junho, é uma data muito especial no Brasil. Ouça os comentários do Chupeta e da Manuela e complete o texto abaixo com as palavras apropriadas.

Chupeta:

No Dia dos Namorados, eu (1) _____ estar com minha namorada, ir ao (2) _____, ficar junto, jantar junto, fazer programas (3) _____, que é o que a data propõe, né?

Manuela:

O Dia dos Namorados é uma data muito especial, que eu amo de (4) _____. É, eu nunca vou esquecer um Dia dos Namorados que eu não tinha namorado, que foi um ano antes de eu (5) _____ namorar o meu atual namorado, que é o Caio. É, o meu tio me levou pra jantar, pra sair pra jantar num restaurante (6) _____ que eu gosto muito. E aí falou, "Oh, o ano que vem eu não (7) _____ te chamar de novo não, hein? Trata de arranjar logo um namorado". E parece que foi assim, (8) _____ mesmo, porque no ano seguinte eu já estava (9) _____ o Caio e eu adoro assim passar o dia inteiro com ele.

Você:

Eu _____ o Dia dos Namorados. Acho que este feriado é _____

_____. Adoro _____

_____

4-47 As tradições religiosas. As seguintes pessoas falam das tradições religiosas das suas famílias. Responda às perguntas abaixo com frases completas em português.

1. Rogério:

   a. Qual é o dia da festa de São Cosme e São Damião e o que se faz para comemorar essa data?

   _____

   b. O que aconteceu depois que a avó do Rogério morreu?

   _____

   c. Qual foi a única tradição religiosa que restou para a família do Rogério?

   _____

2. Dona Raimunda:

   a. O que Dona Raimunda assiste pela televisão?

   _____

3. Adriana:

   a. O que a família da Adriana faz em termos religiosos?

   _____

   b. Ela considera a família dela muito religiosa?

   _____

4. Você:

   Sua família tem tradições religiosas? Se tem, descreva uma delas.

   _____

   _____

   _____

Vocabulário útil

cair	*to fall (out)*	**estrear**	*to open (show)*
chateado/a	*unhappy, annoyed*	**particular**	*private*
o dente	*tooth*	**o/a pipoqueiro/a**	*popcorn seller*
a doideira	*craziness*	**planejar**	*to plan*
o/a dono/a	*owner*	**o primeiro grau**	*elementary education*
engraçado/a	*funny (strange)*	**propiciar**	*to make possible, to promote*
ensaiar	*to rehearse*	**provisório/a**	*temporary*
o ensaio	*rehearsal*	**quebrado/a**	*broken*
o espetáculo	*show*	**sobrar**	*to be in excess*
o estágio	*internship*	**tumultuado/a**	*agitated*
o/a estrangeiro/a	*foreigner*		

9-47 O trabalho. Identifique as palavras ou frases da coluna da direita que se referem às pessoas da coluna da esquerda.

1. _____ Dona Sônia

2. _____ Carlos

3. _____ Sandra

4. _____ Dona Raimunda

    a. estagiário

    b. pipoqueira

    c. se surpreende a cada dia

    d. IBGE (Instituto Brasileiro de Geografia e Estatística)

    e. 20 horas semanais

    f. faz 10 anos

    g. prótese

    h. adora o trabalho

    i. dentista

5. E você? Se você trabalha, você gosta de seu emprego? Por que sim ou por que não? Se você não trabalha, você gosta do que você estuda?

_____

_____

_____

Nome: _____ Data: _____

9-48 A experiência da Adriana. Adriana fala sobre o seu trabalho e a sua formação profissional. Complete a transcrição das palavras dela.

Eu (1) _____ toda uma formação voltada para ser (2) _____. Então eu fiz um (3) _____ de três anos, pra dar aula para crianças, pra um curso elementar. Depois eu fiz a (4) _____ em (5) _____, né. Então eu (6) _____ dar aulas de Português, de Literatura. Trabalhei com isso, com (7) _____, mas eu nunca estava satisfeita com isso. E aí, quando eu (8) _____ o português como segunda língua, foi ali que eu me (9) _____ profissionalmente.

E você? O que faz você se sentir realizado/a?

_____

_____

9-49 Um dia típico. Qual é a profissão e como é o dia típico de trabalho das seguintes pessoas? Responda com frases completas em português; fale do horário, das atividades, etc.

1. Caio

_____

_____

_____

2. Sandra

_____

_____

_____

3. Adriana

_____

_____

_____

4. E você? Como é seu dia típico de trabalho ou de estudo?

_____

_____

_____

9-50 O mercado de trabalho. De acordo com o Carlos, a Juliana e a Dona Sônia, quais são as características do mercado de trabalho brasileiro? Escreva pelo menos 3 características a que cada um se refere.

1. Carlos

_____

_____

2. Juliana

_____

_____

3. Dona Sônia

_____

_____

4. E você, o que diz? Como é o mercado de trabalho nos Estados Unidos em comparação com a situação no Brasil?

_____

_____

Lição 10

Vocabulário útil

a abóbora	*pumpkin*	o lanche	*snack*
a berinjela	*eggplant*	o macarrão	*pasta, macaroni*
o bobó de camarão	*shrimp and manioc dish*	o miojo	*instant noodles*
o cachorro quente	*hot dog*	o podrão	*street food*
o cheiro	*smell*	o quiabo	*okra*
a dobradinha ao bucho	*tripe*	rotineiramente	*routinely*
a empada	*savory filled pastry*	o salgado	*appetizer, tidbit*
a esquina	*street corner*	a torta	*pie*
guloso/a	*glutton, big eater*	a tripa lombeira	*tripe*

10-38 Pratos preferidos. As seguintes pessoas falam sobre o que elas costumam comer. Relacione as comidas da coluna da direita às pessoas da coluna da esquerda.

1. _____ Rogério

2. _____ Mariana

3. _____ Carlos

4. _____ Mônica

a. arroz com feijão

b. chocolate

c. tripa lombeira

d. comida pesada

e. cachorro quente

f. bobó de camarão

g. comidas de tradição africana

h. bife e batata frita

i. podrão

j. massa

10-39 Comidas que eles não gostam. Antes de assistir o vídeo, coloque as letras na ordem certa para formar nomes das comidas que Caio, Mariana, Rogério e Manuela não gostam de comer. Depois assista o vídeo e relacione as palavras com a pessoa apropriada. Finalmente, complete as afirmações abaixo.

	COMIDA	PESSOA
1. blacoe	_____	_____
2. nnaaba	_____	_____
3. rljbiaene	_____	_____
4. abqiuo	_____	_____
5. mpdeaa	_____	_____
6. róbaboa	_____	_____

7. Caio diz que ele é _____ e adora comer _____.

8. Rogério come _____ só na _____ e na _____.

9. Manuela adora o _____, mas não consegue comer _____.

10-40 As refeições. Mônica e Manuela falam sobre as refeições. Responda às perguntas abaixo usando frases completas em português.

1. Quais são as duas refeições que a Mônica sempre faz?

   _____

2. Que refeição ela não faz?

   _____

3. O que ela geralmente toma de tarde?

   _____

4. Além de fazer as três refeições principais, que outra "refeição" a Manuela faz e quando?

   _____

5. Qual é a refeição preferida dela?

   _____

6. E você? Que refeições você faz todos os dias? Qual delas é sua refeição preferida e porquê?

   _____

   _____

   _____

10-41 Na cozinha. Assista o vídeo e responda às perguntas abaixo em português, usando frases completas de acordo com as respostas de cada um.

1. Quem não gosta de cozinhar rotineiramente?

   _____

2. Quem sabe cozinhar feijoada?

   _____

3. Quem comeu miojo durante um ano e por quê?

   _____

4. Quem faz capelletti ao molho branco?

   _____

5. Quais são os pratos que você sabe fazer?

   _____

Nome: _____   Data: _____

Lição 11

Vocabulário útil

a academia (de ginástica)	gym	a lua	moon
o adoçante	sweetener	malhar	to exercise
a alimentação	eating, food habits	na orla	along the beach
agravar	to get/make worse	a pastilha	capsule, lozenge
o chá da vovó	apple tea	o/a personagem	character
o colesterol	cholesterol	prejudicial	harmful
a erva	herb	preocupar-se	to worry
o/a fumante	smoker	a riqueza	wealth
a hortelã	mint	sentir falta	to miss
justamente	precisely	suado/a	sweaty

11-40 Minha saúde. Você se preocupa com a sua saúde? Preste atenção no que os seguintes entrevistados têm a dizer sobre a saúde deles e complete os parágrafos abaixo.

1. Adriana

Em geral eu me preocupo com a minha saúde, sim, né? Eu sempre, _____, eu faço os _____ que toda mulher tem que fazer. É, qualquer coisa que eu _____ eu geralmente procuro ir ao médico pra ver o que é que é. Eu sou uma pessoa que se preocupa com a saúde para depois aquilo não se _____, né?

2. Caio

Como a minha _____ não é a mais correta pra minha saúde, e eu sei disso, eu procuro sempre estar fazendo uma atividade física, estar malhando, estar fazendo um exercício _____. É, e vou regularmente ao médico. Qualquer... Não vou sem problema, não, mas eu tenho muita preocupação em relação à minha _____. Eu preciso do meu corpo muito bem preparado para que eu _____ interpretar diversos personagens e qualquer _____ e qualquer problema que _____, eu vou ao médico.

3. Dona Raimunda

Me preocupo com a minha saúde porque eu acho que a minha saúde é a minha _____. De seis em seis meses eu vou ao _____ pra ver como é que está minha _____, pra ver como é que tá o _____, a glicose, isso é sagrado.

4. Rogério

Eu tenho uma preocupação com a saúde e geralmente eu procuro preservar a saúde com alimentação porque eu já cometo um ato que é extremamente _____ à saúde, porque eu sou _____.

5. E você? Você se preocupa com a sua saúde?

_____

_____

_____

11-41 Os hábitos. Ouça os comentários das seguintes pessoas e responda às perguntas abaixo.

A. Rogério:

1. O que ele não come? _____

2. O que ele adora beber? _____

3. Rogério fica doente? _____

4. A qual médico ele costuma ir? _____

5. Baseado no que você sabe sobre o Rogério, faça uma sugestão para a saúde dele.

   Rogério, sugiro que você _____

   _____.

B. Dona Raimunda:

1. O que ela não come? _____

2. Quando ela não come doces? _____

3. O que ela coloca no café? _____

4. Baseado no que você sabe sobre a Dona Raimunda, faça uma sugestão para a saúde dela.

   Dona Raimunda, sugiro que a senhora _____

   _____.

C. Sandra:

1. O que ela procura não tomar? _____

2. De que ela tem medo e por quê? _____

3. Ela é contra algo? _____

4. Por que ela não gosta de academia de ginástica? _____

   _____

5. O que ela faz todos os dias? _____

6. Baseado no que você sabe sobre a Sandra, faça uma sugestão para a saúde dela.

   Sandra, sugiro que você _____

   _____.

D. Mônica:

1. De que região vem a Mônica? O que a região tem a ver com a alimentação dela?

_____

2. O que ela come 4 ou 5 dias por semana? _____

3. Por que ela acha que gaúcho vive tanto? _____

4. De que ela sente falta se ela não come e por quê? _____

_____

5. Ela se estressa com a alimentação dela? _____

6. Baseado no que você sabe sobre a Mônica, faça uma sugestão para a saúde dela.

Mônica, sugiro que você _____

_____

E. Você:

1. O que você come regularmente? _____

2. O que você não come ou não toma nunca? _____

3. Com que freqüência você vai ao médico? _____

4. Baseado no que você sabe sobre a sua própria saúde, faça uma sugestão para melhorar sua saúde.

É recomendável que eu _____

_____

11-42 A medicina alternativa. Juliana e Adriana vão fazer uma série de comentários sobre medicina alternativa. Identifique pelo menos duas coisas que cada uma delas faz ou já fez que fazem parte das chamadas medicinas alternativas.

1. Juliana

_____

_____

2. Adriana

_____

_____

3. E você? Você acredita em medicinas alternativas? Você faz alguma coisa que possa ser chamada de medicina alternativa?

_____

_____

_____

Lição 12

Vocabulário útil

acampar	to go camping	o edredon	comforter, quilt
o albergue	hostel	estabelecido/a	established
atrair	to attract	o lado	side
a aventura	adventure	místico/a	mystical
certinho/a	just right	a mordomia	luxury
desconhecido/a	unknown	a programação	planning, schedule
o destino	destination	resolver	to decide
economizar	to save	o risco	risk

12-52 As viagens. Chupeta e Manuela falam sobre as viagens deles. Escute o que eles estão dizendo e responda às perguntas abaixo

1. Quais são os lugares aonde Chupeta e Manuela já foram?

   Chupeta: _____

   Manuela: _____

2. Quem consegue viajar mais e por quê?

   _____

3. E você? Você já visitou algum lugar onde Manuela ou Chupeta estiveram? Qual ou quais?

   _____

12-53 A próxima viagem. Adriana quer ir ao Peru. Escute a fala dela e complete o parágrafo abaixo.

O meu (1) _____ desejo agora é (2) _____ o Peru, que é o país do meu namorado.

Mas não por ser o país dele, porque eu desde adolescente, eu sempre (3) _____ conhecer o Peru,

pela (4) _____, pelo (5) _____ do país, isso sempre me (6) _____

muito. Então, é o meu próximo (7) _____.

E você? Cite um lugar que você sempre desejou conhecer? Dê duas razões.

_____

_____

_____

2-54 Os planos. Manuela e Chupeta falam sobre como planejam as viagens. Responda às perguntas
aseando-se nas falas deles.

1. Quem prefere excursões com programação estabelecida quando vai a lugares desconhecidos e por quê?

_____

_____

2. Chupeta faz muitos planos quando viaja?

_____

3. Quem gosta de uma programação mais livre em lugares conhecidos e por quê?

_____

_____

4. Mencione algumas das programações que o Chupeta faz quando viaja.

_____

_____

5. Em relação à programação, com quem você concorda mais? Manuela ou Chupeta? Explique.

_____

_____

_____

12-55 Onde ficar. Caio, Juliana, Chupeta e Adriana falam sobre onde gostam de ficar quando viajam.
Relacione a pessoa com o comentário abaixo.

Caio   Juliana   Chupeta   Adriana

1. Fora do Brasil fica em hotel.   _____
2. Nunca acampou.   _____
3. Não gosta de correr riscos.   _____
4. Dentro do Brasil fica com amigos   _____
5. Entra no espírito de acampar.   _____
6. Já acampou na Ilha Grande.   _____
7. Gosta de conforto.   _____
8. Fica em albergues.   _____
9. Gosta de ter sua caminha com um edredon.   _____
10. Gosta de uma mordomia.   _____
11. Economiza dinheiro ficando com amigos.   _____
12. Acha mais fácil fazer amigos em um camping.   _____

E você? Com quem você acha que é mais parecido? _____

Onde você mais gosta de ficar quando viaja e onde você menos gosta de ficar quando viaja? Por quê?

_____

_____

_____

Lição 13

Vocabulário útil

apegado/a a	*close to*	**fazer vela**	*to sail*
botânico/a	*botanic*	**a política**	*policy*
a campanha	*campaign*	**o pôr do sol**	*sunset*
cercado/a	*surrounded*	**remar**	*to row*
a coleta	*collection*	**solucionar**	*to solve*
a dica	*hint, pointer*	**a tomada de consciência**	*becoming aware*
a embalagem	*container*	**a trilha**	*trail*
fazer falta	*to be missed or needed*	**a vizinhança**	*neighborhood*

13-37 Áreas verdes. Mariana, Manuela e Caio falam sobre os parques e a natureza. Ouça os comentários deles e responda às perguntas abaixo.

1. Quem faz ecoturismo e/ou acampa?

   _____

2. O que Mariana diz sobre parques na vizinhança dela? ·

   _____

3. Quando Manuela visita parques?

   _____

4. Como Caio se relaciona com a natureza?

   _____

   _____

   _____

5. Quem acha que os parques não fazem falta e por quê?

   _____

6. Quem identifica dois parques na cidade do Rio de Janeiro? Quais são os nomes dos dois parques?

   _____

7. E você? Como é o seu relacionamento com a natureza?

   _____

   _____

   _____

13-38 A reciclagem. Adriana e Manuela falam sobre a coleta seletiva de lixo. Preencha as lacunas nos parágrafos abaixo.

Adriana:

Aqui na praia de Icaraí existe um (1) _____ à coleta seletiva de lixo, né? Então você tem várias latas de lixo pra cada tipo de lixo, né? Mas eu não vejo nas casas as pessoas (2) _____ com isso. Então não há uma (3) _____ pra coleta seletiva de lixo, mas as latas estão lá, né? Eu acho que as pessoas (4) _____ e colocam lá na praia, mas nas casas, não.

Manuela:

Bom, na minha (5) _____ existe, sim, coletiva seletiva de lixo, tá? Lá no meu (6) _____ existe uma parte que é de coleta seletiva. E aqui na faculdade, na PUC Rio, também existe uma coleta seletiva de lixo, sim, e eu acho (7) _____. Acho que se pelo menos a gente não consegue (8) _____ o problema, a gente pelo menos minimiza o problema dessa forma.

9. Quais são as diferenças entre a Adriana e a Manuela em relação à coleta seletiva de lixo?

_____

_____

_____

_____

13-39 A preservação do meio ambiente. Rogério, Juliana e Manuela falam sobre como melhorar a preservação do meio ambiente. Ouça a fala de cada um deles e dê um possível título para a campanha de cada um. Depois, escreva uma ou duas frases resumindo as idéias deles. Finalmente, explique suas próprias idéias sobre este tópico.

1. Rogério
   a. Título da campanha: _____
   b. Idéias: _____

   _____

2. Juliana
   a. Título da campanha: _____
   b. Idéias: _____

   _____

3. Manuela
   a. Título da campanha: _____
   b. Idéias: _____

   _____

4. você
   a. Título da campanha: _____
   b. Idéias: _____

   _____

13-40 A natureza no Rio de Janeiro. Chupeta fala sobre a cidade do Rio de Janeiro em termos da natureza e do meio ambiente. Identifique pelo menos quatro boas razões para se viver no Rio, de acordo com ele.

_____

_____

_____

_____

_____

Lição 14

Vocabulário útil

o compromisso	*commitment*	inserido/a	*involved*
a conscientização	*consciousness-raising*	a instituição	*institution*
o costume	*custom*	lento/a	*slow*
curtir	*to enjoy*	lidar com	*to deal with*
deixar	*to allow*	a manutenção	*maintenance*
desgastado/a	*eroded, damaged*	o marido	*husband*
doar	*to donate*	o movimento	*movement*
o/a empresário/a	*businessman/woman*	o passo	*step*
o estado	*state*	privilegiar	*to privilege*
a estrutura	*structure*	surgir	*to appear, to emerge*
a formação	*education*	o valor	*value*

14-38 As mudanças de costumes. Rogério, Manuela e Juliana falam sobre as mudanças que têm ocorrido na sociedade brasileira. Identifique os principais pontos nas opiniões de cada um deles e descreva-os usando pelo menos quatro frases completas. As expressões abaixo podem ser úteis para descrever a opinião de cada um dos entrevistados:

De acordo com Rogério, ...   **Na opinião da Manuela, ...**   **Juliana acha que...**

1. Rogério

_____
_____
_____
_____
_____
_____

2. Juliana

_____
_____
_____
_____
_____
_____

3. Manuela

_____
_____
_____
_____
_____
_____

4. você

E no seu país? Os costumes têm mudado na sociedade do seu país? Qual é a sua opinião sobre as mudanças dentro da sua sociedade? Há alguma semelhança com o Brasil ou apenas diferenças? Comente usando frases completas.

_____

_____

_____

_____

_____

14-39 A democracia no Brasil. Caio e Carlos falam sobre o sistema democrático e sobre os movimentos sociais no Brasil. Ouça os comentários deles e responda às perguntas abaixo.

1. Qual é a opinião do Caio sobre a democracia no Brasil? Usando frases completas, descreva as idéias principais dele.

_____

_____

_____

_____

_____

_____

2. Carlos fala sobre o governo brasileiro e um movimento muito importante dentro do Brasil. Ele fala de ONGs e do MST. O que é uma ONG e o que é o MST? Qual é a impressão do Carlos em relação ao MST? Responda usando frases completas.

_____

_____

_____

_____

_____

3. Qual foi a sua impressão sobre os comentários do Carlos e do Caio? O que os comentários deles podem nos dizer sobre o Brasil?

_____

_____

_____

4. Qual é a sua impressão do sistema político e do governo do seu país?

_____

_____

_____

_____

Nome: _____   Data: _____

Lição 15

Vocabulário útil

abrangente	*comprehensive*	loucamente	*crazily*
analfabeto/a	*illiterate*	mexer com	*to affect, to mess with*
a célula-tronco	*stem cell*	o poder	*authority*
a coordenação	*coordination*	a postura	*position*
a cura	*cure*	a qualidade	*quality*
o desenho animado	*cartoon*	o usuário	*user*
dilatar	*to expand*		

15-31 O computador. As seguintes pessoas vão descrever para que elas usam o computador. Relacione a pessoa com a frase correta.

1. _____ D. Sônia
2. _____ Chupeta
3. _____ Mariana

a. usa nos fins de semana
b. quem usa é o filho
c. olha sites de compra
d. tem um "office-marido" que usa por ela
e. faz pesquisas para o colégio
f. não tem muito tempo para usar o computador
g. usa para e-mail
h. não tem computador em casa
i. sempre lê o jornal na Internet

4. E você? Para que você usa o computador? Responda com frases completas.

_____
_____
_____

15-32 Acesso à Internet. Ouça os comentários do Rogério e responda às perguntas abaixo.

1. Qual é a opinião do Rogério em relação ao acesso à Internet no Brasil? Resuma o comentário dele.

_____
_____
_____
_____
_____
_____
_____

2. O que você acha do acesso à Internet no seu país?

_____

_____

_____

_____

15-33 As biotecnologias. Ouça os comentários da Dona Sônia e da Manuela e siga as instruções abaixo.

1. Quais são os prós e os contras da clonagem, de acordo com a Dona Sônia?

_____

_____

_____

_____

2. Preencha as lacunas no parágrafo abaixo de acordo com a fala da Manuela.

No que se refere a essas biotecnologias, esses avanços tanto da (a) _____ como da
(b) _____, eu acho que eles serão muito bons pra sociedade. Eu acho que vai dar uma
(c) _____ de vida, uma expectativa de vida, uma (d) _____ muito
grande para as pessoas que têm problemas, que têm sofrido com algumas circunstâncias da vida. E eu acho
que essas biotecnologias podem ajudá-las a sair dessa situação de crise, de problema. Eu acho só que tem
que ter muita (e) _____, né, nestes casos. Tem que ter uma (f) _____
muito firme e muito (g) _____ do que se está fazendo, do que se está produzindo, com
quem se está lidando. Porque lidar com seres humanos, com seres vivos, é uma coisa delicada.

3. O que você acha da clonagem e dos avanços da biotecnologia em geral?

_____

_____

_____

_____

_____

15-34 Os vídeo games e a violência. Juliana e Chupeta falam sobre a violência e os vídeo games. Os
dois são da mesma opinião ou não? Quais exemplos cada um deles dá quando discute a idéia dos vídeo
games? Responda usando frases completas. Depois dê sua própria opinião sobre esta questão.

Juliana e Chupeta:

_____

_____

_____

_____

Você:

_____

_____

_____

_____

Nome: _____ Data: _____

Notas

_____

_____

_____

_____

_____

_____

_____

_____

_____

_____

_____

_____

_____

_____

_____

_____

_____

_____

_____

_____

Notas